ハリウッドのプロデューサー、

英国の城をセルフリノベす

ホップウッド・ディプリー

村井理子＝訳

1976年ペンシルバニア
州、ホップウッド・ハウスで
のホップウッド。
撮影:ディアナ・ディプリー

1880年代、ホップウッド・ホールの庭でホップウッド夫人が犬と馬と佇む。
写真提供:ミドルトン・コレクション(ローカル・スタディーズ部門)、タッチストーンズ

1993年　ホップウッド・ホールとバラの庭。
写真提供:ミセス・クリスティン・ピアース・ジョーンズ

宴会場の暖炉にあるホップウッド家の紋章のひとつ。貴族との婚姻によって変更されることもある。
写真提供:フレッド・レアオ・プラド

ジェフとホップウッドがホップウッド・ホールと家系について語る。
写真提供:デビッド・ロウリンソン

ロッチデール区議会のメンバーと修復チームとホップウッド。
写真提供:フレッド・レアオ・プラド

1880年代の宴会場。レディ・スーザン・ホップウッドの肖像画が掛けられている。
彼女はこの場を客間として主に使用していた。
写真提供:ミドルトン・コレクション(ローカル・スタディーズ部門)、タッチストーンズ

2013年に同じ場所を撮影した写真。
写真提供:フレッド・レアオ・プラド

1800年代のオークパーラー。
写真提供:ホップウッド・ホール・エステート

2013年撮影のオーク・パーラー。1426年に遡る、ホール内で最も古いとされる部屋。
20世紀半ばには、近代的な照明器具の設置を含む改修が行われた。写真:フレッド・レアオ・プラド

ギャラリーの回廊の西翼部分。ホップウッド・ホールの中心部にある。
写真提供:オックスフォード、デ・ラ・サール・トラスト

現在のギャラリーの回廊。床板が撤去されている。
写真提供:デイブ・ブローガン

1800年代後半のホップウッド・ホール東側。大きな出窓は宴会室のもの。
写真提供:ミドルトン・コレクション(ローカル・スタディーズ部門)、タッチストーンズ

似たアングルを映した一枚。一階の窓の向こうにはモーニング・ルームと図書室。
写真提供:フレッド・レアオ・プラド

100年以上ぶりにホップウッド・ホールでクリスマスを祝うホップウッド・ディプリー。
写真提供:シャーロット・グラハム

ハリウッドのプロデューサー、英国の城をセルフリノベする

本書を、父、祖母、すべての先祖たちに捧げる

ハリウッドのプロデューサー、英国の城をセルフリノベする

目次

第1章　忘れ去られたホップウッド家

ワインのコルクを抜くことが、一番大切な仕事だと感じるような、いつもと変わらない夜だった。インターネット検索が自分の人生を変え、この惑星に生きる意義や、長い時間の連続である歴史のなかに占める自分の位置についての理解が、根底から覆されることになるなんて、これっぽっちも気づいていなかった。家の改築プロジェクトの本当の意味も、何一つ知らなかった。

それは二〇一三年、僕はロサンゼルスのハリウッド・ヒルにある自宅にいた。頭上で旋回していたヘリコプターはわずか一機で、つまり、いつもよりは静かな日だった。窓の外では、日中の明るさが夕暮れに変わりつつあり、ノートパソコンの前に座る僕の横に置かれたデスクライトは琥珀色の光を放っていた。

その日の夜、僕はリラックスしたワインタイムの習慣として、家系図サイトを閲覧していた。WikiTree.com、Ancestry.com、そしてMyheritage.comだ。これらのサイトのことは、よく知っていた。三十分程度の時間があるときはいつも、自分の家系図の紆余曲折をじっくり調べたりしていたのだ。この手のサイトを一度も見たことがない人には警告させてほしい。本当にクセになるから。

三十分のつもりが、あっというまに数時間、時には一晩中になるので、自制しなければならなかった時もあったほどだ。それまで一度も目にしたことがない、黄色く変色した書類を見つけ、次から次へとクリックしていくと、一度も会ったことがない四世代離れた「はとこ」の存在に辿りつき、そしていつの間にか、ずいぶん前に亡くなった大叔母の白黒写真を発見したりする。めまいがするような感覚だ。このようなサイトで長い時間を過ごしたら、まるで手がかりを見つけた刑事のような気分になる。証拠の欠片《かけら》を追いかけているようなものだ。ただし、登場人物のほとんどが何十年も前に亡くなっている。

つい最近まで、僕が未来を見据えるタイプだったことは事実だ。自分の後ろにある物事を振り返ることはあまりなかった。しかし最近になって状況が変わったのだ。僕は過去により強い興味を抱くようになった。なぜ、家系図にここまでのめり込んでしまったのだろう？　セレブのファミリー・ヒストリーを辿るテレビ番組の影響でないことは確かだ。だって、そんな番組を視聴したことはないから。そして、行方不明だった親戚を見つけたいだとか、家族の秘密を暴きたいなんて理由でもなかった。知らない人や、会う予定もない人のことを知るのに、自分の時間を喜んで費やした理由を正確に表現するとしたら、その大部分は喪失だったと言える。喪失、そしてわずかな後悔だろう。

つい最近まで、母方の祖父が僕らの家族についていちばん詳しい人だった。彼の名前はハーバート・ホップウッド・ブラック。でも僕は彼をパップと呼んでいた。人を惹きつける笑顔を持つ人で、百八十センチ以上の長身だったから、子ども時代の僕にとって彼は、笑顔を振りまく巨人のように見えた。僕が成長期のころ、パップはホップウッド家の祖先について、そして彼らが一七九一年にペンシルバニア州ホップウッドをどのようにして築いたのか、熱心に教えてくれたものだ。パップが詳しいのも当然だ。ホップウッドで生まれ、ホップウッドで育ったのだから。一九二〇年代に彼が愛するホップウッドを去った唯一の理由は、ミシガン州で急成長中だったゼネラル・モーターズ社に関わる機会を与えられたからだった。晩年に至るまで、僕たちとホップウッド家とのつながり、そして僕らの家系図が八世代前まで遡ることができることを、パップは誇りに思っていた。それとも、七世代前だったかな？

問題は、子ども時代の僕が、彼の話をろくに聞いていなかったということだった。

僕から言わせれば、ホップウッド家との関わりは厄介なことばかりだった。もちろん、僕の名前はホップウッドだし、それは祖父とも同じなのだけれど、幼い頃から、僕は自分の名前が嫌いだった。僕をホップウッドと呼んだのは、母のアイデアだった——彼女はそれを自分の父と父方の親族への敬意と捉えていた。乳幼児から幼児の僕はそんなことは気にならなかった。ホップウッドを短くして「ホッピー」だとか「ウディ」が僕のあだ名で、保育園児としてはとてもかわいい名前だった。しかし幼稚園に行くと、からかいが始まったのだ。他の園児たちにとって、「ホップウッド」はとても愉快な名前だった。名前はジョンのほうがいいんじゃないの。スティーブでもいいとからかわれた。いじめはどんどん酷くなり、僕は家に戻って両親に、もううんざりだと言った。

「ホップウッドなんてもう嫌だ！」と僕は大声で叫びながら、木製の鉢植えスタンドを倒した。植木鉢が地面に落ちて、割れる音が聞こえた。ひっくり返ったシダ植物の植木鉢から土がこぼれているのを見て、やってしまったことに罪悪感を抱いた。

とても優しい現実主義者の父は、この日が来ることを予見していたらしい。僕が生まれたとき、ホップウッドという名前を僕が嫌がった場合、トッドという名前をつけるように（父のイニシャルがT・O・Dだった）主張し続けてくれたそうだ。

トッドという名前を与えられて、心から安心した。子どもたちは僕をからかうことをやめた。僕は人生をやり直すことができた。それでも祖父は、何世代にもわたるホップウッド家の歴史について繰り返し僕に語ることをやめなかった。彼はファミリー・ヒストリーが何より好きだったのだ。

母は祖父にそっくりだった。僕が六歳のとき、母は僕と二人の姉妹をペンシルバニア州ホップウッドに連れていき、祖先が暮らした町を見せた。母は過去について僕らに教え込もうと躍起になった。このとき、母が僕らを連れて墓地を巡ったことを記憶している。棘やツタウルシが絡まり、乾燥した鳥の糞がへばりついた薄気味悪い墓石を、擦《こす》り洗いすることを強要された。今でも、教育的冒険に次々と挑戦する僕らを見守る母の姿が目に浮かぶ。トレードマークのおしゃれなパンツスーツに身を包み、豊かな黒髪、リップスティックを塗り、猫の目の形のサングラスをかけている母はホップウッドと書かれた看板の前で、僕らにポーズを取らせた。僕は笑顔を見せること拒んだ。

十九世紀に建設されたという祖先の家の前でランチを食べたあと、母は新しいバットマンのコスチュームを買うという約束をして、僕から一瞬笑顔を引き出すことに成功した。

「いつか、この写真を撮ってよかったと思う日がくるから」と母は付け加えた。

幼稚園のときの心の傷を抱えていた僕は、クラスの誰かが車で通りかかり、僕を見るのではないかと怯えていた（当時暮らしていたミシガン州ホランドは八百キロも離れた場所で、これはあり得ないことだったけれど、それでも怯えていた）。

高校でも、僕はトッドと名乗り続けた。高校の年鑑で僕の名前はトッド・H・ディプリーと記載され、それは当時の僕にとって恐怖のできごとだった。というのも、誰もが僕にHは何の略かと聞くからだった。親しい友人でさえ、僕がホップウッドだということを知らなかった。卒業式の壇上で「トッド・ホップウッド・ディプリー」と呼ばれたことで勝負は決まったようだけれど、僕はその記憶を消し去ったに違いない。覚えていないのだ。ホップウッドという言葉の響きだけで、僕はビクッとするほどだった。だから、祖父がファミリー・ヒストリーの講釈を始めると、僕はほとんど耳を傾けなかった。

何年もあとになってノートパソコンに向き合っていた僕には、家族の年代記の断片的知識はあった。それでも、僕の理解の一部は大きく欠けていた。ホップウッド家の祖先が一七〇〇年代にイギリスからこの辺りにやってきて、その後すぐに、ホップウッドの町を作ったことは知っていた。そして一八〇〇年代のある時点に、祖父の祖母――アルシンダ・ホップウッド――が結婚したことで、ホップウッド家のアメリカ側の祖先が途絶えそうになった。アルシンダはホップウッドの名を受け継ぐ最後の人物で、結婚すれば夫の姓を名乗るので、ホップウッド家が途絶えてしまう。だから孫――僕の祖父――が産まれたときに、ホップウッドをミドルネームとしてつけた。こうして名前が僕の代まで受け継がれたというわけだ。

しかし、僕の幼い頃の記憶に残る、祖父が教えてくれた情報がもうひとつある。

パップが僕を膝に座らせて、ホップウッドの祖先について僕に物語を教えてくれたときのことだ。イギリスにはホップウッドという名の広大な敷地があって、そこに祖先が壮大な城を建設したと祖父はいつも言っていた。

「ホップウッドの祖先は、見たことも

1976年、ペンシルバニア州ホップウッドにて。
ホップウッドと姉妹たち。撮影:ディアナ・ディプリー

ないような立派な城を残してアメリカにやってきたんだよ」と、声を低くして言ったものだった。

「ホップウッド城だ」

名前のことを恥ずかしいと感じつつ、海を渡ったどこかに、僕と同じ名前を持つおとぎ話のような城があると考えることは、密かな楽しみだった。僕の心のなかでは、それはディズニーランドと、幼少期に大好きだったおもちゃの「フィッシャープライス・ファミリー・キャッスル」を掛け合わせたような城だった。

お城はどこにあるのだろう？　本当に存在したの？　僕にはわからなかった。もしかしたらパップが作り話をしたのかもしれないし、頑固な孫がホップウッドという名前をとうとう好きになるかもしれないと考えて、楽しい物語を作ったのかもしれない。

本当の城が存在することを願うと同時に、一九七〇年代に建設されたミシガン郊外の家のオレンジと緑に明るく塗られた三十年もののキッチンを見渡して、まさか、そんなわけないよなと考えた。

高校と大学を卒業すると、かつて僕に恥ずかしい思いをさせ、痛みをもたらした名前を徐々に受け入れるようになった――感謝するようになったと言ってもいい。僕は俳優・コメディアンとして働き出した。テレビと映画業界で作家とプロデューサーとして成功を収め、製作会社を立ち上げた。僕は、トッドでいるよりホップウッドでいる方が、ハリウッドでは相当有利に働くことに気づいたのだ。大勢の人々のなかで目立つことができるから。トッドなんて男、すぐに忘れられる。でも、ホップウッドはどうだろう？　二度目のミーティングにたどり着ける男って感じ！　二十五歳ぐらいで、僕は名前をホップウッドに戻した。母も祖父も大喜びした。

二十代の残り、そして三十代、僕は役柄とプロジェクトを与えられ続け、成功と特別な注目を楽しんだ。パーティーの招待状はひっきりなしに届いたし、誰もが僕を魅力的だと考えているように思えた。ジムなんてやめて、変な名前を名乗っているべきだった。自分の名前に対する新たな感謝の念にもかかわらず、僕はホップウッド家の歴史には興味を抱かなかった。自分の人生に一生懸命で、過去を振り返る余裕などなかったのだ。

でも四十代を迎えたときのことだった。僕の価値観を一変させる二つの事件が起きた。

まずひとつ目。祖父が他界した。

パップは僕ら家族の基礎のような人だった。彼は長生きで、亡くなったときは九十代だったにもかかわらず、彼を亡くしたことは地殻プレートが移動したような気持ちだった。彼は一家の歴史の語り部《べ》で、すべてを知る人物だった。彼が亡くなったあと、ホップウッドがどこから来たのか、そしてその意味について、もっと彼と話をしてこなかったことを心から悔やんだ。

二年後、二つ目の事件が起きた。心臓発作で父が急死したのだ。父は七十五歳で、医師から健康のお墨付きをもらったばかりだった。誰も思いもしなかった。祖父が僕らの基礎だとすれば、父は僕らを支える柱のような存在だった。父が亡くなったあと、病院を去るとき、母が僕の顔を見て「あまりにも突然だわ」と言ったのを記憶している。彼女は一瞬のうちに父と夫を失ったのだ。それがどれほど辛いことか、想像もできなかった——僕にとってだって十分辛いことだったから。

僕の人生で重要だった二人の男性の死で、僕は途方に暮れてしまった。それだけではなく、今度は自分自身がまな板の上に載せられた次世代の人間だという事実に直面することになった。みんなどこに行ってしまったのか？　なぜこんなことに？

ロサンゼルスにある自宅兼事務所には、スペイン風の中庭があった。らせん階段が、古い木製のドアまで続いていた。鮮やかな色のブーゲンビリアとツタが漆喰の壁を覆い尽くし、鉢植えのサボテンがいくつか置かれていた。中庭の片隅には大きな屋外用のテラコッタ製暖炉があり、ハリウッドでのイベント、プレミア、クラブでの夜遊びのあとに自宅でパーティーを開く際は、そこで火を熾《おこ》していた。あの夜、ノートパソコンに向かっていた僕は、それまでまったく気づいていなかった亀裂が暖炉の横に走っていることに気がついた。その亀裂はまさに、僕の人生のように感じられた。何もかも変わってしまったのだ。

その時点まで、自分自身が誰なのか、人生の目的が何なのか、考えたことがなかった。僕はトーマス・O・ディプリーの息子で、ハーバート・ホップウッド・ブラックの孫だ。映画監督で、俳優だ。僕はホップウッドの人間で、それは納得していた（まあ、ほとんどの時期は）。このような古くさい前提は、どれも真実には思えなかった。父と祖父がいない今、僕は誰だというのだろう？　僕と死との間に存在していた防波堤が崩れたかのような心持ちだった。

四十代になって、友人の多くが結婚をし、子どもを作り、落ち着いた人生を送っていた。一方で僕には子どもがおらず、パートナーとくっついたり離れたりの関係を続けていた――最近では、僕が少し太ったという事実を堂々と指摘したモデルと激しい口論の末別れたばかりだった。それが原因で大酒を飲むようになり、当然体重は増え、それはハリウッドでは犯罪行為に近かった。それだけではなく、仕事も順調とは言いがたかった。俳優とプロデューサーの仕事は大好きだったけれど、最初にこのビジネスの世界に入ったころと同じような情熱を感じてはいなかった。自主製作した映画で賞を取ったり、高評価を得た映画祭を主催したり、才能ある俳優たちとプロジェクトに取り組んだり、僕のキャリアは輝かしいものだった。でも、よくよく考えてみれば、思い描いていたとおりの結果が出ているわけではなかった。最近僕は、社会改革を巻き起こす可能性のある、ギャングの抗争を描いたテレビドキュメンタリーの制作に情熱を燃やしていた。アカデミー賞にノミネートされたこともあるジョン・シングルトン監督の起用まで取り付けていた。だから、すべてのテレビ局がプロジェクトにそっぽを向いたときには、呆然とするしかなかった。一生懸命努力してきたけれど、ハリウッドはハードワークに常に報いてくれるわけではない。映画界を変えてやろうと模索していた十八歳の僕は、現状に満足するだろうか？　僕はその疑問にイエスと答えることができなかった。

すべてに疑問を抱いた。キャリア、交際関係、そして人生に。

映画制作において、もしひとつのシーンが思い通りにいかないのなら、その直前のシーンに立ち返れ、という格言がある。自分の先祖をインターネットを駆使して辿ることで、安らぎを得ることができたのだ。新しいつながりや名前を発見すると、僕は誰かと関連付けられたような気持ちになった。祖先の何世代にもわたる人たちの名前がサイトに記録されている。その一人一人が大木の葉の一枚一枚として、時を超えて刻まれている。そのきずなと名前は、狂ったように回転し続ける青いビー玉につなぎ止めるいかりのようなものに思われた。

窓から春の温かい風がふわりと流れてきていたその運命的な夜も、僕は家系図サイトをスクロールし続けていた。どんどん祖先を遡り、何かを探しだそうとしていた――それが何だったのかはわからない。その時だ。見たことがないリンクを発見したのは。僕はそれをクリックした。

それは「ホップウッド卿」の「ホップウッド邸《ホール》」に関する短い記事だった。

ちょっと待て――ホップウッド・ホールってもしかして、祖父が言っていたホップウッド城のこと？

城はパップの作り話ではなかったのかもしれない。

いくつかの項目が上がってきた。ホップウッド・ホールはイギリスのマンチェスター近郊の大学のようだった。以前そこにホップウッド城があったものの、壊されて長い年月が経過し、跡地に大学が建ったのではないか。

僕はスクロールし続け、時折、ワインを呷《あお》った。

調査を数ページ進めると、別のリンクに辿りついた。地方自治体によって行われた環境調査報告書で「ホップウッドの森」と「ホップウッド・ホール」について記載されていた。そのなかで、ホールは「老朽化」した状態と記されていた。近い将来解体されることが望ましいともあった。ということは、元々のホールはまだ建っているということ？

僕は突然、固まってしまった。目の前のノートパソコンのスクリーンには、壮大な英国風邸宅の白黒写真が映し出されていた。美しかった。そして威厳があった。それは町の一角を占領するほど大きく、三十本ほどの煙突と、何十枚もの窓とドアがあった。僕は畏敬の念を抱いた。パップが教えてくれた城に間違いない。僕が子どもの頃にインターネットがあれば、パップを疑うことなんてなかったよ！

同時に、その写真をクリックすることで幾晩も眠れぬ夜を過ごすこと、終わりのない重労働に従事することになると知っていたら、ノートパソコンを閉じて、二度とそのページを見返すことはなかっただろう。僕は手先が器用な男じゃない。最後に挑戦したＤＩＹといえば、一・二メートル四方のバスルームの床にシール付きのタイルを貼り付けようとしたことで、しまいにはホームセンターの駐車場で泣き出す始末だった。タイルの裏にくっついたシールを剥がしてノリの面を出そうとしたら、くっついたのは自分だったというわけだ。

もちろん、その写真に写った邸宅が、将来的に僕が管理することになるとは夢にも思っていなかった——もし雨が降ったら、バケツを持って走り回ることになるとも。あの夜、ハリウッド・ヒルで何気なくやったスクロール。僕はただ、知りたかったのだ。ホップウッド・ホールは、イギリス北部マンチェスター郊外のミドルトンという町にあるらしい。ある思いが脳裏をよぎった。


行ったらどうなる？

ここ数ヶ月で、母、姉妹、そして僕は、父の追悼のためにヨーロッパに旅行し、散骨することを計画していた。僕と父との最後の会話は、父が亡くなる前の夜、翌年の春に予定していた両親の結婚五十周年のお祝いにフランス旅行に行こうというものだった。父は誇り高き元アメリカ海兵隊員で、第二次世界大戦で自由のために戦い散っていった同胞たちに敬意を表するためにノルマンディーに行きたいと常々希望していた。父は旅行に行く前に亡くなったが、遺された家族が力を合わせることはできる。僕らは父を称えるためにフランスへの旅行を計画し、父の遺灰を持って行くことにしたのだ。それは父の安らかなる眠りを祈る最善の方法だと思えた。

1950年代に撮影されたホップウッド・ホール。
オックスフォードのデ・ラ・サール・トラストの許可により掲載

ホップウッド・ホールがいまも存在しているのだとしたら、ヨーロッパ旅行中にイギリスまでちょっと足を延ばしたらいいのではないか。父と一緒に、ホップウッドおじいちゃんのことも称えられるではないか。ホップウッド・ホールの環境調査報告書の最後に、自治体の誰かのメールアドレスが記載されていた。ということで、僕はメールソフトを立ち上げて、アドレスをペーストした。

はじめまして。私はホップウッド家の末裔で、ホップウッド・ホールの修復に興味を持っております。五月十三日頃に近隣に滞在する予定があり、ホールを訪問するためにお会いできないものでしょうか。もし可能であれば、是非お知らせください。

よろしくお願いいたします。

ホップウッドより

翌朝目を覚ますと、返信が届いていた。メールは保存プロジェクト担当のベヴ・パーシヴァルからのもので、僕らがイギリスを訪れる五月には留守をしているが、彼女がメールを同報していたジェフ・ウェレンズという人物がホップウッド・ホールに詳しく、案内をすることができるかもしれないという内容だった。僕はすぐにベヴに返事を書き、ジェフや、ホールについて僕に教えてくれる誰かと連絡を取りたい旨を伝えた。その日の午後、ジェフがメールを送ってくれた。

ホップウッド様

お会いできるのを楽しみにしております。家系図サイトでホップウッド家の方と連絡を取ろうと試みましたが、残念ながらミドルトンとは関係がないということでした。お伝えしたいことは山ほどありますが、まずはお聞かせ願います。ご家族に、赤毛の方はいらっしゃいますか？　ホップウッド家の墓ですが、周囲にある敷石が倒壊し、隙間ができました。そこから鉛でできた棺が見えております。墓のなかに入ってみたところ、棺のひとつが完全に壊れており、遺骨が露出している状態です。頭蓋骨には赤毛がついています（写真を撮影しました）。

「考古学的研究調査」のあと、私たちはその遺骨を新しい木製の棺に納め、キリスト教方式で遺骨の収納を行いました。そして墓を封印いたしました。ご興味がおありでしょうか？

ジェフ・ウェレンズ

鳥肌がたつのがわかった。母によれば、生後六ヶ月まで僕の髪は赤毛だったそうだ。その時点で赤毛がすべて抜け、そしてブロンドに生え替わった。劣性遺伝子は海を渡って、どのようにかして僕に辿りついたというわけか……。

すべてが非現実的だった。イギリスの祖先の墓をつつき回していた人物と連絡を取ることができたなんて、信じられないことだった。

僕はジェフに返信を書き、翌日、電話で話すことになった。

「ホップウッドさん？」と、電話の向こうの、完全な英国訛りの男性の声が言った。

「もしもし？」と僕は答えた。

「**本当にホップウッドさん？**」とジェフは聞いた。

「ええ？　その通り！」と僕は答えた。

「これはあっと驚く展開ですな」と彼は続けた。

「何十年もホップウッド家の末裔を探していたんですよ。ほとんど諦めかけていたんです。ホールには、多少、手をかけなければいけない状態で」

「待ってください。ということは、今現在、ホールを管理しているホップウッドの人間はいないということですか？」

「誰一人いませんよ！」とジェフは答えた。「幽霊以外はね。完全な廃墟ですよ、ご存じなかったですか？　何年も探していたんです」

僕は彼にまったく知らなかったと答えた。

ジェフはホールで暮らしていた最後のホップウッドは、一九二〇年代に邸宅を離れたという。

「悲劇的な話なんです」とジェフは続けた。「ホップウッド家の相続人である男性二人は両方とも将校で、第一次世界大戦で二十四人の使用人とともに命を落としたのです」

年老いた両親は息子たちの死とホールで働いていた使用人の死に打ちひしがれ、引っ越すことを決め、一九二二年にホールを売りに出した。息子や使用人がいない限り、維持することが難しかったのだ。そのためにホールを後にして、ロンドンに移り住んだ。二人の息子は**子どもを授かる前に**戦死したため、その後はホップウッドの家系を継ぐ者はいなくなった——そして誰もホールを管理できなくなった。

「第二次世界大戦中は、ホップウッド・ホールはランカシャー・コットン・コーポレーションが引き継いでいました。彼らはそこを制服製作の拠点としたのです。マンチェスターでは爆撃される恐れがありましたから」とジェフは言った。「その後、四〇年代後半には、修道士らが移り住みました。ホールをカトリックの教師たちの訓練学校としたのです。修道士たちが引っ越すと、約三十年にわたりホップウッド・ホールは空き家の状態でした。そして残念なことに、私を含む、このような歴史的建築物の保存を重要だと考える人間は、絶滅寸前なんですよ。本当に大変な状況で」

僕はジェフに、ホールがどのような状態であろうと構わないから、是非見てみたいと伝えた。

「歓迎しますよ」と彼はすぐに答えてくれた。「空港まで迎えに行きましょう。見学したあと、一杯いかがですか。お話ししたいことが山ほどありますから」

彼はホールのファンであり郷土史家であるとともに、引退したばかりの町の葬儀屋であると付け加えた。それが理由で、墓荒らしが壊し、骨にいたずらをしたホップウッド家の墓を見るよう依頼されたというわけだ。再び埋葬することが、彼の仕事だったのだ。

計画を立てるために、またすぐに連絡を取り合うことを約束した。

ジェフとの電話を切ると、彼から聞いたことを頭のなかでまとめようと努力した。二十四時間前の僕は、ホップウッド・ホールが本当に存在するかどうかもわからなかった。そして今、僕らは空港での出迎えについて話をしている。それに、一杯どう？　だってさ！

「ちょっと母さん、聞いてよ。ホップウッド城は、ホップウッド・ホールって呼ばれてるんだよ！イギリス北部にあるんだ。ジェフって人と話をした。空港まで来てくれるってさ。ホップウッド・ホールを案内してくれるって！」

母は僕が冗談を言っていると思ったらしい。僕が本当の話だと伝えたあとも、ショック状態だった。母も、祖父の話を一度も信じたことがなかったらしい。

母にとって、子どもの頃の僕らが連れて行かれたペンシルバニア州ホップウッドに訪問することよりも、うれしいことだった。夫と父を失った悲しみは、母を苛《さいな》んでいた。フランス訪問の途中にイギリスに行くなんて、それ以上母を元気にできることがあるだろうか。

「そんなこと言ったって、結局、行けないんでしょう？」と母は聞いた。

「行かなくちゃ」と僕は言った。

第2章 思いがけずに帰郷

雲を抜けるときに起きた乱気流で、僕らを乗せた機体が揺れた。眼下には見慣れない英国北部の地形が広がっている。白い羊とスレート屋根の建物が点在している。僕の先祖が暮らした土地だ。「客室乗務員のみなさん、着陸準備をお願いします」と、チャーミングなイギリス訛りの機長の声。機長の声を聞くだけで、僕は「上流階級《ポッシュ》」な気分になった。僕は自分の「がらくた《ラビッシュ》」をまとめて、通路を歩く客室乗務員の女性に手渡した。

僕にとっては何もかもが慣れないもののように感じられたが、長い間感じたことのなかった、晴れ晴れとした気分だった。

前日、イギリス海峡を見渡すことができる木製の桟橋の端に立ち、ノルマンディーのオマハ・ビーチに父の遺灰を撒《ま》いて涙ながらのお別れをしたばかりだった。姉のドリと妹のダナ、叔父と叔母、義理の弟、五歳の姪っ子とともに僕はその場にいた。風がとても冷たく、灰色の海が僕らを囲むように広がっていた。背後には広い沿岸地域が見えていた。姉と妹は三歳差があるけれど、長い茶色い髪とサングラス姿の二人を誰もが双子だと間違えた。二人が母の両腕を支えながら、揺れる桟橋を歩いた。僕がみんなを先導して、完璧なスポットを探した。

遺灰を撒く前に、少しだけ話をした。父の優しさ、僕に与えた影響、父が家族のまとめ役だったこと――そしてこの場所で、父はもう一度僕ら家族をひとつにしてくれたこと。父が僕らにとって大きな存在だったこと、だからこそ世界を半周してここまでやってきたのだと大いに語った。妹たちの方を見ると、二人は心持ち頭を下げていた。誰もが押し黙っていた。風が吹き、髪が乱れ、顔にかかっていた。全員が感情を上手に隠していたけれど、僕と同じぐらい混乱しているのはわかっていた。母はボロボロと泣いていた。やんちゃな五歳の姪でさえ黙りこくっていた。

風の強い日だったが、突然その強い風がやみ、辺りが静寂に包まれた。僕は父の遺灰の入った容器の蓋を開け、足元の透き通った冷たい水に向かって遺灰を撒いた。僕たちはそこに立ち尽くしながら、遺灰が水面に浮かび、そして沈んで砂のなかに消えていく様子を見守った。いろいろな意味で、家族は父の死からずっと、呼吸を止めたような状態だった。とうとう、僕らは息を吐くことができる。桟橋の端から見える景色を写真に収めた。写真がなかったとしても、この瞬間を決して忘れることはないし、父が永遠の眠りについたこの場所を忘れることはないだろう。

ノルマンディーでのひとときは、複雑な感情と悲しみに溢れたものだったけれど、僕らのヨーロッパ・ツアーのイギリス編は、これとはかけ離れた気持ちでスタートしていた。神話を見に行くのだ。いやもしかしたら、神話ではないのかもしれない――ホップウッド城だ。旅程の目玉で、全員が楽しみにしていた。大胆で――そして突拍子もなく、まさに父が求めていたことだったはずだ。

父はいつでも奇妙な冒険の旅を求めていた。例えば母が企画した、歴代アメリカ大統領の生誕地を巡る南北縦断旅行なんてことだ。父は使い古した携帯用のウイスキーセットを持っていて、毎晩ホテルに戻ると楽しんでいたので、父もまた僕らと一緒にそれをイギリスに持ち込み、ホップウッド・ホールまでの旅で楽しむに違いないと思っていた。

フランスで別れを告げると、母は肩の荷を下ろしたように見えた。母はホールを見るのをとても楽しみにしていた。父と祖父への喪に服す期間を終えて、彼女は本来の快活さを取り戻し、白髪が交じりはじめた髪にてんとう虫模様のバレッタをつけていた。ページの間に教育パンフレットを挟んだ紫色のノートを持ち歩いていたほどだ。彼女は家族の歴史に関することだったらなんでも大好きで、前回、僕が六歳のときにペンシルバニア州ホップウッドまで家系図を探る旅をしたときとは違い、今回は少なくとも僕が彼女と同じぐらい楽しみにしていることを知っていた。母を笑顔にさせることを一緒にできることがうれしかった。

母と妹のダナ、そして義理の弟と姪っ子はイギリス南岸のサウサンプトンまで客船で海峡を渡り、そこからマンチェスターまで車を走らせる予定になっていた。僕より三歳年上で、僕のいたずらの相棒でもあるドリは僕と一緒に空港まで電車で移動し、そしてマンチェスターへ飛んで家族と落ち合うことにしていた。ドリと僕はパリまで行き、そこでマンチェスター行きの飛行機に乗った。数時間後、僕らはマンチェスター空港に降り立ち、税関を急いでくぐり抜けて空港ターミナルの出迎えエリアに辿りついた。

僕らを出迎えてくれると約束していたジェフを探した。すぐに、見覚えのある年上の男性、たぶん七十がらみで、白髪でメガネをかけて、にっこりと笑っている彼を見つけた。遠くからでも、彼が優しい男性特有の雰囲気の人であることはひと目でわかった。丈の長い黄褐色のレインコートを着ており、手には格子柄の帽子を持っていた。まさに英国紳士のようで、僕の期待通りだった。彼に向かって歩いていくと、彼は腕を伸ばして、僕と握手した。

「こんにちは、ホップウッドです」と僕は言った。

「あなたがホップウッド君か」とジェフは言った。「ご子息のご帰還だ」

姉が僕の腕を軽く叩いた。「ああそうだ、姉のドリです」と僕は言った。

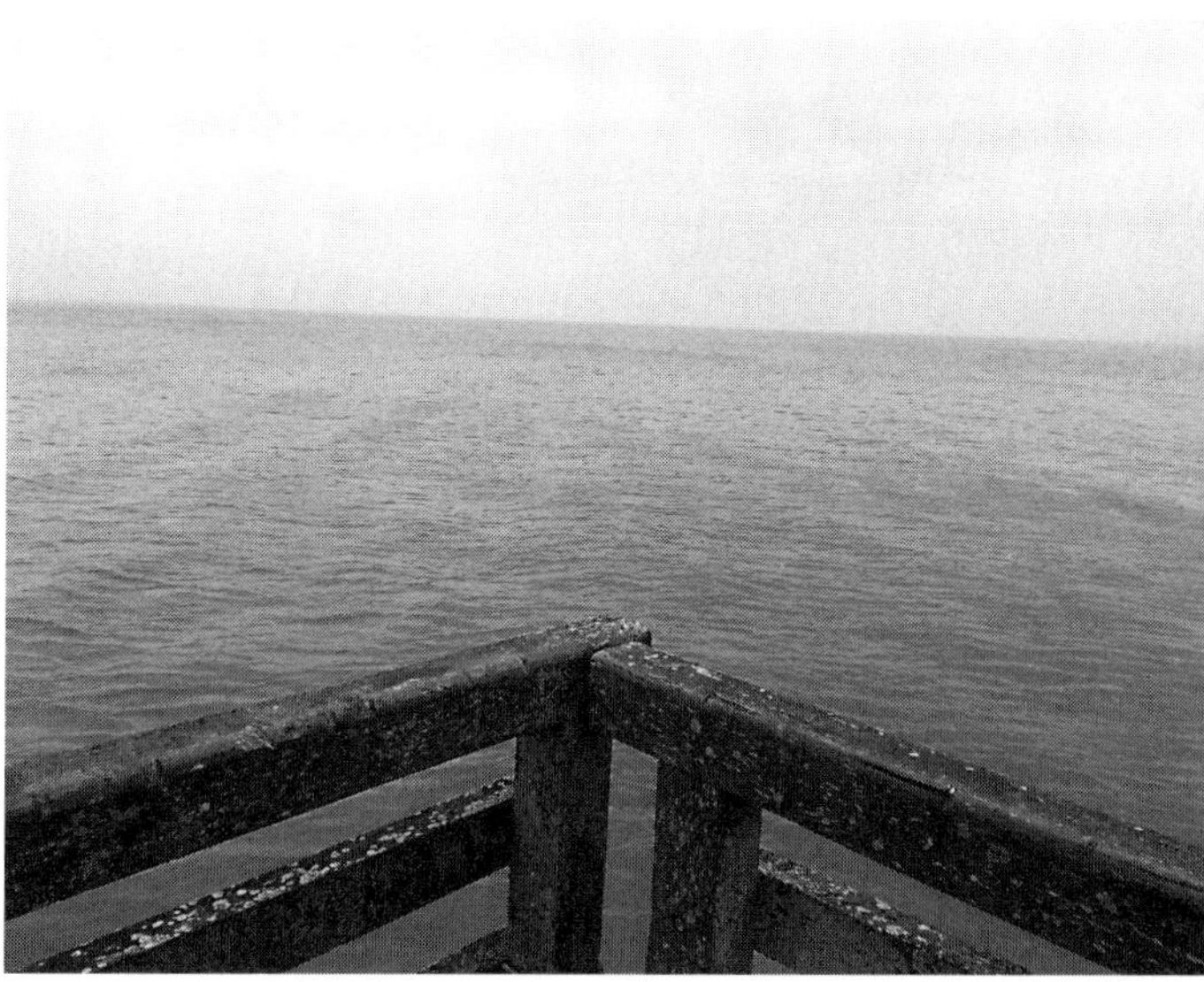

フランス、ノルマンディーのリュック・シュル・メール桟橋。

ジェフは彼女とも握手した。

「ずいぶん長い間お待ちしていましたよ」と、ジェフは僕らに言った。「ホップウッド・ホールもね」

僕は彼がジョークを言っているのか、それとも真剣なのか判断できなかった。


ターミナルの外は、冷たい大粒の激しい雨で、ロサンゼルスだったらちょっとしたニュースになりそうな天気だった。オフィスだとか学校は休みになるだろう。テレビとラジオは「レインマゲドン」だと大騒ぎ。ロサンゼルスでは年間で三十四日程度しか雨が降らない（四分の一ミリの降水量でもＬＡでは雨とされる）。マンチェスターでは年間百四十日は雨が降る——そしてこの嵐は珍しくもなさそうだった。車まで案内してくれたジェフは、天候について話すこともなかった。

「トランクに荷物を積みこむから、車に乗ってください」と彼は言った。

その頃には僕はずぶ濡れで震えていて、どうやって、なぜ荷物をトランクに入れるのか彼に聞く元気もなかった。トランクの広さってどれぐらいなんです？　まあいいや、僕は前の席に飛び乗って、シートに体を埋めてほっとしていた。

直後、ジェフが車のドアまでやってきて、「君が運転するのかい？」と聞いた。

雨から逃れて喜んでいた僕は、イギリスでは運転席が逆だということを忘れていた。僕は彼に謝ると、車から出て、助手席側に大慌てで回り込んで、乗り込んだ。

ハンドルを握ると、ジェフは僕の顔を見て、にっこり笑った。

「たくさん勉強しないとね」


ホテルに到着するまで三十分間、僕らは楽しくジェフと会話した。彼は僕らを車から降ろすと、翌朝迎えに来ると告げた。僕らが滞在することになっていたのはミドルトンの外れにあるノートン・グランジ・ホテルだった。ジェフ曰く、その場所はかつてホップウッドの敷地内にあった製粉業者の社屋だそうだ。一八〇〇年代に建設された石造りの大きな建物で、増築され、ホテルへと改築されたらしい。


ホテルのカウンターで、頬の赤い、髪をポニーテールにした受付の若い女性が明るい笑顔で迎えてくれた。

「大丈夫？」と彼女は聞いた。

なぜ大丈夫なのか聞くんだ？　と僕は考えた。俺、そんなに疲れて、だらしなく見えてる？　目が充血してるのかも。

「こんにちは！」と僕は返した。

「大丈夫⁉」と彼女は繰り返した。

「……大丈夫のはずだけど。大丈夫に見えません？」

彼女はまるで僕がおかしな人間かのように、じっと見ていた。

彼女は予約リストを見て、僕の名前がホップウッドだと気づくとさらに動揺した。ホテルはホップウッド・ホールから数キロという近距離にあって、ホップウッド・スイートなる部屋まであったのだ——そして彼女は今、実物のホップウッドと向き合っているというわけ。可哀想な女性は書類に僕らの名前を記入しながら、圧倒されてしまっていた。彼女は僕を「先生」と呼び続けた。もしかして「伯爵」とでも呼ぼうと考えているのではと疑った。だから僕は、幼稚園の頃のニックネームである「ホッピー」と呼んでくれて大丈夫だよと彼女に伝えた。

間もなく彼女はキーを渡すと、二〇一号室まで案内すると言った。彼女は、その部屋は一階にあると説明した。

「二〇一だから二階じゃなくて？」

「それは三〇一でございます」

イギリスの一階はアメリカの二階だとすぐに気づいたけれど、まるでパラレルワールドに迷い込んだような気分になった。僕は完全に混乱していたのだろう、彼女ははっきりとこう告げた。

「エレベーターに乗って、とりあえず1を押してください」と言い、エレベーターを指さした。

エレベーターのドアが開き、別の従業員とすれ違った。

「大丈夫ですか？」と彼は言った。

おいおい。そう思った。俺、相当疲れた顔してんのか。こんなに大丈夫かと聞かれたことは、階段を転げ落ちたとき以来だな。大丈夫だといいけど。

翌朝、前日の夜に到着していた母と残りの家族と会うため、朝早くに起きた。ジェフの迎えをロビーで待っていたが、時差ぼけでほとんど眠れなかったことを忘れようと必死だった。

早朝にもかかわらず、ジェフは満面の笑みを浮かべ、ハミングしながらやってきた。僕は彼を母と家族に紹介した。葬儀屋として長年遺族と関わってきたジェフには、困惑し、面食らって、次に何をしたらいいのか迷っている人々と出会うエキスパートの素質が明らかに備わっていた。ホテルを出るとき、彼は母の腕をとってくれた。姪っ子にはちょっとした手品を見せた。彼女の耳の後ろから、光るコインを取り出して、彼女に渡したのだ。

ホテルを出る際、別の従業員の女性が僕を見て、「大丈夫?」と聞いた。

くるっと振り返って、「だ・い・じょ・う・ぶっ!」と叫んでやりたかった。一体なにが起きているんだ⁉

酷い時差ボケか病気に見えるらしい、だって誰もが大丈夫かと聞くんだよ、とジェフに伝えた。

「ホップウッド」とジェフは言い、笑いながら頭を振った。「イングランド北部の人間は、『こんにちは』の代わりに『大丈夫?』と言うんだよ。深い意味はないんだ」

「なるほどね」と僕は返した。「なあんだ、安心しちゃった」

ライオネル・リッチーがここの出身地だったらどうなるのだろうと考えずにはいられなかった。例の有名な「ハロー」は、全く別物になっただろうね。

義理の弟のエリックは、家族全員が乗ることができるように大型のバンを借りていた。僕らは全員で乗り込んだ。もちろんジェフも一緒だ。またもや雨が降り出し、終日、霧のように細かい雨が降り続いた。前日のレインマゲドンに比べれば、随分マシだった。

バンのなかで、ジェフはこれからボブという人物に会うこと、ボブはホップウッド・ホールの管理人で僕らを案内してくれることを教えてくれた。また、建物の中に入る際は、本来の進入路が封鎖され、穴と泥だらけなので使うことができないと説明した。ホップウッド・ホール大学のキャンパスを通って裏側から入るのだそうだ。一九九〇年代初頭に設立されたこの大学は、デ・ラサール会の修道士が敷地の一部に建設した訓練場を利用した。修道士たちが去ると、区議会が所有権を得て教育棟を分割し、小規模な大学を開校、ホールの名前を冠した。

「エリザベス女王が一九九二年にここを実際に訪れて、大学の開校を祝ってくださったのです」と、ジェフは誇らしげに教えてくれた。

僕らは大学のキャンパス内を車で走り、区議会の代表が待つ門まで辿りついた。僕らは「こんにちは／大丈夫？」をやりあって、そして門が開かれた。ゆっくりと前進すると、胸が高鳴るのがわかった。そこに近づいていることを感じられた。そして本当に奇妙なことに、周囲の景色が信じられないほど身近に感じられたのだ。小川、緑豊かな草原、そしてその向こうに丘が見えた。牛が草を食《は》んでいた。まるで絵画のようだった。

「なんて素晴らしいんだ！」と僕は繰り返していた。

道路がカーブを描いた。突然、木々が開けた。

「さあ、彼女が姿を現しますよ」とジェフは言い、微笑んだ。

赤煉瓦と鈍黄色の石造りのホールは、霧と雨のヴェールの向こうで輝いているようだった。銃眼のある屋根からは何十本もの煙突が延び、鉛色の空にそびえ立っていた。分厚い雲の下でも、それは魔法のような光景だった――ホールの巨大な窓はきらきら輝いて、全ての光を取り込み、僕らの方向を照らしていた。小さな窓ガラスが建物に命を与え、輝きを放つ窓はまるで、古代からの歓迎のようだった。

ジェフがこれについて「あの窓は実は、ダイヤモンドの形のガラスが組み合わされたものなのです」と説明した。「だからあんな風にきらきらしているというわけです」

五歳の姪のジェッツンは、窓ガラスを見つめ、魅了されているようだった。「うわあ……あの窓ガラス、宝石で、できているみたい」と彼女は言った。

家の正面の上部にドラマチックに並ぶ銃眼の下の煉瓦に、大きな日時計が埋め込まれているとジェフが教えてくれた。時計が発明される前、僕らの先祖はそれで時間を計っていたのだ。

僕らは本来の玄関の場所まで車を回して、車を降りた。それより先には進むことができなかったからだ。僕たちとホールの間には、高さ四メートルの防護フェンスがあり、フェンスの上部には有刺鉄線が巻かれていた。フェンスに設置された看板には「立ち入り禁止　危険な建物」と書いてあった。

フェンスは区議会が設置したもので、ホールに頻繁に侵入する輩を閉め出すためのものだとジェフは教えてくれた。天井から鉛を盗み、壁から貴重な彫刻を盗み、窓や鏡を破壊する者もいたそうだ。

「フェンスで輩を追い出せたわけではないんです」とジェフは言った。「それでもフェンスを乗り越えようとする人間はいます。鉄線に引っかかる人もいます。そりゃもう、大変ですよ。それが理由で地元の人間がこのフェンスを陰嚢《いんのう》シュレッダーと呼ぶわけですな」

フェンスの向こうで僕らを待っていたのは、背が低くてがっちりとした体格の五十代の男性で、きれいに整えた髭と帽子から突き出したボサボサ頭の人物だった。目が覚めるような黄色の工事用ベストを着用していた。

「遅いぞ！」と彼は吠えた。

第3章

ホップウッド・ホール

「この人たちが例のアメリカ人?」と、安全帽をかぶった男性が不機嫌そうに強い訛りのある声で言い、「遅刻するだろうとは思っていたけど……なにせアメリカ人だし」と付け加えた。

「マンチェスターのユーモアです」とジェフは僕らに言い、ホップウッド・ホールの管理人ボブを紹介した。

「ユーモアのつもりはないぞ!」ボブがキレた。「今月、区議会に呼び出されたのは二回目だ。給料も出ないってのに」

大きな音を立てながら、ボブは防護フェンスを固定している巨大な南京錠を外し、僕らを中に入れてくれた。

僕らは緊張しつつボブと握手し、軽く頭を下げたが、ボブは明らかに世間話をする雰囲気ではなかった。

「さあ、ツアーを開始しよう」と彼は言った。

ボブは安全帽と、彼が「ハイヴィス」と呼ぶ黄色いベストを手渡した。ジェフは事前に僕らにしっかりとした靴を履いてくるよう、メールで伝えていた。どうしてなのかはピンと来ていなかったが、僕らはスニーカーやハイキングブーツを荷物に入れ、万事がうまくいくよう願っていた。

「入る前に、いくつかルールを説明する」とボブが続けた。「勝手に進まないこと。俺が指示する場所だけを歩くこと。俺の言うことを聞かないと、床が抜け落ちて死ぬことになる。もしそうなった場合、腕時計をしてるのなら、落下して着地するときには腕を上げておくように。後で腕時計を回収して売りさばくのが楽になるから」

母が僕を困惑した表情で見ていた。

「マンチェスターのユーモアだよ！」と僕は母に囁き、ボブのルールをわかりやすくした。

ホールに向かってドスドスと歩くボブのあとについていった。遠くから見ると、ホップウッド・ホールは壮観だったけれど、近くで観察すると、より美しい時代があったことは確かだった。キラキラと光る窓は割れ、壊れていた。煙突からは小さな木が伸びていた。建物の正面には巨大なゴミ箱があり、瓦礫やゴミが溢れていた。

これが、ホップウッド・ホールは世界名作劇場で見た大邸宅には似ても似つかないと気づく最初のきっかけになるはずだった。それでも僕の心のなかには『ダウントン・アビー』［二〇一〇年から放映されたイギリスのドラマシリーズ。舞台はイギリス・ヨークシャーの架空の城『ダウントン・アビー』］があった。この建物はどちらかというと、ダウントン・シャビー《ぼろぼろ》だ。

ボブの少々無礼な歓迎を経験し、僕は彼に質問しないよう我慢していた。「君はここの管理人らしいが、一体なにを管理していたんだ⁉」ってね。

「さあ、いいか」とボブは宣言した。「集まってくれ」僕らは集まった。ボブは巨大な木製の両開き扉の前に立っていた。

「古い馬車の出入り口の前だ。ここから中に入る」と彼は言った。

ボブはボロボロの鉄製のリベットと金属の留め具、装飾でつなぎ合わされた、分厚い古ぼけたダークウッドの扉を指さした。

「ホップウッドの森から切り出した材木を使って、専属の大工が扉を作ったのだろう。そして住み込みの鍛冶職人がリベットや蝶番を鍛造したんだろうな」とボブは続けた。「すべてのものがこの地所内で作られた。ハンマーの跡が残っている」

彼はおよそ五百年前に生きていた鍛冶職人がつけた小さな跡を見せてくれた。私たち全員が感謝を込めた「ワオ」を口にし、感嘆の声を漏らした。

「そして、ここなんだが、二〇一二年頃に、湿気対策でガス会社が除湿器を設置するために、ドアにドリルで開けた穴だ」とボブは続け、僕ら全員を現実に引き戻した。「ホップウッド・ホールで修理が必要な箇所のひとつってわけだ」

そして古い通用門に肩を押しつけ、扉がギシギシと音を立てて開くまで押した。

僕らはホール内部に足を踏み入れた。目の前には、中庭へと続く石灰岩のアーチ道、赤煉瓦の壁、そして四角いガラスが埋め込まれた鉛枠の窓が三面に広がっていた。分厚い敷石が足元に敷きつめられていた。ボブ曰く、馬車が入り、乗客を降ろし、そして方向を変えて出ていく場所だったそうだ。

「十八世紀にここに来ていたら」と、ジェフは説明した。「この邸宅には、ミドルトンの総人口よりも多い人々が働いていたはずです。到着すると、全員が出迎えたことでしょう」

僕は執事や召使いやメイドたちが、窓から外を確認し、それから急いで外に出てきて並んで僕らを歓迎してくれる様子を想像した。安全帽をかぶって僕らを睨むボブよりは、美しい光景だということで……。

僕らの左手には一六九〇年に建てられた小さな教会があり、地元の教会まで行く気になれないときに家族が礼拝していたのだとジェフが説明してくれた。右手には守衛室とボブが呼ぶ場所があった。

「このあたりは、ホール内部では比較的新しい場所だ」とボブは説明した。「ジェームズ二世の時代に建てられたものだから」

比較的新しいって？　アメリカより一世紀古い建物の話をしているっていうのに！　ボブは十分な情報を持っておらず、時系列を間違えているのではないかと僕は疑った。

ジェフとボブが先導し、僕らは二人について歩いて守衛室に入った。

僕らが入っていったのはとても広くて何もないスペースで、頭上には花やその他のパターンで飾られた豪華な漆喰の天井、ミントグリーンに塗られた壁は色褪せ、ひび割れ、剝がれていた。

「一六〇〇年代、ホールに入る前に武器を持っていないかの検査がここで行われていた」とボブが言った。

「中世の運輸保安局って感じだな！」と僕は笑って、自分のジョークに満足していた。ボブは笑わなかったが、僕は場の雰囲気を明るく保つ必要性は感じていた。

僕らの先にあったのは、巨大で立派な石作りの暖炉で、両側に円柱が立っていた。円柱の上には犬の顔の彫刻が施されていて、今にも噛みつきそうに鼻を突き出していた。

「犬はいきり立っているように見えるだろう」とボブは言った。「その理由は誰もわからない。ホールへの訪問者を早起きして出迎えなくちゃいけなかったんだろうな！」

「美しいですね」と言うと、ボブは褒められたことで気を良くしたようだった。

僕たちはもっと豪華な部屋に次々と入っていった。同じように色褪せた緑色に塗られた部屋は、ジェフによると宴会場だったそうだ。「ゲストが家族と一緒に食事をする場所でした」とジェフは説明した。

部屋は広大で、天井が高く、石でできた中枠《マリオン》で仕切られた背の高い窓が並び、まるで中庭を見渡すようだった。ホップウッド家の人々が招待客をダウントン・アビー式で出迎える様子を想像しようと努めたが、それは簡単なことではなかった。壁には古い塗料が侘しく広がり、漆喰には雨漏りの跡があり、天井からは電気ケーブルが垂れ下がっていた。はしごがぽつんと窓に立てかけられていて、床には何が入っているのかわからない黒いプラスチックのゴミ袋がたくさん置かれ、埃にまみれた正体不明の道具類が転がっていた。ボブが僕らをもう一つの暖炉のあるところまで案内してくれた——この暖炉はホップウッド家の紋章が施され、その両側に家訓「一歩ずつ《バイ・ディグリーズ》」が刻まれていた。紋章は盾の形で、雄ジカが二頭、隣り合わせに描き込まれている。

僕らは家訓があることなんて知らなかったし、まさか紋章があったなんて！　僕たちはケータイで写真を撮影しまくった。

「全員でお揃いのタトゥーにしたいね」とドリに囁き、笑いあった。

するとボブが「誇りと喜び」と説明するものを見せてくれた。宴会場の中心部にある長いテーブルで、瓦礫やがらくたで覆われていた。ボブは壁や天井から崩れ落ちてきたものだろう、鋳物の破片や古い木くずを手にすると、その破片がどこから来たものなのかを示す小さな地図の上に置いていった。ボブはテーブルと地図が大好きなようだったが、彼が僕らに見せてくれていたものはまるで美術品の墓場だった。

ボブはため息をつきながら、「いつか資金と支援を受けることができたら、この欠片をすべて元の位置に戻すことができるんだけどな」と言った。

次にジェフとボブはギャラリーと呼ぶ場所に僕らを連れていった。長い廊下にダークウッドのパネルと、それと同じ四角い形をした鉛の格子枠窓が並んでいた。中庭から建物内部に見えた窓と同じだった。ジェフは、その場所がどんな様子だったか想像してほしいと言った。エレガントに飾り付けられたその場所には、何世紀も前に生きた僕らの先祖の油絵が飾られていたのだ。

周囲を見渡し、彼の勧めに従いながら、ありし日にはどれほどこの場所が豪華だったのか想像しつつ、天井の複雑な漆喰の模様に、驚異的に広がる巨大な黄色いシミを無視しようと必死に努めていた。たっぷりとしたベルベットのドレープが窓にかかっていたらどんな感じだっただろう？　雨が吹き込む割れた窓枠じゃないとしたら？

「雨が降ったり、あまりにも暑くて外出できない日は」とジェフが説明を始めた。「この廊下を行き来することが家族の散歩だったのです。庭を『散策』する代わりにね。真ん中ぐらいにある、縦長の窓が嵌められた大きなアルコーブが見えるでしょう？　あそこに座ると日が差し込むので、読書したり、譜面を読んだり、刺繍をするのに最適な場所だったでしょうね」

　ギャラリーの奥にある、炉辺《イングルヌック》と呼ばれる狭くて一部隠された休憩スペースに入る僕らに、低い位置にある木の梁に気をつけるようボブが声をかけた。僕らが入ったなかで、ここは最も狭い場所であり、

右:ホップウッド・ホールの宴会場の暖炉。写真提供はマット・ウィルソン。
下:ホップウッド家の家訓が宴会場の暖炉に刻まれている。

ギャラリーと同じようにダークウッドの羽目板で覆われていた。狭いとはいえ、炉辺には素晴らしい石作りの暖炉が設《しつら》えられ、青と金と赤で塗られた紋章があしらわれていた。

「バイロン卿の暖炉です」とジェフが誇らしげに言った。「暖炉の左側に16、右側に58とあるのがわかりますか？　この暖炉が一六五八年に作られたという意味です。当時、アメリカはイギリスの植民地の集まりに過ぎなかったのです」

姪っ子のジェッツンでさえ、彼の話に熱心に聞き入っていた。ジェフは、この暖炉がバイロン卿の暖炉と呼ばれていたこと、ロマン主義時代の大詩人バイロン卿が持ち主であると考えられていたことを説明してくれた。

「一八一一年、若きバイロンはホップウッド家の訪問客として邸宅に滞在しました」とジェフは語り始めた。「当時、彼はロッチデール近郊にあった自分の不動産の一部を手放そうと考えており、恐らくこの立派な暖炉も含まれていたのでしょう」

バイロンの滞在中、ホップウッド家の人々は暖炉を譲り受けることを承諾したに違いない。なぜなら、彼の訪問以来、ここに暖炉があるからだ。

「バイロン卿が滞在の感謝の証として暖炉を残し、世界的に有名な『チャイルドハロルドの巡礼』をここで仕上げたと考えている人たちもいます」

その詩のことを聞いたこともないと、認めたくはなかった。幸運なことに、ジェフが要約した歴史を教えてくれた。

「滞在中、バイロンはホップウッドの森を散策し、インスピレーションが湧き起こるのを待っていたそうです。インスピレーションは実際にあったようですよ。というのも、彼がホップウッドを去るまでに、『チャイルドハロルドの巡礼』は完成していたようですから。この作品で彼は詩人として名を馳せたのです」

しかし、一八〇〇年代にここを訪れた世界的に有名な芸術家はバイロンだけではなかった。伝説的作曲家でピアニストのフレデリック・ショパンが、十九世紀中頃、この地域をツアー中にホールを訪れたという噂があった。

「全盛期には、ここはそのような場所だったのです――最高の人々を惹きつけたんですね」と言い、ジェフは微笑んだ。次にジェフは僕らに天井の漆喰仕上げに注目するよう言った。薔薇に絡まる蔦があしらわれていた。

「この天井は一九〇〇年代初頭に、ミドルトン出身でアーツ・アンド・クラフツ運動の中心的存在だった建築家のエドガー・ウッドによって製作されたものです」と彼は説明した。「ウッドのような建築家は産業革命時代の大量生産を拒絶し、建築的要素を昔ながらの技法を用いる手作業に戻そうとしていたのです」

ジェフは話を続け、僕たちがホールの建築に費やされた手間と配慮を知ることができるように歴史の折り重なった層を明らかにし、今現在は放置されてしまった状態であったとしても、この建物には称賛すべき、評価すべき点が多々あることを教えてくれた。

「持ち主にとって、炉辺は特別な場所だったでしょう」と、案内役のジェフは続けた。「暖炉の側に座ってくつろぐ場所だったでしょう。ワインやブランデーを片手にね。寒くて隙間風が入る邸宅の残り部分とは違い、この場所はホール内で最も暖かく、居心地のよい場所だったはずです」

僕らはギャラリーに戻り、歩き続けた。

「さて次は、オーク・パーラーだ。邸宅内で最も古い部屋だな」と、再び案内役としての役割を果たすべくボブが説明した。「この部屋は、中世にホールが建築された一四二〇年頃の、元々の構造の一部だったと考えられる」

一四二〇年代だって？　ジェッツンのために素早く計算してあげた。

「巡礼者がはじめてアメリカにやって来る二百年前のことだよ」と僕は彼女に言った。「言い換えれば、もしジョージ・ワシントンの曽祖父がホップウッド・ホールに来たとしたら、古い建物だと思ったはずだよ」

ジェフはその話にすぐに飛びついた。一四二〇年代よりずっと前に、この敷地内に建物があった可能性があるという。それは考古学者がいつか発見することになる狩猟小屋、あるいは家でありうるらしい。

「事実、あなたの祖先は一二〇〇年代まで、そして恐らく一〇六六年のノルマン・コンクエストまで遡ることができるとした書類が存在します。その後、ウィリアム征服王が国をいくつかの領地に分割し、それをフランスとノルマンの同盟国に与えたとされています。ホップウッドの騎士たちには、同じ時期に領地が与えられたのでしょう。数世紀にわたってこの辺りの領地を支配したとされていて――この地域から名前を取りました。ホップとは谷に囲まれた狭い場所という意味で、この邸宅が建てられた、森に囲まれる土地と同じです」

一〇六六年？　一六五八年に作られた暖炉で感動してたっていうのに！　パップ祖父さんの話をもっと真剣に聞いておけばよかったと、自分の頭を叩きたい気持ちで一杯だった。僕が騎士の末裔だったことを幼稚園のいじめっ子たちが知っていたら、絶対に黙りこくったはずさ！　運動場で一騎打ちをやることだってできた。

「あなたの祖先であるジョン・ホップウッド騎士は、今日邸宅に入る際に見学した赤煉瓦の建物を建てた人物です。実際のところ、ホップウッド・ホールはイギリス北部に存在する唯一のチューダー様式の煉瓦造りの壁なんです――ジョン・ホップウッドは南部を訪れた際に自分の邸宅に最新の建築様式を取り入れたいと考えたに違いありませんよ」

僕らはジェフとボブについてオーク・パーラーに入った。たちまち、周囲の空気が変わったように思えた。寒く、湿った空気を感じ、さらに時間を遡ったような気持ちになった。

この場所はそれまで見たものとは違っていた。頭上では、長い木造の梁が大胆に交差していた。でも僕らの注目を集めたのは、この部屋の壁だった。黒色に近い羽目板は、見事なまでに精巧な彫刻が施され、幅木から天井までを覆っていた。

どこを見ても、目を奪われた。円柱やアーチには、花、鳥、そして曲がりくねった植物で飾られた十字架や聖杯をしっかりと支える彫刻が施されていた。ボブとジェフが注目すべき装飾を指さしてくれた。人々が楽器を演奏しているシーンには、一五〇〇年代の楽器ヴィオールを持つ男性が彫刻されていた。ジェフは、奇妙なことに切断された頭部を刺した熊手を手にした髭面の男性を紹介した。当時の贅沢品とされたパイナップルやチューリップの彫刻は、ホップウッド家のもてなしと栄華の証だった。薔薇、アザミ、水仙といったイングランド、スコットランド、そしてウェールズを象徴する花を彫刻した羽目板があった。

ジェフがES1689と刻まれた、とても特別な羽目板を見せてくれた。

「一六八九年にホップウッドの子息の一人がエリザベス・スピークと結婚したことを記念して設置されたものだと考えられています」

ホップウッド・ホール、オーク・パーラー内部のジャコビアン様式の暖炉の上飾り。
写真提供:アンディー・マーシャル。

と、ジェフは親切にも教えてくれた。「当時、ホップウッド家は結婚を祝うために新しい宴会場を作ったと言われています」

「そりゃ当然だ」と僕はジョークを言い、三百年前の結婚祝いのひとつかもしれない物からわずか六十センチしか離れていない場所に立っているなんて信じられないと付け加えた。

「実は、この部屋に使われている材木を鑑定してもらったんだ」とボブが割り込んで言った。「材木の古さをテストするってわけ。それで、ここには一四二六年の材木が使われていることがわかった」

その古さはとにかく信じられないものだった。僕は大いに驚いて、同じく畏敬の念を抱いているように見える母に視線を送った。六百年もの昔、ここで僕の先祖が食事をして、眠って、そして暮らしていたのだ。ここがすべての始まりだったのだ。

「煙突が発明される前、ご先祖は部屋の真ん中で火を熾して、煙は茅葺《かやぶ》き屋根から外に出していたんですよ」と、僕の心を読むようにしてジェフが教えてくれた。

ジェフによると、ホップウッド家の長い歴史は、彼らが十一世紀から十三世紀の十字軍の時代から、ヨーロッパ全土で何百万人もの人々が命を落とした十四世紀のペストの大流行、そして十五世紀の薔薇戦争に至る、イギリスの歴史の主要な出来事をすべて乗り越えた証だという。彼らはすべての戦争、飢饉、そして自然災害を乗り越え、そして第一次世界大戦まで生き延びたというのだ。

「ホールの二人の相続人の男性を失ったのはその時です。エドワードとロバートで、そこでホップウッド家は永遠に絶えてしまったのだと私たちは心配していたんです。でもそこにあなたが現れたってわけ」と、ボブに従って隣の部屋に移動する僕らにジェフが言った。

この部屋もダークウッドの羽目板が並んでいたが、オーク・パーラーのように緻密な彫刻が施されてはいなかった。僕らは天井から漆喰の塊が落ち、多くの穴が開いた床を注意しながら進んだ。部屋のなかには、また別の立派な暖炉が設置されていた。この暖炉は床から天井まで達する木彫りの暖炉で、繊細で小さなスピンドルで飾り付けられていた。一部はボウリング場のピンのように並び、他は美しい薔薇の形をしていた。

「今立っている部屋は分娩室だった場所だ」とボブが説明した。「十四代前の曽祖父が生まれたところだな」

僕はあっけにとられた。十四代前の曽祖父が六世紀前に立った暖炉の真横に僕は立っていたのだ。十四代前の曽祖父が生まれた場所に立てる人間って、何人いる？　僕は慎重に腕を伸ばして、暖炉に指で触れた。まるですべてが本物か確かめるかのように。

そこから、ボブは偉大なる歴史を紐解く最後の部屋に僕らを案内したのだと教えてくれた。

遠い祖先が生まれた部屋を訪れる以上に大切なことってあるのか？

「こちらに来てください」とボブが言った。彼は狭いドアまで僕らを案内し、穴の開いた床を跨いで、短い階段を上った。そして長く、広い廊下を抜けて、別の大きな出入り口へと導いた。

「ジャーン！　ディスコでーす！」と彼は大喜びで叫び、戸惑う僕らの顔を見てクックックと笑っていた。

僕らの前に広がっていたのは、広い、洞窟のような空間だった。壁は黒く塗られていて、ピースサイン、ピアノの鍵盤、そして音符が描かれていた。壁のひとつには、「のってるかい！　ブギを踊ろう！」と書かれていた。大学の寮内のバーにでも迷い込んだような気持ちだった。歴史的価値のあるオーク・パーラーと分娩室のあとで、これはさすがに驚きだった。

「ホップウッド家にはナイトクラブもあったってこと？」と僕は仰天して尋ねた。僕自身はロサンゼルスでナイトクラブを楽しむ人間として知られているのは事実だけれど、まさか僕の貴族のご先祖が同じ気分でいたとは。

「ここに住んでいた修道士が作ったようですね」と、さらに理解不能なことをジェフが言った。

「修道士？」額にしわを寄せてジェッツンが聞いた。

「そうです、ラサール兄弟が一九四〇年代から八〇年代までここに住んでいました」とジェフが説明した。「彼らはこの建物内に教師の専門学校を作っていました。下の階に部屋があって、そこが教室で、二階の寝室を分割して寮にしていたんですね。修道士たちはホールの維持費を確保するために収入を得る必要があると心得ていましたので、ここにバーとナイトクラブを作って専門学校の生徒が流行のバンドを呼んで楽しめるようにしたというわけ」

「信じられるかどうかわからないけれど、オジー・オズボーンもここで演奏したといわれています。もちろん、修道士に評判だったとは思えないけどね！　舞台上のオジーに妻のシャロンがビールを投げつけたという伝説もあります。UB40とマッドネスもここで演奏しています。ジョン・レノンがリバプールから車で駆けつけて、友人のバンドを手伝ったなんて話をする人もいるんです」

くらくらした。バイロン卿。ショパン。そして今度はオジー・オズボーンにジョン・レノン？情報量が多すぎて僕の脳の処理が追いつかない。

僕らはボブとともにナイトクラブを出て、別の廊下を歩いて進んだ。僕らの行く手にあったのは、老朽化した階段で、手すりは斜めになっていて、踏み板がところどころ行方不明になっていた。「このセクションには入れない」と、ガイドさんは言った。「見てもらえればわかる通り、安全ではないので。ということで、本日のツアーはこれにて終了」

僕たちはボブに、一日を使って僕らを案内してくれたことを感謝した。ここに来ることができたことは、僕たちにとって大きな意味があったということを、しっかりとボブに伝えた。ホールを見学できてとても感激したし、驚くべき歴史的モニュメントだったとも伝えた。

「そうだな」とボブは同意してくれた。「どうにかして保存しなければ、五年から十年の間には消えてしまうだろう」

ちょっと待って――消えるってどういうこと？「それって本当ですか？」と僕は彼に尋ねた。

「見てくれよ」とボブは言い、周囲を指さした。「階段は崩れている。水が漏れていて、壁には蔦が絡まってしまっている。そこらじゅう、乾燥腐朽《ふきゅう》してる。崩れかけているんだ。冬が来れば雨が降るし、苔や植物が生えるし、虫が入る。俺も全力は尽くしているが、すべてを修復することはできない。数年でホップウッド・ホールは修復もできない状態になるだろう。次に戻ってくるときは、瓦礫の山かもな」

五年か十年しか残っていないだって？　少なくとも六百年、ここに建っていた家が？　バイロン卿が滞在して詩を書いた場所、シャロン・オズボーンがオジーにビールを投げた場所、僕の先祖が何世代も暮らし、繁栄を遂げたこの場所は、一四〇〇年代に建てられたんだぞ。その建築物の真ん中に俺は立ってるんだ……。この場所はイギリスの歴史にとっても大切で、国家の遺産だぞ！　それなのに数年でただの塵になってしまうのか？

「ちょっと待ってよ、それって最悪じゃん！」と僕らはガイドさんに言った。

ホールがここまで崩れてしまったことに、ふつふつと怒りが湧いてくるのを感じていた。近くに植木鉢があったら、怒りを爆発させて、倒してやるところだ。

ボブは肩をすくめた。ジェフは悲しそうに僕らを見た。二人が僕らよりもそれを望んでいないことは見て取れた。彼らはその事実に慣れているだけだった。

「ボブと私だってホールのことは大切に思っていますよ」とジェフは説明した。「ここの年寄りたちだってそうです。ここがかつてあった様子を想像することは難しいことじゃありません。ただ、若い世代が同じようにこの場所や歴史につながりを感じられるかというと、そうとは限らないということです。シェイクスピアが言ったように、僕らが騒々しいこの世を去るとき、何が起きるでしょう？　ホップウッド・ホールがまだその姿を残していたとして、誰が管理するのでしょう？」

時差ボケだったのか、それとも父の遺灰を散骨したばかりだったからなのか、この時までに僕はホールやミドルトン、そしてこの場所の歴史のすべてにすっかり魅了されていた。僕はジェフとボブに、ホールが忘れ去られることがないよう、できることはなんでもやりたいと伝えた。寄付を集めるだとか、助成金の申請だとか、できないかな？　どうだろう。ボブはあっさりと、ホップウッド・ホールのような建造物を維持するには、それ以上のことが必要だと言った。数字に強い妹のダナが建築業者の夫エリックと、どれぐらいの費用がかかるか計算を始め、研究者である姉のドリが可能な助成金の調達についてケータイで調べ始めた。母はジェッツンを両腕に抱き、未来の世代のために歴史を保存することの重要性を説いていた。

僕は頭をかいていた。インスパイアされてはいたものの、怯《ひる》んでいたというわけ。この場所を元に戻すための修復に、一体何百万ポンド必要だというのだろう？　ホールを見せた後の誰かと同じ目を僕がしていたのだろう。ボブはそれを見たことがあったに違いない。その美しさに目を奪われるものの、今現在の状態に圧倒されてしまった目だ。その場に立って可能性を話し合う代わりに、ボブは咳払いをした。

「あんたらアメリカ人は、貧乏なイギリス人をこき使うってことはわかってるさ」と、彼はつぶやいた。「でもなあ、俺だってメシが食いたい」

僕らはワハハと笑った。ボブだけは笑わなかった。

予定よりも長居してしまったことはわかっていた。ボブを含む僕ら全員が、ホールを調査してまわり、どれだけ腐敗しているのかを確認したことで、精神的に疲れてしまっていたのは明らかだった。

そろそろ潮時だ。僕らは護衛室を通り抜けて、南京錠と鎖のついた鉄製の門まで歩いていった。僕らはボブと鉄の門に別れを告げた。握手したとき、完全にボブの能力を見くびっていたことに僕は気づきはじめた。社交辞令は下手な男だったが、ほとんど崩れかけたホールを守ろうという強い意志は、それを凌駕するものだった。ボブがいなければ、この建物は間違いなく、とっくの昔に瓦礫となっていたはずだ。

僕はホップウッドの救い主の目をじっと見た。

そして「ボブ、あんたって人はロックだ!」と吠えた。

ボブは信じられないといった表情で僕を見返した。そして、ニヤリと口元を歪め、声を出して、ワハハと笑い始めた。

「あんた、何者だ?」そう彼は聞いた。

第4章 ハリウッドの日常

ロスに帰ると、僕はいつもの日常にあっさりと戻っていった。ハリウッド大通りにあるLAフィットネスに行き運動をして一日をスタートさせ、次はコーヒー・ビーンで砂糖なしのスキニー・ヴァニラ・アイスブレンドのコーヒーを飲み、そして仕事のミーティングを開始する。

当時、僕の生活はやることリストがびっしりで、毎日は時間単位で区切られ、カレンダーはミーティングとアポイントメントで埋まっていた。当時の僕の行動パターンは、電話をかけ、何かを実現し、スプレー・タン［肌を日焼けしたように見せるスプレー］を塗りたくって、それから、完了、これも完了、全て完了。それがお決まりだった。僕の知っている人はすべて、こんな感じで日々を過ごしていた。ロスでは、物事が停滞すれば、ランチを計画して、別のプロジェクトの話をする。ひとつのプロジェクトが終わればすぐに、別のプロジェクトをスタートさせる。何もやることがないなら、誰かと話をして、別の物事を実現させる。

忙しい一日を過ごしたあとでも、過密なスケジュールが終わることはなかった。ハリウッドでは、社交的なイベントに出席することは仕事の一部なのだ——それが人生。それでも、一旦家に戻ればたった一人だし、周囲から出遅れてしまったのではという長年の恐怖がじわじわと押し寄せてくるのだ。

元ドルチェ&ガッパーナのカリスマモデルから酒類販売業者（なんという組み合わせ！）へと転身した友人のジョニーは、いつもイベントやパーティーを提案してくれたので、週のほとんどはパーティーの予定があった。多くは雑誌に掲載されていたり、とても長い招待リストのある新しいレストランやクラブのオープニングだったが、ジョニーはどういうわけか、何の事前情報を渡すでもなく、最高の席をキープすることができる人物だった。それが彼の仕事だった。

数年経過すれば友だちの輪も完全に燃え尽きてしまうこの街で、僕はジョニーと十三年も友人関係を続けている。もちろん、僕らが出会ったのはクラブだ。ブロンドのスパイキー・ヘアでノースリーブのシャツを着てサングラスをかけた彼は、とても目立っていた。当時、彼は女優を目指していた僕の知り合いのジェニー・バウンスと付き合っていた――彼女は踊るのが大好きで、クラブで飛び跳ねていた。クラブが閉店した後、なぜだか僕らは友人のリムジンに一緒に乗り込んでいて、ハリウッドの街を一緒にドライブしてパーティーは続いた。僕とジョニーはすぐに意気投合した――やつはハッピーで楽しい男で、常に次のハリウッドの冒険を探し求めているような人物だった。その時から、僕らはずっと友だちだ。

イギリスから戻って数日後の木曜の夜、サンセット大通りとドヘニーの角にある、ブーツィー・ベロウズでジョニーと会う約束をした。俳優のデビッド・アークエットが開店したロサンゼルスのホットスポットで、低い位置まで吊り下げられた金色の卵黄や、屋内の椰子の木、鏡張りになったバーカウンターなど、一九四〇年代のフランク・シナトラの自宅の雰囲気を持つナイトクラブだ。

「それで、ロンドンはどうだった？」ＤＪブースの向こうから、ジョニーが大声で聞いた。

「最高だよ。行ったのはマンチェスターだけど」

彼は眉をひそめて見せた。シンプルな答えを求めていたらしい。

「マンチェスター？　なんで？　サッカーの試合でも見たのか？」と彼は言った。

「いや、系譜《ジニアロジー》を辿ってきた」と僕は認めた。

「それってジーンズに関係あること？」彼は笑いながら聞いた。

彼が冗談を言っていることはわかっていたけれど、ここはちゃんと説明しなければならないと思った。

「いや、家系だよ。家族の先祖を調べたんだ。ホップウッド・ホールと呼ばれる場所を訪ねた。僕の先祖がいた場所だよ！」僕は突然、とんでもないことを口走ったことに気づいた。

僕の後ろにいた人を見たジョニーの目があっという間にキラキラした。

「ハローーー！」僕の後ろに立っていた若くて美しいモデルの女性に彼は大声で挨拶した。

僕は突然、揺れるクラブの真ん中で突っ立っているミスター・ボウマンのような気持ちになった。

高校の歴史の先生だ。僕は慌てて飲み物を置いて、アフター・パーティーについて話しているジョニーの会話に加わった。

翌朝、時差ボケでほとんど寝付けないまま、軽い二日酔い状態でベッドから起き上がった。若かりし頃のマイケル・ダグラス似のマネージャーのジェイとランチの予定があったのだ。ビバリー・ヒルズのロデオ通りとブライトン・ウェイの交差点近くにあるヴィラ・ブランカの日の当たる屋外に設置されたカフェテーブルは、行き交う人を観察するのにうってつけの場所だった。ジェイは僕のマネージャーではあるけれど、親友でもある。十代の頃からお互いを知っていて、初めて会ったのはミシガン州マカタワにあるビーチ・リゾートだった。僕らは二人とも、キッチンの出入り口からバーに忍び込んでいた（どちらもバーに入ることができる年齢ではなかったから）。ジェイはペパーダイン大学法学部を首席で卒業すると、エンターテイメント企業のメトロ・ゴールドウィン・メイヤーの最年少副社長となり、その後ビバリー・ヒルズで彼自身のマネージメント会社であるROARを設立した。クリス・ヘムズワースといった有名な俳優や、ザック・ブラウン・バンドなどの代理人を務めている。ジェイは僕がトッドという名を捨て、ホップウッドと名乗ることに賛成した最初の友人の一人なのだ。

イギリスへの旅、そしてホップウッド・ホールを発見したことについて話しはじめると、彼は夢中になって聞いてくれ、首を振り、頷いていた。

「君がとうとう目覚めてくれてうれしいよ！」と彼は言った。「自分の過去を知るっていうのは、大事なことなんだ。君の名前がつけられた城があったっていうのに、ホップウッドという名を何年も名乗らなかったなんて、本当におかしなことじゃないか！」

ジェイは明らかにジョニーに比べて僕の先祖に興味を持っていたけれど、僕とのミーティングのあとに、十五人ほどの相手とミーティングがあることは知っていたので、僕らはすぐに本題に入った。

「実は新しい仕事の話があるんだ」と彼は言った。「シカゴの製作会社のコンサルティングだ。マクドナルドが店舗内で放映するケーブルテレビ局向けの番組のアイデアを考えて欲しいってことだ」

それは、マクドナルドチャンネルという、そのものズバリの名前がつけられていた。マクドナルドはチーズバーガーを食べる客を楽しませる方法を模索しているようだった。マクドナルドが多くの店舗と顧客を持っているのは明らかで――「数十億食をサーブする企業」――ジェイが指摘したとおり、大きな可能性がある。

僕は次の週までにアイデアをリストにすると約束して、ジェイのもとを辞した。

でも、ハンバーグラー〔ハンバーガー（hamburger）と強盗（burgler）を足した造語。ハンバーガーが大好きなキャラクター〕の夢を見る代わりに、ジェイとのミーティングの翌日に目覚めた僕は、ホールのことを考えていた。僕はマンチェスターの天気予報をさっとチェックすることにした。天気予報は、終日、雨。降水確率は百パーセント。

そうか……と僕は考えて、ホールは無事なのかと思っていた。

ボブがメールアドレスを渡してくれていたので、彼に連絡を入れることにした。まずは、僕ら家族を案内するために時間を費やしてくれたお礼を述べた。そのメールを送る前に、僕は激しい雨が一週間降り続くという天気予報を見たと書いた。

「屋根は大丈夫かな？」と僕は質問した。

「無理」と、これ以上ないほどぶっきらぼうにボブは返事を寄こした。「鉛の保護シートで覆われてない場所に、大きな亀裂がある。今週、装飾天井の一部が落ちた」

ボブに、ホールの修復費用を得るための方法をすでに考えている、また連絡を入れると書いた。ノートパソコンを閉じながら、なんだか打ちのめされてしまった。

それから数週間のあいだ、ホールは常に僕の心を占領していた。そしてある月曜日の朝、ボブから緊急のメールが届いたのだった。そこには、酷い嵐が来て、図書室に雨漏りが発生したとあった。ボブ曰く、一週間程度、誰もホールに足を踏み入れていないことが問題らしい。雨漏りが見過ごされ、その結果、過去に例がないほど最悪の結果をもたらし、建物内部の乾燥腐朽が進んだ可能性もあるということだった。乾燥腐朽は木造部分に潜むものだが、ひとたび雨の水分を吸収すると、スポンジのように水を吸い上げて、広がってしまうのだそうだ。遠くにハリウッドとロサンゼルスの高層ビル群を見渡すことができるデッキに座っている僕には、それは映画の台本で読んだことのある、奇妙な生き物の形をしたエイリアンのように思えた。僕は彼女たちが心配するだろうと知りながら、ボブのメールを母と姉妹に転送した。そして僕はふと、「心配」どころの騒ぎではないと悟った。僕はもしかしたら……取り憑かれてしまったのかも！

僕は深く息を吸い、狭い屋外用らせん階段を下りた。

家を購入した直後の僕は、この家は本当に古い建物だと思っていた。一九二〇年に建築されたアール・デコ調のスペイン風邸宅で、それはハリウッドの黄金時代を象徴するものだった。地元に伝わる逸話によると、かつてマリリン・モンローが猫を世話するために留守を預かっていたこともあるそうだ。それとも、ここを訪れた彼女が猫にじゃれついていただけなのかもしれないぞ？　いずれにしても、彼女とのつながりを祝福するつもりで、フロント・ベッドルームには、庭先のセールで購入した彼女の小さな写真を飾っていた。この家と過去とのつながりは、そこで終わったわけではない。一九八六年に全米トップ20入りしたティムバック3の「フューチャー」が録音されたスタジオは、この家の地下にある。お客さんが来たときには、この家と歴史のつながりを喜ばしく思っているなんて語っていたものだ。

しかし僕の「歴史的な」ハリウッドの自宅は、もう古いとは思えなかった。「アンティークものの」マリリンの写真だって、まるで小道具みたいだ。

その日の遅くに、マクドナルドの仕事の進捗を確認するためにジェイが電話をしてきた。僕は順調だと伝えたが、実際のところ、仕事を始めることすらできていなかった。電話を切った後、ノートパソコンの前に座り、たった五つのアイデアを絞りだすことに疲れ切っていた。真っ白。なんにも出てこない。普段はいくらでもアイデアなんて出てくるのに。でも今回は、まったく何も出てこなかった。数時間が経過した。それでも真っ白。僕はグラスにワインを注いだ。

頭のなかはホールのことでいっぱいだった。

第5章

フロッドンの戦い

六月中旬、一通のメールがジェフから届いた。

ホップウッドさん

ご家族ともにお元気で、美しい夏の陽気を楽しんでおられると存じます。
こちらに戻られるとお聞きしました。もし九月に渡英されるのであれば、九月八日の日曜日にフロッドンの戦いの記念式典が開かれます。あなたを招待するよう依頼されました。大きなお願いだとは承知しておりますが、どうぞ心に留めていただきますようお願いいたします。

ジェフ

イギリスからアメリカに戻る前の段階でも、ジェフはこの記念式典のことを口にしていたので、住民たちが五百年以上前の戦争について何か祝うのだということは僕にもわかっていた。そしてジェフは親切にも、血みどろのフロッドンの戦いはイングランドとスコットランドの国境付近で一五一三年九月にはじまったと説明してくれた。イングランド軍は、かの有名な「ミドルトンの射手兵」の助けによって勝利を収めた。

ジェフは僕らに詳細を語ってくれた。「ホップウッドの祖先は、スコットランド王国を破り、イングランドに完全勝利をもたらした射手兵だったのです。ミドルトンの射手兵たちは迫り来る敵兵に、目にもとまらぬ速さで矢の雨を降らせ、スコットランド軍の敗走を確実なものとしたのです」

僕はすぐにジェフのメールに返信し、式典への参加を検討すると伝えた。

彼から次に来たメールには、もし式典に参加できるのなら、地元にある中世に建てられた聖レオナルド教会で開催される、古代のステンドグラスの記念式典で、主賓としてスピーチをしてほしいと書かれていた。教会の窓はフロッドンの戦いを記念するため五百年前に設置され、ミドルトンの射手兵たちの小さな肖像画がカラフルなガラスによって描かれていた。それだけではない。そのステンドグラスはイギリス国内最古の戦争記念像であり、間違いなく高い価値のあるものなのだ。何世紀も経て、この美しいステンドグラスは曇り、汚れてしまっていたけれど、記念式典の開催が近づいてきたため、ジェフがステンドグラスの清掃と修復を手配してくれていた。

ジェフは、記念日にフロッドンの戦いが繰り広げられた平原に一緒に行かないかと誘ってくれた。

「一生に一度のチャンスです」とジェフは書いていた。「あなたがあと五百年生きる予定がないのでしたら……」と付け加えられていた。

彼が説明してくれればしてくれるほど、そのような式典への参加を辞退するわけにはいかないように思われた。それもさ、彼って地元の葬儀屋じゃないか！

「ホップウッドの城があることは、多くの住民にとって大きな意味があります」と彼は強調した。イギリスへの二度目の旅行、そして今回はスコットランドも訪れることになる。あっという間にこの計画は、雪だるま式に大きくなっていった。区議会のベヴは記念式典に僕が参加を検討しているることを耳にしたようで、すぐに以下のメールが届いたのだ。

ホップウッドさん

時間に余裕があるときにアーチェリーをやっているのですが、所属クラブがフロッドンの戦いを記念してトーナメントを企画しています。戦いで射手兵が弓を引いた方法に極めて近いのですが、我々はスコットランド人の代わりに、旗を的にします。フロッドンのステンドグラスの記念式典に本当にいらっしゃるようでしたら、私たちのイベントにも是非ご参加ください。領主としてメインのゲームに参加してくださいませんか？　特に仕事はありません。ただ、ゲームの開始を宣言してもらうことと、参加者とおしゃべりしていただくことにはなります。

かしこ

ロッチデール自治区議会　ベヴ・パーシヴァル

領主として参加してくれなんて頼まれたのは、初めての経験だ。

主賓、それから領主だって⁉　この時点で僕に必要だったのは、地元のおもてなしだったのかも！　僕はマクドナルドに電話をして、あなたたちのことはナゲットと同じぐらい大好きだし、チャンスを与えてくれたことに心から感謝しているけれど、ミーティングをキャンセルして僕は今すぐイギリスへと旅立ち、この運命を全うしますと伝えることを突然夢想した。

しかしマクドナルドには電話せず、僕は姉のドリに電話をした。彼女がどう思ったのか聞きたかったのだ。結局のところ、年に二度も大西洋を横断する飛行機に乗って渡英することは、多少、贅沢なように感じたからだった。

「そんな栄誉をどうしたら断ることができるのかしら⁉」と彼女は言った。まるで僕が彼女の時間を無駄にしたかのように、「やるに決まってんじゃないの」と彼女は言ったのだ。

僕もそう考えた。すべてにイエスと答えるのが待ちきれなかった。「ゲームの開始を宣言」するというのが本当は「最初の矢を放つ」という意味だなんて、想像もできていなかったので。ベヴは、僕がホップウッドの人間だから、本能的に矢の打ち方を知っていると勘違いしたに違いない。もちろん、これは真実からかけ離れている。

この日から数週間、僕は旅行の計画を立てるために、ジェフと連絡を取り続けた。母、ドリ、そしてダナ、僕の義理の弟エリックとジェッツンは、こんなに大きなチャンスを見逃すわけにはいかないから、一緒にイギリスに行くことに決めた。ジェッツンはミシガンにある学校に通っていたが、この学校は旅行中のオンライン授業を許可していた。ダナは、本で読んだり後から僕に聞かされたりするよりも、実際にフロッドンの平原に行ったほうが勉強になると考えたようだ。家族はミシガンで飛行機に乗り、僕はロサンゼルスから飛行機に乗る。そして僕らは再びノートン・グランジ・ホテルで落ち合うことになっていた。

ジョニーにフロッドンの平原に行くと告げると、「それってバー？　それとも映画のこと？」と聞いた。ジェイはもし僕がロスから離れるのだとしたら、少なくともその経験を生かして、古代の戦いに関する映画でも作るべきだと言った。製作会社ＲＯＡＲが戦争映画での新しい役柄をクリス・ヘムズワースのために探しているらしい。「仕事がらみのバケーションってこと」とジェイは言った。

九月が近づいてくると、僕は先祖の暮らした土地に戻りたくてたまらなくなった。

僕の乗った飛行機がマンチェスターに着陸したのは、真夜中過ぎのことだった。僕は入国審査と税関を通って、車輪のついたスーツケースを引っ張りながら水たまりを抜けて、タクシー乗り場に辿りついた。イギリスの黒いタクシーの列が待っていて、それはイギリスのテレビ番組だとか映画で見た光景と同じだった。僕はイギリスの真っ黒なタクシーが大好きで、乗るのを楽しみにしていた。黒いタクシーの運転手になるには、すべての道路や行き止まりを路地裏まで把握するために、何年か学校に通わなければならないと誰かが言っていた。住所を渡せば、彼らはそれがどこなのか瞬時に理解する。問答無用なのである。

僕はタクシーに飛び乗り、それを確かめようとしていた。

「どうも。ノートン・グランジ・ホテルまで。ミドルトンです」と僕は言った。

「うーん……？　郵便番号はわかります？」と彼は聞いた。

「え、なんです？」

「だから郵便番号」

「さあ。郵便番号ってなんです？　それってジップコードみたいなものですか？」と、僕は混乱しながら聞いた。

「そうです」

「僕がホテルのジップコードを知っているわけないでしょ？」

「郵便番号がなければ行けませんね」

後からわかったことによると、イギリスでは、どこかへ行くには、必ず郵便番号が必要らしい。一方アメリカでは、自分の家のジップコードを知らない人さえいる。だから他人のジップコードなんて知るわけないだろ！　僕は携帯電話の電源を入れ、ローミング料金を払って、郵便番号を確認するためにホテルをグーグル検索した。これが常に発生する作業なのだとしたら、僕はイギリスで販売されている携帯電話を購入するため、確実に投資が必要になる。

「OL112XZです」と僕は言い、そしてしばらく考えて、「これってO《オー》なのか、それともゼロなのか？」と考えた。場所を見つけるために郵便番号がそれほど重要な情報なのであれば、Oとゼロを使う理由は？　もし間違えてしまったら、間違った方向に何千キロも運ばれるんじゃないのか？

僕は息を止めた。時差ボケ、お腹はペコペコ、そのうえタクシーの運転手はタクシー大学をいい加減に卒業している。

タクシーは一時間も走り続けた。ジェフはほんの数分で僕らを連れて行ってくれたというのに。真っ暗で、雨が降っていて、窓から見えるのは濃い霧だけだった。タクシー運転手はジェイソン・デルーロをラジオで流し、どんどん加速した。僕は震え上がった。飛行機の窓から見えたトタン屋根の小屋で、死体で発見されるかもしれない。

ついに、僕らはノートン・グランジ・ホテルに到着した。僕は安堵して、運転手がとんでもない金額を請求したことも気にならなかった。きらきら光るイギリスのポンド紙幣は、僕にとってはジェッツンのボードゲームに付属しているおもちゃのお金のように感じられたからだ。

ノートン・グランジ・ホテルのロビーは暖かくて、歓迎のクッキーが客に振る舞われていて、小さなクリスマスツリーが隅のほうで斜めになっていた。まだ九月だったというのに。

「大丈夫か⁉」受付の人が近づいていく僕に叫んだ。

僕には準備ができていた。

「大丈夫だ。あなたは？」と、ジェフが教えてくれた方法で叫び返した。

彼女は笑顔を見せて、頷いた。明らかに、僕は正しく答えることができたのだ！

数分後、ベッドに倒れ込み、眠りに落ちた。

携帯電話のアラームが鳴り、飛び起きた。どこにいるのかさっぱりわからなかったが、完全に時差ボケしていることは理解した。

母からは、家族も到着して、ホテルに向かっているとメールが来ていた。家族はバンをレンタルして、エリックが運転しているという。三十分で到着だそうだ。僕は急いでシャワーに飛び込んで、荷物をまとめ、家族に会うためにロビーに向かった。

家族が到着すると、誰もが興奮気味に話をしていた。不運なことに、彼らが借りるつもりだったバンは調達できなかったようで、それよりも小型の車だった。狭かったけれど、全員で乗り込んで、小さな丘の上に建つジェフの家に向かった。マンチェスターへとつながる道を見下ろす赤煉瓦のビクトリア様式のこの家を、ボブは「近代的《モダン》」と言うだろう（一八〇〇年代に建てられたという意味で）。

ジェフは身支度を整えて、家の前で僕らを待ってくれていた。彼はさっとバンの後部座席に乗り込んだ。家族の荷物も載っていたから、車内は鮨詰めだった。膝の上にスーツケースを載せた状態で、クタクタに疲れていたから、三時間半の道のりでは頭をスーツケースに載せて、よだれを垂らしながら眠ってしまった。

何度かウトウトし、頭を強く打ち付けてから数分後だったはずだ。僕らはスコットランドとの国境付近、十二世紀の古き村ノーサンバーランドのフロッドンの平原に辿りついた。道中、ずっと眠りこけていた僕は、ビヨンセが流れるエアコンの利いたミニバンの車内から、着色ガラスの車窓の外を見ていた。窓の向こうには深緑の草原と丘、雲に覆われた空、そしてフリントストーンでできた小さな家々が広がっていた。殺風景だけれど、紛れもなく美しかった。

「あなたのご先祖はミドルトンから同じ三二〇キロを徒歩や馬に乗って移動しました。何日も旅をしながら、戦いの心づもりをしつつ、生き残ることができるかどうか不安に感じていたでしょう」と、ジェフは歴史家の佇まいで厳かに言った。

僕らはジェフの導きで傾斜した丘を頂上まで登っていった。草は朝露に覆われ湿っていて、道の先には巨大な石作りの記念碑がそびえ立っていた。ジェフはまるで興奮した子どものように振る舞い、彼とジェッツンは頂上まで勢いよく登っていった。

古代の戦場を見渡していると、ジェフが歴史の授業をしてくれた。「五百年前にここで何が起きたのか詳しく知りたいのであれば、一五一三年五月まで遡る必要があるでしょう。ヘンリー八世——妻の首を切断するのが好きなイングランドの国王です——が、フランスへの侵攻を決めた日です。当時、スコットランドはイングランドに対抗するためフランスと同盟関係を結んでいて、スコットランドのジェームズ四世はイングランドに侵攻することを決意しました。彼は国境の南側で最大規模の軍を編成し、二万五千人以上の男たちを集め、戦いに備えていたといいます。問題は、ジェームズが侵攻の一ヶ月前に、それをヘンリーに伝える決断をしたことです。だから、スコットランド軍がイングランドに到着すると、イングランド側も準備万端で待ち構えていました。それだけではなく、スコットランド軍はフランス軍の戦いを支援するために多くの火器を費やしていたので、十分な大砲がありませんでした。フロッドンでは、弓矢で重装備した二万人ものイングランド軍兵がスコットランド軍を迎え撃ったのです」

それに続く戦闘は一五一三年九月九日に発生し、スコットランド軍は惨敗した。王を含む一万人以上ものスコットランド軍兵士が戦死した。

僕たちは静かに記念碑の前に立ち、現場を見渡した。そして、丘の麓《ふもと》の長い溝までの道をジェフに連れられ、下っていった。ジェフは歩みを遅くすると、囁くような声で言った。

「死傷者の多くがこの溝で命を落としたといいます。五百年前のこの日、この場所で、一万もの人間がここに横たわり、うめき声を上げたり、あるいはすでに死体となっていた。もしかしたら、ジェームズ四世も横たわっていたかもしれませんね」

ジェッツンは顔を両手で覆った。残りの面々は辺りを見回して、状況のすべてを吸収しようとしていた。

戦いが繰り広げられた場所には静寂が漂い、空気には重さがあって、まるで魂が漂っているかのようだった。ノルマンディーの砂浜でもそれを感じたことがあるし、地形は大きく異なってはいたけれど、広大でなだらかなフロッドンの緑の丘にも同じものを感じた。この経験のすべてが素晴らしく、遠い昔のできごとと現在のあいだに大きな隔たりはないように思えた。

数時間後、僕らはスコットランドのダンス近郊にある、近代的だが快適な宿泊施設「ウィートシフト・イン」に到着した。ロビーの横に小さなバーカウンターがあり、ジェフは地元の陽気なグループとすぐにおしゃべりを始めていた。フロッドンで僕らの先祖が戦ったのだとジェフが言うやいなや、彼らは僕らに挨拶をしたがった。彼らの先祖もフロッドンで戦ったのだ。

「あんたらは敵だけどな！」と、赤毛で大男のスコットランド人が叫び、僕をじっと見ていた。バーでの乱闘に備えてエリックが僕の後ろにいるかどうかをさっと確認したとき、赤毛の大男がにやりと笑い、大声を出して喜んだ。五世紀も前の僕らにつながりがあったなんて、信じられないことだった。「乾杯しようぜ！」と、スコットランドの友人たちが提案してくれた。

あっという間に、最高級のスコッチウィスキーがバーから提供された。「古き敵、そして新しい友へ！」赤毛の大男が言うと、彼の仲間たちが一斉にグラスを掲げ、そして僕らもそれに倣った。

数分後、僕とエリックは彼らの座る大きな木製のテーブルに椅子を引っ張っていった。水を一滴加えると、ウィスキーの味が完璧に引き出され、それが最高の飲み方だと教えてもらった。ホテル近くの醸造所で働く赤毛の大男によると、スコットランド人は最高のウィスキーを国内に留めたいと考えているそうだ。輸出はしないし、売り渡すこともない。秘蔵のウィスキーを口にできるなんて、僕らはラッキーなのだ。

「そんなバカな！」とエリックは叫んだ。「大金を儲けることができるのに！」

「金じゃねえんだ、アメリカの友よ」とスコットランド男は返した。「大切なのはウィスキーだ。もう一杯やるか？」

情熱と、人と人とのつながりと、少しのアルコールが、かつて我々の間にあった命がけの確執を、徐々に溶かしていくさまは驚きでしかなかった。これはもしかしたら、誰もが将来に生かすことができる教訓なのかもしれない。夜更かししてフルボディーのウィスキーを堪能したい気持ちはあったが、翌朝一番に最初の矢を放たなければいけないとわかっていたので、少し飲んでから、僕は責任を全うするためにベッドへと直行することにした。

翌朝七時に目覚めた。アーチェリーの大会をスタートさせるために、すぐにホテルを後にしなければならなかった。遅刻は許されない。ジェフはすでに友人に頼んで車で戻っていた。というのも、僕らのバンは満員だったからだ。シャワーを浴びて、着替えを済ませ、ダナとエリックの支度ができているか確認するため、二人の部屋まで歩いていった。

「問題発生」とダナが言った。彼女はカバーの下に潜ったままのエリックを指さしていた。「どうしたの、まだ寝てるのかい？」と僕は聞いた。「間に合うようにすぐに出ないと」と僕は言った。

「あのスコットランド人たちが一晩中、特別なウィスキーを彼に飲ませたのよ。戻ってきたのは二十分前」

「マジで？　どうやって運転するんだ？」

「この人は無理」と、ダナはぶっきらぼうに言った。「まだ酔っ払ってるから」

「じゃあどうやって行くわけ？　遅刻なんて絶対にダメ！　なんといっても、僕は領主なんだぞ！最初の矢を放つ責任が！」

ダナはじっと僕を見た。「あんたが運転するしかないんじゃないの」

僕はそれまで一度もイギリスで運転したことはなく、運転できるかも定かではなかった。

自分にとっては反対車線を、反対側の運転席に乗って走ると考えるだけで怖くなった。それもさ、ただの車じゃない、バンなんだぞ。車体が長く、幅も広いバンだ！　でも、恐れている時間はなかった。このままウダウダしていたら、絶対に遅刻してしまう——そんなことをする領主がいるだろうか！　数分後、僕らはバンに乗り込んで、ウィートシフト・インから出発した。快適そうにいびきをかきながら、ときどきにおならをしつつ寝ている後部座席のエリックを振り返って睨んだ。後部座席に手が届くなら、首をしめてやるところだ。絶対にな。

ドリは助手席で副操縦士の役割を果たしてくれた。万が一、スコットランドで車を運転する必要が生じた場合に備えて、大切なことをお伝えしたい。道はくねくね曲がっているし、巨大なトラックが——本当にでかい——六メートルの高さまで無造作に干し草の俵を積んで、爆音を出しながら、細い田舎道を爆走している。朝日は眩しく、前が見えにくいほどで、対向車線を走ってくるトラックのフロントガラスに反射してきらきらと光を放っていた。ああ、もうだめだ。これは、もう。だめだ！　動く高層ビル群みたいなトラックが僕らの方向に近づいてくるたびに、そう思った。僕は両手を強く握りしめ、汗をかき、後部座席で唯一リラックスした状態のエリックだけが生き延びるのではないかと考えていた。高速道路に到着したときには、安堵のため息を漏らした。

「制限速度は何キロ？」と、ドリに尋ねた。時間は迫っていたが、どこにも標識は見えなかった。

「制限速度なんて、ないみたいよ！」と彼女は答えた。

彼女は正しいと思い、アメリカ人らしい思考回路で、それはたぶんドイツのアウトバーンのようなものだろうと考えた。ということで、先を急いだのだ。

三時間後、僕らはボウリー公園に到着した。イベントが開催される場所だ。ギリギリで間に合った。遅刻しなかったことを喜んだ僕は、バンから勢いよく飛び出した。

最初の矢を放つなんて、最高の栄誉だと、僕は思っていた。

そこで僕はふたたび不安の波に襲われた。そうだ、矢を放たなければならないのだ！　大勢の観客の前で！　矢を放った経験など、一度もない。難しいのかな？　練習しておくべきだった？　いまさら心配しても遅いけど。

僕は深呼吸して、困難を乗り越えてここに家族と到着できた事実を誇りに思っていた。このようなピンチでは、かつては父が駆けつけて家族を救ってくれていた。でも父亡き今、その役割を果たさなければならなくなったのが僕だった。僕にとっては怖いことだったが、父だったら僕の背中を叩いてくれるだろう。

どうか、僕の放つ矢もちゃんと飛んでいきますように。

第6章 ぼくは「領主様」？

「みなさん、私たちの後援者、ホップウッド・ディプリー様をお迎えください！」と、広場の端に設置されたマイクに向かってベヴが高らかに宣言した。僕は何気ない風を装いながら、まるで全てを理解しているかのように人々の前に歩み出た。

ベヴはフード付きのチュニックにベルトをした中世風のコスチュームに身を包んでおり、まるでロビン・フッドみたいだった。そこに集まった人々の多くが同じ衣装を着ており、ということは彼らはロビン・フッドの仲間《メリー・メン》なのだろう。

僕は歩み出て、手を振った。誰かが僕に大きな弓矢を渡してくれた。僕はぎこちない笑顔を見せ、両目をつぶった。僕は弓をぎゅっと、さらにぎゅっと後方に引いて、そして矢を放った。矢は二メートルほど飛び、ぬかるんだ地面に刺さった。祖先であるミドルトンの射手兵のような才能を僕が受け継いでいないことは明らかだ。それとも練習が必要だったのか。いずれにしても、観客たちはまるで僕が的に矢を命中させたかのように拍手し、喜んでくれた。僕もそんなフリをしてしまえと思い、観客たちの方に振り返って手を振り、笑顔を見せて、お辞儀をした。八千キロを旅してこのパフォーマンスなのかと若干腹が立ちもしたが、やるだけのことはやったつもりだ。

ベヴと仲間たちは観客のなかから歩み出て、見事なまでの技を披露しはじめた。旗に向けて矢を射るのだ。先に恥ずかしい思いをして良かったと思った。彼らの後だったら最悪だ。観客からは、矢が放たれる度に大きな歓声があがった。

ショーが終わると、ベヴがケーキコンテストの審査員をやらないかと声をかけてくれた。彼女は僕を煉瓦作りの小屋に案内してくれた。多くの射手が集まり、休憩をとりつつ飲食していた。茶色くて長い髪を後ろで束ね、ピンクのドレスを着た地元の女の子が、お気に入りの人形を真ん中に刺した明るい緑色のケーキを作ったらしい。明らかに、彼女はベーキングソーダと小麦粉を間違えていた。なぜなら、一口食べたとき、窒息しそうになったからだ。おばあちゃんと一緒に座る女の子は、唇を噛んで僕の反応を期待していた。

「このケーキが優勝だ！」と僕が言った瞬間、彼女は駆け寄り僕の足に抱きついた。

年配の男性、たぶん彼女の父親が僕のところにやってきて、「正しい判断をなさいました、閣下」と言い、感謝を込めた視線で僕を見た。

ケーキのコンテストが終了すると、僕たちはジェフの家まで車で戻った。彼の妻のリンがランチを作って待っていてくれた。

アウトバーンでのストレスフルなレースと映画『ブレイブハート』的任務を終え、ジェフとリンの家に足を踏み入れると、まるで神聖な場所に辿りついたような気分になった。リンはとても素敵な白髪のイギリス人女性で、明るい笑みを湛えていた。彼女の好奇心たっぷりの質問と伝染するような笑いであっという間に僕らは打ち解けた。ジェフと同じで、リンは周囲の人間をたちまちくつろがせる能力を持ち合わせていて、何も心配することはないし、必要とされる場所にいるかのような気持ちにさせてくれる人だ。

二人の家は明るく自然なトーンでセンスたっぷりに飾られていて、壁には深い色の絵画が掛けられ、まるで『ベター・ホームズ&ガーデンズ』みたいな高級雑誌で特集される英国風インテリアの雰囲気そのものだった。オーブンからはスコーンのよい香りが漂い、淹れ立ての紅茶が用意されていた。ジェフは、壁の絵画は一八〇〇年代終盤に起こったアーツ・アンド・クラフツ運動で全国的に有名になったイングランド北西部ミドルトン出身の建築家、エドガー・ウッドの作だと説明した。「ウッドはホップウッド・ホールの炉辺《イングルヌック》の天井をデザインした人でもあります」と彼は教えてくれた。「僕らはエドガー・ウッドの水彩画を気に入りました。妻と初めて出会った時のことです。そして結婚してから収集しはじめたんですよ」

紅茶とスコーンをいただいたあとに、リンがきゅうりのサンドイッチと、彼女の母が所有していたというアンティークのクリスタル製デキャンタから注いだシェリー酒を勧めてくれた。とても美味しい食事をいただきながら、僕らは二人の人生についてたくさん話を聞いた。

ジェフは生まれも育ちもミドルトンで、リンはそこから三十キロも離れていないチードル出身だ。ジェフの曽祖父のアブラハムが、一八七〇年、ミドルトンにウェレンズ&サンズ葬儀社を設立した。

「一八〇〇年代から一九〇〇年代初頭にホップウッド家の人間を埋葬したのは僕の曽祖父ということになるでしょうね」と彼は言った。

葬儀社はジェフの祖父、そしてジェフの父と、家族代々に引き継がれた。一九五〇年代に、ジェフの父はミドルトンの市長となった。ジェフの母も市長となった。

「僕が歴史に興味を持つきっかけを作ったのは父ですよ。特に、ホップウッド・ホールについてはそうなんです」とジェフは説明した。「父は過去というものに大きな興味を持っていましたね。僕らよりも前に亡くなった人たちのことを調べることができれば、現代を生きる我々はもっと幸せになれると考えていたんです」

成人すると、ジェフは家業を継ぎ、二十代半ばには死亡証明書を発行する役所の常連となった。そこで働いていたのがリンだったというわけだ。

共通の友人の結婚式でばったり出会った二人は(職場以外の場所でという意味)意気投合した。二年後、オーストラリアに旅行中に婚約し、最終的には結婚して三人の娘に恵まれた。

「息子が欲しくて四人目を考えたことがあったんですが、そううまくはいきませんでしたよ」とジェフは言い、ワインのコルクを抜いて最初の一杯を母のグラスに注いだ。ジェフの弟ノーマン、そして彼の妻のマーガレットを含め、ウェレンズ家全員が葬儀社の仕事を手伝っているそうだ。

「コールセンターや留守番電話が開発される前は、二十四時間態勢で電話応対をしていましたよ。毎晩、順番で誰かが電話の横に寝るようにしていました。三件の死亡報告があった眠れない夜のことを覚えていますよ。翌朝には大規模な葬儀を取り仕切らなくちゃならなくて。くたくたに疲れていたけど、どの家族も喪失に打ちひしがれていて、彼らのために頑張らなくちゃいけなかった。自分自身のことよりも、ずっと大変な状況に向き合わなくちゃならないことが人生にはありますよね。今すぐにでも寝たいなんて言えませんよね?」

ジェフと家族は地元に尽くし、葬儀社は成長した。適正価格を保ち、不運な状況下にある人々に付け入らないよう気をつけた。ミドルトンのコミュニティは狭く、住人が互いの面倒を見るような地域だったのだ。

「ミドルトンという地名は『真ん中の町《ミドル・タウン》』という意味です。というのも、ここはマンチェスターとロッチデールのちょうど真ん中に位置しているからです」とジェフは言った。「どちらからも、ちょうど十一キロという距離にあるんです。ロッチデールにもマンチェスターにも、めったに行かない人だっていますよ。実は、アクセントも少し違うんですよね。とても近くで暮らしていながら、この三つの町には違いがあるんです。それは住人のなかに、他とは違うという意識があって、強いこだわりのようなものがあるからなんですね。面白いライバル関係です。そしてミドルトンの住人は、この地に属しているという意識が強いのです」

ジェフと弟は事業を売却し、引退することを決意するまで、三十年間にわたって信念を貫いた。

「仕事を辞めるのは寂しかったですか?」と僕は聞いた。「とても。でも、心の底では、違う道を進むべきだとわかっていましたから。誰にでも潮時はあるし、もう十分だと考えたんですよ」僕は自分のロスでの生活を顧みずにはいられなかった。

すかさずリンが言い添えた。「ジェフは引退後も、月に何度か葬儀の手伝いをしていますよ。いつも個人的なリクエストを受けて、断れないんですよ」

町の葬儀屋の仕事の一部として、町の人たちが生前にジェフに写真や書類を託すケースが多いのだそうだ。結果として、彼はミドルトンの非公式な歴史家であり記録する人《アーキビスト》となったのだ。

「七万枚の写真と書類を後世の人々に残していますよ」と、彼は誇らしげに語った。

ランチの後、僕らの引退した葬儀屋のお友だちが埃にまみれたボロボロの日誌を持ち出してきた。それは彼が教会のために保管している日誌で、一部は一五〇〇年代に記されたものだった。日誌は古くさい臭いがして、ジェフがそれを開くとかすかに軋《きし》むような音がした。彼は極めて慎重に僕の祖先が署名したページを見せてくれた——当時のインクだった。祖先が触れたであろうページに、僕の指がそっと触れていた。アメリカでは、この手の歴史的記録は博物館で鍵をかけて保管されるだろう。でも僕はシェリー酒を楽しみながら、注意深く、丁寧に記録を眺めることができたのだ。

ジェフが別の巻物のような古い本を手渡したときには「まるで犯罪でも犯しているみたいだよ！」と息を呑んだ。

次にジェフは、第一次世界大戦で戦死したホップウッド・ホールの二人の男性相続人で、制服姿のロバートとエドワードの写真を見せてくれた。

エドワードは長男だ。コールドストリーム近衛歩兵連隊の大佐で、第一次世界大戦の初期に戦っていたそうだ。驚くべき勇者で、一九一七年ベルギーの塹壕で三十七歳で命を落とすまでに、二度も重傷を負っている。次男ロバートはライフル連隊とイギリス王立陸軍航空隊の大尉で、兄の死の一年前に命を落とした。三十一歳だった。

「二人の戦死がホップウッド・ホールに伝えられると、両親は息子たちの正装用の制服をホールに飾り、町の人々やスタッフが敬意を表することができるようにしたそうです」とジェフが言った。

セピアに色褪せた写真とは裏腹に、二人の表情に若さと生命力が溢れているのが不思議だった。僕よりもずっと若いし、彼らの年齢の頃の僕はパーティーやイベント、映画製作に明け暮れていたことを考えずにはいられなかった。僕がこれまでやってきたことのすべてが突然、取るに足らないもののように思えた。

僕は多くを学んでいた。ジェフには、ホールに関することだったら一日中でも聞いていられると伝えた。実は、彼と話していると、パパを思い出すのだ。その知識、そして過去に対する情熱と、本がぎっしり詰まった書棚も同じだった。彼の地元への貢献と、市民としての義務を果たす人柄も、父を思い起こさせた。僕が生まれたミシガンから何千キロも離れたこの場所に、強いつながりを感じた。この地、そして人々に。ここは僕の故郷だ。

間もなくして、ジェフが僕らに出発の時間を告げた。僕らの旅程の最終地点は、ミドルトンのセント・レナード教区の教会で開かれた、フロッドンの窓の記念式典だった。

そこに向かう道すがら、セント・レナードは最初、サクソン人のための茅葺き屋根の木造の教会として建てられたとジェフが教えてくれた。しかし、征服したノルマン人にとっては、派手さが足りなかった。そういうことで、一一〇〇年に、その場に新しい教会が建設された。

「セント・レナードは石作りの教会で、木造の尖塔があります」とジェフ。「あなた方のご先祖が埋葬されています。そして一六〇〇年代に設置された鐘が、現在も鳴り続けています」

僕はざっと計算してみた。

「ジェッツン」と僕は言った。身を乗り出して、僕のかわいい姪に教育を施そうとしたのだ。「ということはね、この教会の鐘はフィラデルフィアの自由の鐘よりも一五〇年も古いってことだよ！」

「それだけではありませんよ」とジェフが口を挟んだ。「教会の横で車を降りれば、そこはあなた方の祖先であるミドルトンの射手兵たちが、戦いを前に教会の石の壁に座って矢を研いでいた場所なんです」

もちろん僕らは教会の横で車を降りた。五百年以上前につけられた傷のある教会の壁をジェフが見せてくれた。

教会内部は暗く、湿っており、空気は冷たかった。ジェフが説教台の片側に案内してくれた。そうすれば、フロッドンの戦いの勝利を記念して修復が行われたばかりのステンドグラスを見学できるからだ。僕らは彼の横に立ち、濃い青、緑、そして明るい黄色に彩られた宝石のように美しい窓を見て驚嘆していた。

「イギリス最古の戦争記念碑と考えられていたものです」と、ジェフは厳かな雰囲気で囁いた。

カラフルなステンドグラスに描かれた、並ぶ射手兵を眺めることから始めた。金髪は長く、丸顔で、青い衣装を着ていた。すぐに気づいた。

「金髪をカットしたら、僕にそっくりじゃん！」と僕は笑った。

不思議なほど僕と射手兵が似ていると誰もが認めた。

ジェフによると、ミドルトンの射手兵の右腕の骨は左腕の骨より太かったらしい。というのも、とても若い年齢で弓を引く練習をするからだそうだ。この身体的な特異性は年代を超えて受け継がれ、弓矢を引く男たちに驚異的なパワーをもたらしたという。

フロッドンの戦いを記念する窓の下部に設置されたパネル。ミドルトンにあるセント・レナード教会。
イギリス最古の戦争記念碑とされる。1500年代にフレド・リオ・プラドによって製作された。

僕は思わず自分の身体を見下ろして考えてしまった。もしこの肌の下にある右腕の骨が左腕の骨より太かったらどうしよう。あのみっともないパフォーマンスを考えると、可能性は低いが。

次にジェフが教会の正面に向かって僕らを案内して、十七世紀のイングランド王ジェームズ一世時代の「ホップウッドの信者席」を見せてくれた。その場所の下に、僕らの祖先が埋葬されていたのだ。

「全員を埋葬するスペースがなかったらしく、新しい墓地が教会の庭に建てられました」とジェフは説明した。

ホップウッドの信者席は、僕が見たことがある信者席のなかでも、最も規模の大きなものだった――彫刻で飾られた濃い色のマホガニーのパーテーションで作られた小さな部屋のようで、家族全員が収まる程度の広さがあった。「あなたのご先祖が日曜日にはここに腰をかけて、礼拝に参加していたはずですよ」と彼は説明してくれた。

僕らが座りに行くと、先客がいた。とてもきちんとした身なりの上品な老夫婦が座っていたのだ。ジェフが僕らを紹介してくれた。彼らはクライスロー卿夫妻だった。十二世紀、彼らの先祖がこの教会を建てたという。

母と僕は顔を見合わせた。同じことを考えているのはわかっていた。もしかして、お辞儀だとかカーテシー〔膝を曲げてお辞儀すること〕が必要？　この場合のプロトコルってなんですか？　クライスロー夫人が僕らを救ってくださるまで、すごく不安になって、びくびくしていた。

「私たちって親戚かもしれないわ！」と、彼女は言ったのだ。

ジェフは微笑み、その日の朝にオフィスにある古い家系図を調べたところ、僕らはミドルトンの射手兵を勝利に導いたサー・リチャード・アッシェトンの父の子孫であるとわかったと教えてくれたのだ。信じられなかった。ネットサーフィンを繰り返していた時間を経て、僕はいま、リアルで先祖探しのど真ん中にいるのだ！

気品があり、家系図を共有している人たちに出会って、胸が一杯になって、なにをしたらいいのかわからなくなってしまった。ということで、とりあえず全員で記念撮影をして、それをフェイスブックに載せた。

しばらくすると、その写真を見たロスの友人たちが大騒ぎしはじめ、ケータイがブルブルと震えだした。「お前、一体どこにいるんだ、このバ☆野#⁉」

教会のど真ん中にいるんだよ！　と思った。

やがて、記念式典が始まった。感動的な聖歌隊の歌声と、ステンドグラスの向こうのぼんやりとした明かりのコンビネーション、そして中世の雰囲気。僕がスピーチをする順番になり、なんだかふわふわと浮かんでいるような気持ちで信者席から立ち上がった。聖堂に向かって歩いていく途中で、足元に碑文が彫られた墓石のようなものが見え、自分が神聖な場所を歩いていることに気づいた――僕の祖先を含む多くの人々がその下で眠っている。僕はマイクまで歩いていき、メモを取り出して、あっさりと、そして楽しくスピーチを終わらせようとしていた。

「ここに来ることができて光栄です」と僕は、少し声を震わせながら言った。「アメリカのいとこが功績を称えるために大西洋を越えてやってきたことを、ホップウッドの先祖が喜んでくれているといいなと思っています。彼らの類い希なる歴史について学ぶことができるのは、僕の喜びです」

聴衆のなかには、眉をひそめる男女が一人ならずいた。きっと、ロスから来たこの金髪男は誰だろうと考えていたのだろう。残りの人たちは驚きながらも、長い間行方知れずだったホップウッドが再び登場したことを喜んでくれているようだった。

式典が終わると、周囲から牧師と呼ばれていた司祭が、僕らの列から退席させた。なぜなら、僕らは主賓だったからだ。色とりどりの旗や横断幕が結ばれた背の高い十字架を持

クライスロー卿夫妻と著者。
2013年9月、ミドルトンのセント・レナード教会にて。

つ聖歌隊のうしろについて、僕と家族は教会を出た。ジェフと一緒に教会を出ると、そこにはボブがいた。僕がクライスロー卿夫妻とお喋りしたのを見ていたはずだ。ボブがさっそく僕をからかいはじめた。「おい、あんたに爵位があったにしても、俺はあんたを『卿』なんて呼ばねえからな」と言い、僕の横っ腹に肘鉄をくらわせた。「でも、ホールの便所が詰まったらすぐにあんたを呼ぶぜ」

ジェフがすかさず口を挟んだ。

「ホップウッド・ホールに紐づいた世襲の、時には貴族院の議席を伴うような爵位があるかは、まだわかっていません。でも、何世紀にもわたる歴史を紐解くのですから、何が発見されるかわかりません。いずれにしても『荘園領主《ロード・オブ・ザ・マナー》』としてホップウッドを非公式に『卿《ロード》』と呼んだとしても、問題はないと思います」

第7章

ホテルの救済者

おい、ホップウッド⁈　起きろ！　死んでんのか⁈

誰かがホテルのドアを叩く音が聞こえた。その時まだ周囲は暗く、夜中のように思えた。

ノックする音はあまりにも大きくて、客室係でないのは確かだった。朦朧として、混乱しながら、僕はヨロヨロとドアまで歩き、開けた。ドアの向こうにいたのは妹のダナで、この日のためにしっかりと着替えを済ませた状態だった。

「え、何時？」僕はベージュ色の廊下の天井に設置されたＬＥＤライトの眩しい光に目を細めながら言った。

「もうすぐ九時半。急いでよ。ホテルの朝食があと八分で終わっちゃうし、どのみち料金は取られるんだから」

「ホント？　食べなくても？」と、僕は聞いた。

彼女は当たり前だとばかりに頷いた。「昨日聞かれたときに、あなたが今朝食べるって答えたから。だから料金は請求される。イギリスのホテルのやり方みたいよ」

「昨日聞かれて今朝の朝食が欲しいかどうかなんて、わかるわけないと思わない?」と僕は主張した。

彼女は肩をすくめた。僕と同じぐらい困惑した様子だった。「そりゃわからないけど、あと七分しかないわよ」彼女は立ち去りつつ振り向き、ジェフが電話をしてきたので、かけ直したほうがいいと付け加えて言った。

しかしまずは、やらねばならぬことがある。イギリスでは、「ブレックファスト」とは、ベッド&ブレックファストが+契約上の義務だということがわかったからだ。疑うこともなくホテルにチェックインしてしまうと、朝食を食べないことで自分の権利を放棄することになるらしいから、気をつけねばならない。腹が減っていなくても関係ない。腹が減っていないイギリス人の大半は、礼儀正しく紅茶とトーストを口にして、それで終わりにするのだろうから。しかし僕のなかの「払った分は取り戻す」アメリカ人が顔を出してしまったため、いつもの倍は食べる心づもりをしていた。そして僕には残り六分しかない。僕はストレッチ素材のジーンズを穿いて、ブッフェに向かった。

エレベーターでブッフェまで下りながら、ロスでは夜中の一時半だと考えずにはいられなかった。ジョニーと友人たちはまだダンスフロアにいて、ラストオーダーの一杯を注文していることだろう。

格子柄のカーテンが吊り下げられた誰もいないダイニングルームに座り、金色の装飾が施された額縁の肖像画をじっと見ながら、「完全英国式」の朝食——卵、ソーセージ、ベーコン、トースト、豆、マッシュルーム、トマト二分の一個、そして正体不明の濃い色をした丸いもの――をなんとか平らげようと努力していた。僕はとにかく、中年男性として、そのように食べ物を詰め込むことはしたないと自分に言い聞かせていた。でも、自分を止めることができなかったのだ。ロスではダメだけど、ここだったら大丈夫という気持ちが関係あったのかもしれない。

「ブラック・プディングをもう少し召し上がられますか？　あと少しだけ残っておりますので」と、強い北部訛りで笑顔を見せるウェイトレスが言い、一口食べたホッケーのパックみたいなものを指さして言った。焼きすぎていただけだと思っていた。ちょっと古いソーセージのパテだと思っていた。

「ブラック・プディング？　なんですか、それ？」

「豚の血、その他いくつかの材料で作るんです。私の大好物なんですよ。鉄分がたっぷりなんで、体にいいんですよ。ブッフェを片づける前に、もう少しいかがです？」

「ええっと、結構です」と僕はボソボソと言った。「でも……美味しかったです」と、無理に作った笑顔を見せた。

幸運なことに、彼女が話しかけてくれたおかげで、気分が悪くなるまで食べずに済んだ。固まった豚の血を口いっぱいに飲み込んだことを考えて、気分が悪くなっただけだ。

僕は紅茶を何口か飲み、灰色の朝露のなかを新鮮な空気を吸うため外に出た。ケータイを見て、ジェフから連絡が欲しいというメールが来ていることに気づいた。

何回か鳴らすと、彼が出た。今週末に執り行う予定の葬儀で、夫を見送る残された妻にキャセロールを届け、車にちょうど乗り込むところだったようだ。

「今朝、地方議会のベヴにばったり会いましてね」と彼は言った。車にキーを差し込み、エンジンがかかる音が聞こえてきた。「何があったと思います？　開発業者がいるんですよ、オリバーとかなんとか言ったかな。その人物がホールをホテルにしようと考えているらしいんです。それで、ホップウッドの末裔の君と話をしたいそうなんですよ。君がいいっていうんなら、プロジェクトへの参加もありだそうです。彼との面談をベヴがアレンジするって言ってますよ」

「まあ、話ぐらいは聞いてもいいですよね」と僕は言った。「それに、修復のスピードが上がるのであれば、もちろん協力はしたいと思います」と、付け加えた。

ホールを救いたいと考える開発者がいるのであれば、ようやくホールを維持する転機が訪れ、それに必要な資金を得られる可能性があるということで僕らは納得した。そのうえ建物を活用することができるようになる。ホールを救うために資金調達をしたいという僕の提案は偽りのないものだったが、完全に建物を修復するには数百万ポンドもの大金が必要だというのが現実だった。過去に映画の投資家を集めたことはあっても、腐り、荒れ果てた六百年物の古い城に投資したいと考える人物がいるとは思えなかった。

「問題は、一番早いスケジュールで、面談できるのが金曜だということなんです」とジェフは説明した。「それより前にチケットの予約をしていましたよね？」

僕はジェフにフライトは変更できると伝えた。マイルを使って購入しているから変更は自由だ。自由に変えることができなかったのは、金曜にロスで開かれる予定の、ジェイが新企画のためにセッティングしたミーティングだ。

「いいですね！」とジェフは返した。「ベヴに知らせます。詳細はベヴから説明されると思いますので」

家族はアメリカに戻り、僕はミドルトンにあと十日留まることになった。

旅が延長されたということで、ホールでボブの作業を手伝いたいと申し出た。僕のDIYスキルはお世辞にも高いとは言えず、ロスのバスルームでベタベタのタイルと格闘したことはまだ生々しいトラウマだったが、少なくとも僕の両手を貸すことはできるし、彼の話し相手になれるはずだ。ジェフは僕に、ボブが地方議会と結んでいる契約は月に一日の仕事だと教えてくれた。しかし彼はホールを愛しているために、それよりもずっと多くの時間を無給で働いている。ホップウッド・ホールで費やされる時間は、彼の文化財修復事業の時間を奪っているのだ。僕のボブに対する感謝は膨らむ一方だった。

損傷と腐敗の結果として、ホールは危険だと考えられていたので、現地に行って手伝うことに関しては区議会から許可を得なければならなかった。

初日の朝に出向いたとき、ボブは門のところで僕を待っていてくれ、僕らは一緒にレセプションホールに向かっていった。緑色に塗られた広い部屋に暖炉があって、暖炉にはホップウッド家の紋章と家訓が彫られていた。

ボブは僕にほうきを手渡して、床の埃と瓦礫を掃除してくれと頼んだ。僕は落胆しすぎないように気をつけた。もう少し大がかりな仕事をさせてもらえると予想していた。例えばはしごに登って天井を補修するなんて作業だ。でも、床にほうきをかけることが、僕が最も上手にできるタスクとして、ボブが選んでくれたものだった。

湿度の高い、曇り空の朝だったけれど、時折、部屋の奥に設置された長い窓から太陽の光が差し込む。僕はその数秒の光を浴びたくて、窓まで駆け寄っていきたい気分になった。床を掃除している間、ボブは、彼の「工芸品」を保管しているレセプションホールのテーブルの上に落ちた漆喰や鋳造物を並べ直していた。再びボブは、一つ一つの物に目印をつけ、どこから落ちてきたか記録しておけば、将来しっかりと元の位置に戻すことができるのさと嬉々として説明してくれた。

「ホテルの計画が流れてしまえば、どうなるかはわからないが」とボブは言った。「その時まで生きているといいけどなあ」

レセプションホール内からほうきで集めたゴミを袋に入れ終わると、ボブはオーク・パーラーに移動するよう言った。一四〇〇年代製作の、複雑な彫刻の施された木製パネルが貼られた部屋だ。

単なるクセで僕はケータイをチェックしたが、分厚い石の壁に囲まれたこんな邸宅では電波を拾えるとは思えなかった。仕方がないので、僕はほうきがけに戻った。埃まみれの床板をほうきが撫でる音には催眠効果があり、掃きながら、僕は周囲にある彫刻を隅々まで眺めた。前回来たときには気づかなかったが、美しい花と、波を描くようなパターンと、かわいらしい天使を見つけた——隅には生首を突き刺した熊手を持つ奇妙な男もいたけれど。テレビやケータイ、インターネットのない時代に、エンタメとして先祖がやっていたことなのかもしれないね——彼らはただ、美しい彫刻を眺めて過ごしていたのだ。十四代前のおばあちゃんが友だちに「今の時代の彫刻は暴力に溢れているわ……子どもたちへの影響が心配」とブツブツと言う姿を想像して笑ってしまった。

もし僕がロスにいたとしたら、ケータイに届くメッセージや連絡などを数分おきにチェックしていただろう。ホールのなかにいると、白昼夢のなかで迷子になり別のゾーンに迷い込んだように感じられた。現代社会と、そのしがらみから完全に自由になったように思えた。

ほうきで床を掃いていると、暖炉の側《そば》に興味深い彫刻があることに気づいた。『オズの魔法使い』に出てくる、空飛ぶ猿を中世風にアレンジしたような雰囲気だった。

「あれは、何？」と、僕の様子をチェックしに戻ったボブに聞いてみた。

「信じられないかもしれないけれど、あの奇妙な生き物はライオンらしい」と彼は説明した。「とても古いもので、たぶんライオンを一度も見たことがない職人によって彫られたんだろうな。実物というより、ライオンという生き物を説明した文章を参考にしたんだろう。ライオンに似ていない理由がそれだ！」

近寄って、奇妙な四角い頭、小さな目、牙が覗く巨大な口を観察してみた——他者が語ることだけで現実を捉えるのではなく、自分の体で体験することの大切さが明確に示されている例だ。

「飽きないだろ」とボブが言った。「常に新しい発見さ。見たこともない物ばかりで」

撤去しないと広がってしまう乾燥腐朽した床板を常に引き剥がしていたために、その下にある物を見つけることが多いとボブは説明した。

「モーニング・ルームの暖炉付近の床板の下に、布製の靴を見つけたんだ」と彼は言った。「魔女を撃退するために置かれたんじゃないかとジェフは言ってたよ。別の日には、同じ部屋で床板を引き剥がしたら、錆びた古いガスマスクを見つけてね。第二次世界大戦中に防空壕として床下に掘られた小さな穴の底にあったんだ」とボブは話した。

せっせとほうきで掃いた働きが認められたのか、ボブはガスマスクを見せるために、保管している場所まで連れていってくれた。そこに行くために、ボブがジョージアン・ルームと名付けた部屋の前を通らなければならなかった。この部屋は一六〇〇年代後半から一七〇〇年代前半にジョン・ホップウッドがエリザベス・スピークと結婚した後にホールに増築されたものだった（二人の結婚はオーク・パーラーにある記念碑に刻まれている）。ジョンとエリザベスはホールの内装を良い状態へと整えていく時期が来たと考え、数部屋の増築を行った。それには宴会場も含まれていた。宴会場は天井の高い、真四角な部屋だ。かつては、一族がそこで大規模な晩餐会を開いていた。僕は宴会場で立ち止まった――埃まみれで瓦礫が至る所にあるにもかかわらず、その宴会場が人々を驚嘆させるために作られたことは明らかで、その時でも燦然《さんぜん》と輝いていた。複雑な漆喰の手仕事で施された模様が壁に残り、床から天井まである張り出し窓には小さな鉛枠ガラスがはめ込まれていた。暖炉のマントルの下には、カラフルなタイルによって、熱帯の鳥、竹、そして睡蓮の花が描かれていた——その当時の人々にとっては、実際には目にしたことのない、異国情緒漂う絵柄だっただろう。

「タイル細工は、ホップウッド家が世界中を旅していることを招待客に示すうってつけの方法だっただろうね」とボブは言った。

「彼らにとって、インスタ的なものだったのかな？」と、僕は発言してみた。

宴会場を出た僕たちは、一七五五年にまで時代を遡ることができる、木製のパネルが貼られた図書館に足を踏み入れた。全盛期には、図書館は革表紙の本のコレクションと読書のための座り心地の良い椅子のあった場所だったが、ボブがロスにいる僕にメールで知らせてくれた通り、今となっては乾燥した瓦礫に悩まされている。ありがたいことに、図書館内の巨大で半六角形の背の高い窓は、二枚とも残っていた。電気が発明される前の時代、本を読むために必要な陽の光を最大限に取り込むことが可能な、素晴らしい読書スペースだったはずだ。

そして僕らはモーニング・ルームに足を踏み入れた。

「この邸宅で最も豪華な部屋のひとつだ。建築されたのは一八三〇年代後半で、ジョージアン様式だな」とボブが言った。「窓が東を向いているのは、朝日をめいっぱい取り込むため。部屋の名前の由来にもなっている。ホップウッド家の人たちが朝食をとったり、ランチ前の時間に招待客をもてなしたりする場だった」

「そりゃあもう、日曜日のお楽しみ、カクテルランチだねえ」と、僕は小声で言った。

初めて訪問したときにはこの場所を見学できていなかったけれど、床板が半分以上剝がされている状態でも、この部屋は素晴らしかった。壁には優雅な漆喰細工が施され、部屋のなかはピンクと緑色を基調として塗られていた。精巧な装飾天井と、かつて庭を見渡すことができたであろう大きな窓があった。

床板の下でボブが見つけた靴は、すでに製作された年代を測定するため博物館に持ち込まれていたが、ガスマスクは部屋の片側にある大きな木製暖炉のうえに置かれていた。二人でガスマスクのところまで歩いていくと、ボブが僕にガスマスクを着用させてくれた。変な臭いのするゴムのストラップを頭に巻き、ゴーグル越しに眺めてみた。戦時中のこの場所を追体験するために。ヨーロッパで戦争が始まった一九三九年までに、ホップウッド家がここを離れてすでに長期間経過していたとボブが教えてくれた。

「当時、ホールはランカシャー・コットン・コーポレーションによって接収されていて、戦争のための軍服を製作する拠点となっていたんだ。今日、見学してもらう部屋のすべてが忙しく働く労働者たちで溢れていた。戦争の需要に応えようと、必死になっていたんだろうな」

暖炉の横に置いてある、使用人を呼ぶ時に一族が使っていた古いビクトリアン様式のベルをボブが指さした。

「一八〇〇年代の生活を想像してみてほしい。ホップウッド家の人々がここに暮らしていた時代だ」とボブは言った。「ジャムとトーストが欲しいとする。ベルを鳴らすと、使用人たちが一気に駆けつけて、作ってくれる。ホールは当時、完全な自給自足の生活だった。パンを焼くための小麦粉は敷地内で栽培されていた小麦をホップウッド製粉所で製粉したもの。バターはホップウッドの牧草地で放牧されている牛のミルクから酪農場で作っていた。ジャムはキッチン農園で料理人たちが育てたイチゴを使った。パンはキッチンで働いていたメイドの一人が火であぶって焼き、執事がツボに入ったジャムと銀の皿にバターを載せて運んだんだ。一枚のトーストを作るために、多くの人が働いていたというわけ」

使用人の部屋を見学したいと申し出たが、ボブは悲しげな顔をして首を振った。

「あのあたりは崩壊しているんだよ。中に入るのは危険過ぎる。俺でも無理だ。あそこに入った人は何年もいないよ」

今現在は機能していない使用人部屋にあった、ビクトリアン様式のベル。第二次世界大戦中に使われたガスマスク。軍服工場。魔女を遠ざけるための布製の靴。ゴージャスなジョージ王朝時代の建築物。このすべての時代と過去の遺物が一つの部屋にあるなんて……

将来、ボブが床板の下で見つけるものはどんな物なのか、疑問を口にしてみた。

「そうだなあ、幸運なら、埋蔵された宝を見つけちゃうかもなあ」と、ボブはニヤリと笑った。

「ホップウッドの祖先の一人、ロバート・ホップウッドが一八五〇年代に精神のバランスを崩したと言われている。想像上の電車旅のためにドレスアップし、窓の外に兵隊が大勢いると言ったそうだよ。図書館を寝室と間違えて、裸になったこともあったらしい。ビクトリア朝時代の女性たちはどう思っただろうなあ！　大きな袋に詰めた金貨をどこかに隠したという噂もある」

「マジで?!」と僕は答えた。「それ、見つけようよ！　ここの修理に使うことができるんだし！」

「まあまあ、そう興奮なさいますな」とボブは僕に警告しつつ、頭を振ってみせた。「ここで作業をはじめて数年になるけど、何も見つかってはない。金貨の伝説が及ぼした影響といえば、夜になると多くの十代の若者が忍び込んで、金貨を探すために床板を剝がして、損傷を与えるというぐらいのものだ。古いおとぎ話はこの家に悪い影響を与えこそすれ、良い影響なんてないんだ」

ほうきで掃き、ホールを学ぶ一日が終わり、ホールの修復にそれまで以上に意欲を燃やして僕はホテルに戻った。翌日、仕事場に戻り、ボ

モーニング・ルーム。ホップウッド・ホール。デーブ・ブローガが2013年に撮影。

ブに加わり、ほうき技術に磨きをかけることに夢中になった。ホールで過ごした時間のおかげで、僕自身も新しい友だちについてよく知ることができた。ボブはこのあたりの地域で育ち、建築業に従事していた七人兄弟の一人だった。家族の先祖はホップウッド・ホールで働いていたから、彼の先祖は僕の先祖を知っていたことになる。読書と博物館が大好きで、黒髪で、元気いっぱいの妻ニディアに出会ったのは三十年以上前のことだった。夫婦の間には二人の子どもがいて、今はもう独立している。ボブは建物に命を吹き込むことが専門の遺産建築修復会社を持っていて、彼の愛する父はアルツハイマーで亡くなったばかり。そのため、ホールの修復により多くの時間を割けるようになったのだった。ボブを知るひとなら誰でも、ホールに関しては彼が最も強力な支援者だと知っている。それだけではなく、十分な資金と資源があれば、ボブには遺跡が過去の栄光を取り戻すのに不可欠な技術があった。

「若いってわけじゃあないからね」とボブは僕に秘密を打ち明けた。はしごを下りながら、膝が痛いとぶつぶつと文句を言った。「ホテルのプロジェクトがうまくいくといいけど。このような古い建物を管理する方法を理解している人間は、それほど残っていないんだよ。時間がかかりすぎると、俺がぶっ倒れて、あんたに技術を伝えなくちゃならないなんてことになったら悲惨だぞ。それは最悪だって、俺もあんたもわかってるはずだ」

ボブが冗談を言っているのはわかっていたけれど、彼のコメントにはヒリヒリするような真実も含まれていた。その日の午後、彼は自分の持つ技術のようなものは、本から学ぶことはできないと言っていた――一対一で、誰かから学ばなければいけないものなのだ。ボブが最も恐れていたのは、新しい世代が古い建物のメンテナンスの方法に興味を抱かなくなり、そのため彼の知識が彼とともにすべて消え去ってしまうことだった。

「これはある意味、芸術なんだ」と彼は言い、頭を振った。「古いスレート屋根を修復する方法、煉瓦を手作りする方法。ヤギの毛を使ってモルタルを作るなんて妙なことまですべて、数百年前の技法なんだ」

ヤギを捕まえて毛をむしるなんてことは、僕にとっては面倒くさい仕事のように思えたので、ボブの言いたいことはよく理解できた。教える相手を見つけられなければ、彼の知識は失われてしまう。ホールと同じ運命だ。

ボブは作業中、多くのことを教えてくれたけれど、僕が学んだことのなかで最も重要だったのは、ホップウッド・ホールを修復することは、単なる歴史的建造物の保存ではないということだ。ホテルのプロジェクトが進めば、ミドルトン地区に雇用が発生することにもなる。

「数百年前のある時点で、ミドルトンの住民の多くがホールで雇用され、何らかの形でホールの仕事に従事していた」とボブは教えてくれた。「ホールの一階と二階は、別世界のような場所だった。まるで小規模な産業だったのさ。彼らはすべてをここで作っていた。バター、パン、チーズといったものまで、全てだ。敷地内には醸造所まであって、ホップウッド・エールまで作っていたんだからなあ」

しかし第二次世界大戦後、ホールは閉鎖されて、地域も急激に衰退していった。工場も閉鎖された。仕事はなくなった。その年代、ロッチデールとその周辺の街は、英国国内で最も不況にあえぐ地域だった。

「ホテルの建設計画はホールを救うだけじゃないんだ、ホップウッド」とボブは指摘した。「この地域を永遠に変えてくれるんだよ」

ボブは地域住民も同じように考えているだろうと言った。新しい計画、ホールを救済して、建物をホテルに変える計画は人々に希望を与えるだろう。ホールが元の姿を取り戻せば、周辺地域も同時に活気を取り戻すことができるかもしれないのだ。

僕はよりいっそう、自分の役割を果たす決意を固めた。問題は、僕自身が活躍するというよりは足手まといになっていることだった。ある日の午後、僕が仕事のほうきがけをしていた時のことだった。ちりとりを手にしてかがみ込み、床に落ちている折れ曲がった古い釘を集めていた。真っ黒で、錆びていて、太さ二センチ半ほどの釘——普通の釘に比べて、随分太い——を集めると僕は、黒いプラスチック製のゴミ箱に捨てた。

「何やってんだ?!」とボブは大声を出しながら、ゴミ箱に入った釘を丁寧に拾い集めた。「これは十六世紀に、ひとつひとつ鍛造されたものなんだぞ！　真っ直ぐに伸ばして保存できるかもしれないのに！」

アメリカでは、基本的にすべてを捨てる——古くて折れ曲がった釘を保存しようなんて、僕らアメリカ人は決して考えないと説明しようかとも考えた。でも、そうすることで、ボブの「アホなアメリカ人」というジョークのレパートリーを増やすだけだと思い、その代わりにショックを受けたフリをした。

「なんですって？　ゴミ箱の中に釘が?!」と僕は言った。「死んだバッタに間違いないと思っていたのに、もしかして目が悪くなったのかな！」

この日僕は、ボブの許可なく何かを捨ててはいけないと学んだ。

翌週の金曜日、ジェフの指示に従って、ホテルの開発業者と区議会のベヴに会うため、ロッチデールまでバスで向かった。ホールの修復に向けて、ボブがフルタイムで働くことができる日がすぐに来ることを期待しながら。とてもうれしいことに、乗ることになったのは赤い二階建てのバスで、料金を支払うと階段を上って二階に行った。バスが発車したときは、思わず後ろに倒れ込みそうになった。それでも、座席に落ち着き安全を確保すると、その価値はあった。まるで鳥になったみたいに、全景を見渡すことができたのだ。やがてバスは小さな丘の頂上まで辿りついた。そこから、二十世紀の建築と歴史的建造物が立ち並ぶ、刺激的なロッチデールの街並みが見えた。

ジェフは僕に、ミドルトン、ロッチデールのような街は瀬戸際にあるのだと教えてくれた。工場が閉鎖されるとともに雇用は失われ、街が忘れ去られたと感じる人々もいた。僕はこれまで勝ち目のない人の味方として生きてきたが、イギリスに勝ち目のない地域があるとしたら、それはロッチデールだ。

「十五世紀のある時点では、まったく違う状況でした」とジェフは指摘した。「イギリス国内で、ロッチデールは最も影響力のある地域のひとつで、羊毛取引が盛んだったことから、国内で最も裕福な人々が暮らす街でもあったのです。十九世紀になって製造業が発展し、街は羊毛から綿の生産に力を入れるようになりましたが、工場での環境は決してバラ色ではなく、労働者は間もなく組合を作ることを決めました」

その結果として、ロッチデールが最も有名になったのは「ロッチデール先駆者協同組合」の存在だったとわかった。

「一致団結して、ガマ通り《トード・レーン》に協同組合を設立した労働者たちです」とジェフは説明した。

「一八四四年に設立され、近代的な協同組合運動のさきがけとなりました」

共同体意識を事業に生かす責任を街が負っているという点を僕は気に入ってしまった。そのエネルギーを、今回の新しいホテルのプロジェクトに注ぎ込むことはできないだろうか。それにより、この地域を再び活性化させる手助けができるかもしれない。自分が遺伝的つながりを持っていることを知っている今となっては、僕はこの地域を自分の故郷のように熱烈に応援していた。

バスを降りて角を曲がり、行き先を探した。ミーティングは、ジェフが街で一番美しい建物だと教えてくれていた市庁舎で行われることになっていた。地方自治体の建物というよりは、教会のような佇まいの背の高い建造物を見上げた。大きなステンドグラスの窓、ガーゴイル、装飾が施された尖塔、金のメッキの彫像、そしてビッグベンみたいな背の高い時計台があった。聞くところによると、エリザベス女王が一度市庁舎を訪れたことがあり、市庁舎の職員は彼女が必要に迫られた時に使えるように、女性用トイレの個室を作ったそうだ。残念なことに、女王はその必要に迫られなかった。第二次世界大戦の最中、アドルフ・ヒットラーが軍に対してロッチデール市庁舎への爆撃をやめるよう、特別な命令を下していたという。イギリスへの侵攻を成功させたらすぐに建物を解体して、ドイツ国内に移築する計画があったようだ。幸運なことに、彼はそれをしなかった。

　市庁舎内部はウサギの巣穴のようにごちゃごちゃしていたけれど、ベヴのオフィスを探し出すことができた。そこで僕は雑誌をめくって彼女を待っていた。

　きちんとした身なりの秘書が「一杯《ブルー》いかがです？」と聞いてくれた。

　彼女がビールではなくて、紅茶のことを聞いているとわかるまで少し時間がかかった。

「ホップウッドさん！　お元気？　入っていらして。こちらがオリバー・シモンズさんです」と、オールバックでスーツ姿の、とても威厳のある男性を紹介してくれた。

　結果として、オリバー・シモンズは至って本気だった。

「ホップウッドさん、このホテル計画にはスポークスパーソンとしてご参加いただきたいと思っているんです」と、大変上品なイギリス訛りで彼は言った。「ホップウッド・ホールのような修復プロジェクトは、一族のメンバーが参加してくれれば成功すると調査からも明らかなのです。是非あなたに、その一族のメンバーとなっていただきたい」

スポークスパーソンになるべきかどうかはわからなかったが、オリバー自身が素晴らしいセールスマンであることはすぐにわかった。彼は、僕がやらなければならないことは、そう難しいことではないと説明した。ホップウッドの代表として、彼らが計画するイベントに出ればいいだけなのだ。その見返りとして、僕は常に情報を与えられ、そしてプロジェクトに関して意見を述べることができる。

「あなたのご家族や地域住民の賛意を得てこの修復が行われるように導くことが、あなたの役割の一部だと言えます」と彼は力強く言った。

僕がスポークスパーソンの役割を引き受ければ、ホールの未来に関してジェフとボブに発言権を与えられるのではという考えが浮かんだ。

一時間以内に、オリバーのホテルプロジェクトを手伝うことに同意しただけではなく、春にイギリスに戻り、ウェールズのアングルシー島にいるランニング仲間と一緒にハーフマラソンに出場することまで約束した。今まで一度もハーフマラソンなんて走ったことがない。オリバーはホップウッド・ホールを救済するために、ぴったりな人物だと思えた。

その日の午後、僕はジェフとボブとパブで落ち合い、結果の報告をした。パブだったらどこでもいいというわけではない。「その歴史を一六二二年まで遡ることができる、イギリス最古のパブ」とジェフが説明する、聖レオナルド教会の向かいにあるオールド・ボアーズ・ヘッドだ。ハリー・ポッターの映画のセットに迷い込んだのかと、うっすらと明かりが灯された店に入りながら考えた。

壁は斜めに傾き、低い天井には木製の黒い梁が露出していた。あまりにも多くの情報を処理して頭が忙しかったため、梁におでこをぶつけてしまった。一六〇〇年代の人々は現代の人よりも背が低かったのは明らかだけど、一六五センチ以下でないと梁の下をくぐることはできなかったのではないだろうか。パブのなかは過去の臭いがした。良い意味で、過去だ。ズキズキと痛む頭蓋骨のことを忘れるほど魅力的な場所だった。バーでぬるいイギリスのビールを三パイント注文すると、僕は新しい友人たちと椅子に座った。

ウキウキしながらニュースを伝えようとしていたのだが、ジェフは、まさにいつものジェフらしい態度で、まずは僕に魅惑的な歴史の授業を断固として聞かせようとしていた。

「落とし戸の輪郭、見えますか？」と彼は言い、僕らの横のテーブルのラグの下からうっすらと見えている長方形の印を指さした。「落とし戸は道路の下に掘られた隠しトンネルにつながっていて、そのトンネルが聖レオナルド教会につながっているという伝説があるんですよ。ホップウッド・ホール直通のトンネルがあるって言う人もいるんですから！」

こういった推測はまだ証明されていないが、オールド・ボアーズ・ヘッドは、遥か昔に僕の祖先が頻繁に訪れていた場所に間違いない。

傾いた壁はいい加減に立てられたオーク材の梁の間に中世のヤギの毛が混ざった漆喰を叩きつけて作られており、建築した人たちは座ってビールを飲むために急いでこの場所を建てたのだろうなと考えさせられた。それとも、仕事中にすでに飲んでいたとか！　いずれにしても、このような粗雑な造りの場所は、僕の友人ジョニーのお気に入り、ウェストハリウッドのサンセット通りにある「ブーツィー・ベロウズ」みたいなバーにタイムマシンで連れて行かれたら、恐ろしくて逃げ出すような素朴な人々が手作りで拵《こしら》えたのだろうと推測した。

ビールを飲みながら、僕はジェフとボブにオリバー・シモンズとのミーティングについてすべてを語った。二人は大喜びしているように思えた――ボブでさえ笑顔を見せたのだ。ホップウッド・ホールについては、二人とも心から心配していて、不安定な状況を考えれば、ホテルにするというアイデアは最善であり、最後のチャンスであることに納得していた。

「我々には時間がないんだ」とボブは繰り返した。「審議会は月に一日しか給料を払えないというけど、それではホップウッド・ホールのような歴史的建造物が埃の山となってしまうことを食い止めることができない。もしこのホテル建築のプロジェクトがダメなら、ホールに永遠にさよならを告げることになる」

ボブの脅迫は常に僕の鼓動を速くするが、もしホテルのプロジェクトが先に進めば、ボブがホールの修復チームを率いることができる。

僕は旅に満足し、ホールは絶対に大丈夫だと思いながらロスに戻った。

第8章 ご近所さん殺人事件

自分のベッドに戻ることができたのはうれしかったし、ジェイがミーティングを欠席したことを許してくれたのはよかったけれど、ハリウッドで僕を待ち受けていたのは良いニュースではなかった。驚きはしなかったが、マクドナルドの仕事を受注することはできなかった。またもや受注を逃したことで、僕がロスで働く道は残されているのかどうか、疑問に思うようになった。マクドナルドにさえ行けない僕が、どうやって一流映画の製作をスタートできるのかと、ジェイはきっと頭を悩ませていただろう。

僕も同じだ。

もちろん、ロスに戻ってきたということで、ジョニーはハリウッド大通りにある最先端のバーに来るよう僕を誘ってきた。入り口で名前を告げ、ベルベットのロープを越えて、VIPルームにいる彼に会いにいった。革張りの長椅子が置いてあり、頭上には赤いビーズ製のライトが垂れ下がっていた。到着してから数分以内に、彼はウォッカのボトルを注文し、瞬きする間にバーの向こうから、半裸のウェイター六人が、火のついた花火を手にしながらボトルをライオンキングの子ライオンみたいに高く掲げて出てきた。氷、グラス、クランベリージュースとパイナップルジュースを混ぜた謎の飲み物が運ばれてきた――すべてジョニーのテーブルに載せられた。

オールド・ボアーズ・ヘッドにいるボブやジェフ、それから地元の人たちに、これがハリウッドのスタンダードだと、どうやって説明できたというのだろう？　たかがウォッカのボトルを注文するのに、あそこまでやるなんて？　あっという間にモデルみたいな知らない人たちが集まってきて、会話をはじめ、飲み物をもらおうとしていた。これこそ僕らが「ジョニー流」と呼んだものだった。

そこから数週間、ミドルトンの友人たちが僕の奇妙なロスでの暮らしについてどう思うのかと、ますます考えるようになっていた。数キロ先に進むために、ルーフなしのジープが四十五分も渋滞に巻き込まれることになると知ったら、ボブとジェフはなんと言うだろう？　キム・カーダシアン（あるいは彼女にそっくりなただの人）が来ているからという理由で大勢のパパラッチが押し寄せているため、レストランでは駐車係がいるってことも？　僕は自分の人生を、自分の目ではなく、彼らの目で見るようになっていた。

それから数ヶ月後、僕はロッチデールに戻ってホテルに関するミーティングに参加することになっていた。計画は全速力で進み、リノベーションのための設計図が描かれ、僕の「一族のメンバー」という役割が具体化してきた。それは、ホールとその歴史を宣伝する代わりに、ホテルに個人的に利用できる一室が与えられるというものだった。僕が思うに、これは完全なる win-win の関係だった。オリバー・シモンズが繰り返し言っていたように、僕がようやく巡り合えた「先祖代々

の家」を世界に宣伝したくてたまらなかったし、このように大規模の救済措置がすでに始まってい

るということに、僕は大喜びしていた。

翌日、ミーティングに参加するためにマンチェスターに到着するやいなや、ケータイが鳴った。ジェイからだった。

「おい、ホップウッド、明日の五時にソニーとの面談をセッティングしたぞ」と彼は言った。彼の声から、興奮とエネルギーが伝わるようだった。「大掛かりな戦争映画を考えてるみたいだぜ。というわけで、お前のフロッドンの戦いとかいうアレ、披露できるだろ。戦略を練ろう……これはデカい仕事になるぞ！」

「ええっと、ジェイ……」僕は口ごもりながら、実は国外にいることがバレないといいなと願っていた。「リスケしなくちゃ。明日用事があってさ……」

「キャンセルしろよ！」と彼は主張した。「これよりも大事な用事があるってのか？」僕は渋々、イギリスの滑走路に立っているのだと白状した。ジェイの頭は爆発寸前だったらしい。

「お前が出席できないからってミーティングをキャンセルしてたら、どうやって仕事ができるっていうんだ？　もしかしたら死んだんじゃないかって思われるぞ！」

時差ボケの頭で、本当にそうだろうかと考えはじめていた。でも、ジェイの言うことが真実なのは知っていた。ハリウッドでは、ミーティングであれ、パーティーであれ、いつでも対応できるようにしておかなければならない。それは、そういうものなのだ。一週間や二週間であっても姿を消

せば、存在が消えたも同然だ。

ジェイは僕のために必死になってくれていて、僕はそれに応えられないでいた。彼が最初にアイデアをくれたときに、なぜフロッドンの平原に関して考えをまとめることができなかったのだろう？ジェイはいつもフォローアップしてくれるのだから、こうなることがわからなかったとは言えないのだ。

ジェイにわかっていなかったのは、ホールの存続、町、そこに住む住民が崖っぷちに立たされているということで、僕は自分の役割を果たさなければならないという使命感を強く抱き始めていたということだった。

僕は友人であり献身的なマネージャーであるジェイに謝罪し、アメリカに戻り次第、一日中、毎日、準備万端の状態になることを伝えた。そしてスーツケースを引っぱりながら飛行機を降り、タクシーを拾いに行った。今回は、運転手は行き先をわかっていたようで、ノートン・グランジ・ホテルにあっという間に到着した。

翌日のミーティングは成功し、プロジェクトの支援を継続している姿を見せられたことに喜んでいた。すべての準備が整ったように思えた。議会、地元の政治家、お金持ちの人たち、地域のサポートだ。ただ、ひとつだけ問題があった。

ミーティングの最後の方で、オリバー・シモンズが代理人に向かって、フィニース・シェルバーンという一度聞いたら忘れられないような名前の人物について「シェルバーンに邪魔をされないといいけどな」と小声で言うのを聞いてしまったのだ。

その日の夜、シェルバーンについて何か知っているかどうかを聞いてみるべく、ホップウッド・アームズ・パブまでジェフに会いに行った。

ホップウッド・アームズ・パブはミドルトンで人気の「地元」のパブだった。店はもともとホップウッド家の不動産の一部で、敷地の端に位置していた。ホールでの仕事を終えたスタッフが、ストレス発散のために立ち寄る場所だった。僕がホップウッド・アームズ・パブに立ち寄るときは必ずと言っていいほど、誰かが指を指して「おい見ろよ！　ホップウッドがホップウッドに来てるぞ！」と叫ぶ事態を覚悟しなければならなかった。こう叫ばれた後にはほとんどの場合、僕と邸宅の関係に興味を抱く誰かがおごってくれたパイントをバーテンダーが運んでくる。そして新しいお友だちとおしゃべりをする運びとなるわけだ。

この夜もそんな感じだった。ジェフと一緒に数人の陽気な客と冗談を交わしつつ、店の角にあるテーブルで座っていた。ジェフに近況報告をして、そしてシェルバーンという人物を知っているかと聞いてみたのだ。

ジェフはジェフらしく詳細を説明してくれた。

「いつその名前が出てくるかと思ってましたよ」とジェフは言い、突然、囁くような声で話し始めた。「ホップウッドさん、厄介なことに、あなたの先祖が尾根の向こうの隣人だったシェルバーン家と揉めたんです。十六世紀に。深刻なことが起きたんです。そして、向こうはそれを決して忘れてはいない。確執は相当なものですよ」

「先祖は何を？」僕は疑問を口にした。「夜中にバスケットをやったり、犬がやかましく吠えたとか？」

ジェフは真っ直ぐに僕を見て、「いえ、殺したんですよ」と言った。

僕の先祖の一人、ラルフ・ホップウッドが最低最悪な男だったことを知った。ある朝、彼は敷地内に侵入してきた男を目撃し、長弓を引いたのだ。

「当時、他人の敷地に無断で入ってはいけないことは誰もが知っていました。危険人物だと思われる可能性がありましたから」とジェフは説明した。「侵入してきた人物は羊泥棒かもしれないし、井戸に毒を投げ込むかもしれない。製粉所に放火する可能性だってある」

ということで、ラルフは弓に矢をセットして、放った。ラルフ・ホップウッドはスコットランドを倒したミドルトンの射手兵の一人だった。矢で殺す方法は熟知していた。

「気づく間もなく矢は侵入者の胸を射貫きました。後に、妻の腕の中で命を落としたそうです。悪いことに、その侵入者はあなたのお隣さんフィニース・シェルバーンの、ひいひいひいひいひいひいおじいさんで、同じくフィニース・シェルバーンという名前なんです」

五百年後の現在、同じシェルバーン一家は尾根の向こうに今も住んでいる――そして一五〇〇年代に起きた事件のことを忘れてはいない。

殺人は殺人だ。ジェフは、この確執の影響は未だに継続していると説明した。ホップウッド・

ホールの地所はかつて五千エーカーほどの広さがあったが、年月の経過とともに、ゆっくりと、地所の一部が開発されていった。地所内に大学が建築された一九九〇年代のある時期に、近隣の数区画が他でもないフィニース・シェルバーン氏に売却された。その区画の一部が、ホールの元々の入り口を横切る形になっていたのだが、異議を唱えるホップウッド家の人間がいなかったため、売却は進められた――そうなると独立したホールへの入り口は立ち入りができなくなり、シェルバーン家からの許可が必要になった。これはホールにとっては悲惨な出来事で、ホールと外の世界を遮断し、ホール衰退の一因となったとも言える。

ジェフは心配していた。

「ホップウッド・ホールが永遠に葬り去られることをシェルバーン家は望んでいるようなんです」と彼は言い、悲しそうに首を振った。「オリバーと、ホテルの開発業者には協力したくないようです」

翌日の夜、オリバーが電話してきた。

「ホップウッドさん、助けてください」と彼は言った。僕が話題にしはじめたため、シェルバーンの問題について電話をしてきたのだ。

僕は即座にノートパソコンを閉じて、ノートン・グランジ・ホテルから出て夜の空気を吸いに行った。

「良いニュースはあります。我々がホールに再び簡単にアクセスできるようにシェルバーン家に働きかけ、土地を手放してもらおうとする地域の圧力や地元の政治家のロビー活動が始まっていることです。悪いニュースは、その動きが壁にぶち当ったことです。シェルバーンが我々からの連絡に応えなくなりました」

いつもは自信たっぷりのオリバーの声に、それまで一度も聞いたことがない不安なトーンがあることに気づいた。

駐車場の向こうに、月光に照らされた、かつて地所の境界だった場所が見えた。オリバーの心配そうな声がケータイから響いている以外は、静かで、平和な夜だった。普段はパニックにならない人がパニックになっていると狼狽《うろた》えてしまう。数年前にロスにいた僕が、同じく夜中に受けとった連絡のことを思い出していた。僕らの映画プロジェクトから俳優が降りてしまい、計画が頓挫《とんざ》したことに怯えたプロデューサーからのものだった。どんなプロジェクトにもこのような問題は付きものだし、よくあることなのだ。俳優の気が突然変わったり、出資者が辞退したり、こちらが製作しようとした映画やテレビ番組の公開の前に、似たようなプロジェクトが公開されたりといったことがある。こうした連絡でもたらされるニュースはほとんどが悪いもので、完全にプロジェクトを頓挫させかねないものだったりする。

でも今回は、その可能性がかなり高いように思えた。誰かがホールと地域全体の利益になるはずのプロジェクトの勢いを止めようとしている。なんとか解決する方法はないかと模索したオリバーと僕との会話は一時間以上に及んだ。

シェルバーンは本当にホテルのプロジェクトを妨害することができるのか？　僕は隣人の考えを探ってみた——数百年以上前に起きた、会ったこともない人たちの間で起きたことで、なぜそこまで恨みを抱くのだろう。まるでハットフィールド家とマッコイ家の争い［十九世紀後半のアメリカで起こった、復讐が復讐を呼ぶ泥沼の抗争］に巻き込まれたかのような、現実じゃないような気持ちだった。ホップウッド・ホールは三十年ものあいだ空き家だったし、マンチェスターの雨とその親友の乾燥腐朽にやられて朽ちていっているというのに？　不機嫌な隣人との関係を良いものとするために、僕にできることは確実にあるはずだった。

第9章 時は流れて……

僕が育ったミシガンの小さな町では、一八九九年に建設された建物が現在も残っていたとなれば、確実にマーチングバンドを雇い、子どもたちをバスで連れてきて、市長が記念式典でブロンズ製の記念プレートを掲げることだろう。綿飴が売られ、エレファント・イヤー〔象の耳に似た揚げ菓子〕を売るトラックがやってくるかもしれない。二局とは言わずとも、最低一局は地元のニュースチャンネルがやってきて、記念式典を撮影するだろう。

だからこそ、一四〇〇年代の建築物がゆっくりと朽ち果てているのを、指をくわえて眺めているなんて理解しがたいことだった。それよりも最悪だったのは、その人物が建物に朽ち果てて欲しいと願っているように思えたことだった。

オリバーと僕は、ホールの救済活動に現在の顔（つまり僕）を通じて人間味を持たせることができるのではないかと考えた。

「五百年前の恨みを持ち続けるなんて馬鹿らしいとシェルバーンさんに気づいてもらえたら、地元の遺産を地域のために救済する気になってくれるかもしれないって思うんだ！」と、突然湧いてきた自信とともに僕は叫んだ。

幸いなことに、ペンがポケットに入っていたので、オリバーがシェルバーンさんの電話番号を教えてくれ、僕はそれを手首に書き込んだ。

シェルバーンは農家のため、朝の六時半に連絡を取ってみるといいとオリバーは提案してくれた。

「ちょっとリスキーじゃない？」と僕は疑問を示した。「彼を説得しようっていう場合に、もし早起きの人じゃなかったら、午前六時半に電話するなんて、計画のすべてがぶち壊しになると思うんだけど」

「彼と連絡を取りたいのなら、その時間がいいという情報があるんだ」と、オリバーは僕を安心させた。

その日の夜は、眠ることができなかった。ノートン・グランジ・ホテルで、僕は寝返りを打っていた。今回は、朝六時にオープンした朝食ブッフェの最初で最後の客になった。

席を案内するために近づいて来た接客係の女性を、ハイになっていた僕は驚かせたに違いない。

「大丈夫かい？」と僕は口走った。

「……はい、あなたは？」と、彼女はオドオドしたように横目で僕を見ながら言い、僕をテーブルへと案内した。

僕は食べ物をつついた。紅茶を数杯飲み、そして午前六時二十九分にケータイを見た。深呼吸して、オリバーが教えてくれた番号をダイアルしてみた。

何度か呼び出し音が鳴った後、強く、荒々しい地元の訛りのある男性が応えた。

「シェルバーンさんですか？」と、僕は不安げに尋ねた。

「牛の乳搾りをしている。用はなんだ？」と彼は応えた。

僕は慌てて自己紹介をした。彼が言い出さない限り、二家族の間にある確執には触れないでおこうと考えていた。あくまでもビジネスの話をしたかったのだ。

それでもまずは、天気の話でもすべきだと思った。というのも、イギリス人の多くがそのようにして会話をスタートさせるからだ。

「今日は天気が良さそうですね……」と、僕は言った。

「外はまだ真っ暗だ。用事は？」

僕は口ごもってしまった。

「ホップウッド・ディプリーと申します」と僕は名乗った。「アメリカから来ておりまして、そして……」

「あんたが誰なのかは知ってるさ」と、シェルバーンは勢いよく返してきた。

ケータイの向こうから、突然、乳搾り機のスイッチが入った音が聞こえてきた。正直なところ、乳搾り機の音がどんなものなのか、まったく見当もつかなかった。

「あの、お手間を取らせたいわけじゃないんです」と僕は続けた。「地域全体に利益をもたらすことができるんじゃないかと思いまして」

「それで？」と彼は聞いた。

「それで、ホップウッド・ホールの本来の入り口の場所にある三角形の土地を、売却されることについてどのようにお考えかなと思いまして」僕は不安をできるかぎり抑えながら言った。

「どうお考えか、だって？」と、シェルバーンさんは長すぎる沈黙のあとに言った。「なにも考えちゃないさ。俺は土地を買った。俺の土地だ。それだけのことだ」

「もし僕らへの売却を考えてくださるのでしたら、僕や、ホテルの人たちや、あの地域に住む人たちにとって本当にありがたいことなのです、正直なところ」

「いいか」とシェルバーンさんは譲歩した。「考えておく。それについてはどうお考えだ？」

僕がそれに答える前に、彼は突然プツリと通話を切った。それとも乳搾り機のスイッチが入ったのかもしれない。いずれにしても、少し前進したと思えた。

オリバーに連絡を入れると留守番メッセージに切り替わったので、少し進展があったことを伝えるメッセージを残した。

次に部屋に真っ直ぐ戻って、クタクタに疲れていたのでベッドに倒れ込んだ。電話をしなければならなかったから、あるいは眠れなかったから、どちらかはわからないが、僕はそのまま五時間も眠り続けて、昼頃に目覚めた。

「起こさないで」の札をドアノブから外すためにドアをあけると、廊下の角から客室係がひょっこりと頭を出した。「ホップウッドさん、朝食は食べましたよね?!」

最悪の状況は回避できていた。朝六時から起きていたと彼女に伝えた。

僕は気持ちを引き締めた。ジェフとリンの家でランチの約束があったので、徒歩で向かって運動をしようと思った——ミドルトンでは、運動するからジムに行くというのは、あまり簡単なことではないのだ。折りたたみ傘を買ったばかりだったし、今ではケータイ、財布、そして鍵と同じぐらい大切なものになっていた。僕は出発した。

冷たい雨の中を歩いたあとに、温かくて快適なウェレンズ家に招き入れられて、この上なく幸せな気持ちになった。

キッチンカウンターの上には、カッティングボードに並べられた数種類のチーズ。お腹が鳴っていたので、まっしぐらにそこに向かっていき、チーズのスライスを手にして、クラッカーに叩きつけるようにして置いた。口いっぱいに頬張りながらリンの顔を見て、僕は何か大きな間違いをしでかしてしまったと気づいた。彼女は優しく説明してくれた。イギリス人は食事の後にチーズを食べるのだと。食事の前じゃないんだってさ！　僕の不作法をみんなで笑った。アメリカだったら、誰かの家にいきなり入り込み、夕食の前にカウンターの上のデザートを口にするようなものだ。食事中に、シェルバーンさんとの会話についてジェフに伝えた。彼はため息をついて、それも想像に難くないと言った。

「シェルバーン家は五世紀前から農業を営んできたんですよ」と彼は説明した。「長い時間をかけて、事業を軌道に乗せて、富を築いたわけなんです。シェルバーンはドイツにかなりの額の投資をしているということです。ドイツに別宅もあって、南フランスにも三軒目の家があるってことですから」

問題は、隣人がつい最近、脳卒中になり、それからすっかり人が変わってしまったということだった。

「シェルバーンさんは親しみやすくて、感じの良い人だったんだ。地元のイベントや町民会議にはすべて顔を出していたんです。でも、今となっては引きこもり。町で彼を見かけることは滅多にありませんよ。出会ったとしても、ひと言も話しません。最近では杖を使って歩いているらしい」彼が地域との付き合いを絶ち、遠ざかって、地域コミュニティーの魂を失った原因は、そこにあったのかもしれなかった。

食事が終わると、ジェフはこの地域の古い地図のアーカイブを見てみると言った。そうすることで、僕らに問題をもたらしている例の三角形の土地を確認することができる。彼が部屋を出ている間にリンは、僕がホールについて関わりを持つようになってから、夫がいきいきとしはじめたと教えてくれた。

「あなたに会えて、うれしかったのよ」と彼女は説明してくれた。「あの人、七十代でしょ。今までずっと葬儀屋として働いてきたの――だから、時計の針が進んでいることを誰よりもわかってる。誰も永遠には生きられないから」

僕が関わるようになり、ジェフはようやく、自分が知るホールの全てと地域の歴史を受け継いでくれる誰かに会えたという気持ちになったのだそうだ。

僕は光栄に思ったし、謙虚な気持ちにもなった。とてもインテリジェントな彼の脳に格納された七万枚もの写真、そして七十年以上かけて集められた地元の知識だ——そんな大きな責任を任せる人間として、僕が選ばれるなんてとんでもないことじゃないの？

そこに、埃まみれになったジェフが急いでリビングルームに戻ってきた。

「地図は見つからなかったんだけど……かわりにこれを見つけましたよ！」と彼は言い、背中に隠していた古いポートワインのボトルを見せた。

「リンが長女のカーラを出産したときに、贈り物としてもらったものですよ！」と彼は続けた。

「あら、ジェフ！　一体どこで見つけたの？」と、彼の明るい態度を見たリンは笑った。

「置いた場所にそのままあったよ！　四十二年間も探していたんだ。びっくりだね。味見してみようか？」

「まだ午後一時よ！」とリンは言った。

「リン、僕らは無職だ。いまだからこそできることもある」と、彼はもっともらしく言った。

二人は揃って僕の顔を見た。

「どう思います、ホップウッドさん？」　ジェフはボトルを手にして、眉を上げた。

もちろん、断ることなんてできなかった。一瞬一瞬を大切にするジェフとリンの生き方が大好きだった。二人とも年齢を重ねており、時間が限られていることを理解していた。だからこそ、それを無駄にしたくはなかったのだ。

僕らはいつまでも喋り続け、結局夕食まで一緒に過ごすことになった。リンは得意のフィッシュパイを焼き、居心地のよいキッチンの暖炉の側のテーブルにみんなで座った。テーブルにはろうそくが灯されていた。ある時点で、僕の父の話になった。

「どのようにしてお亡くなりになったんですか?」とリンが訊いた。「なんでもかんでも訊いちゃってごめんなさいね。葬儀屋だものだから、こういった質問に慣れてしまっていて」

「問題ないですよ」と僕は答えた。「話すことで救われますから。心臓発作だったんです。七十五歳でした……そうだとしても、ショックでした」

「私の順番が来たとしたら、痛くなくて、一瞬で済んでくれるといいな」と彼女は言い、優しくジェフに微笑んだ。「お父様が亡くなられた年齢と、ジェフの年齢はほぼ同じですもんね。彼のいない人生なんて想像もできないわ」

ジェフは腕を伸ばして、彼女の手を握った。

「正直な話、どうしたらお母様があれだけしっかりしていられるのかわかりません」とリンは言った。テーブルの上のろうそくが柔らかく彼女の顔を照らしていた。「もし私だったら……乗り越えることはできていないでしょうね。先に逝きたいわ!」

葬儀屋とその女房と過ごすことで自分が変わり、物事を別の視点で見ることができるようになったと感じる、初めての夜だった。二人は死と歴史とともに日々暮らしているおかげで、壮大な物事の秩序のなかで、自分たちがどれだけちっぽけな存在であるかについて、独特の理解をしていた。誰がケータイに出るか、どのプロジェクトを進めているか、どのパーティーに招待されているか、社会的地位がどれぐらいなのかといった点で万事が動くハリウッドで感じていた視点とはまるで違うものだった。そしてホップウッド・ホールに来ることがなければ、決して出会うことはなかったであろう人々と近しい関係になりつつあることも強く感じていた。

この日から十八ヶ月間、ロスとミドルトンを行き来し、ホテル開発に関するミーティングに参加し、物事を前に進めるために僕ができることはなんでもやった。フィニース・シェルバーンとの対話を繰り返すことで、次に僕がイギリスを訪れるときには、オリバー・シモンズと僕と会い、例の土地の売却について話をするという確約まで取り付けた。これでようやく物事が前進すると思った矢先、再び壁が立ちはだかった。フィニース・シェルバーンが心臓を患い、手術と回復のため、病院に緊急搬送されてしまったのだ。

ホールが緊急事態にあることもそうだったが、それよりもシェルバーンの健康状態のほうが大事だった。僕らは待たなければならなくなった。

シェルバーンが土地を売ってくれない場合、プロジェクトは成り立たないことになる。一方で、シェルバーンは自らの健康維持に努めているようで、回復以外のことは考えられないようだった。

ミーティングは延期され、いつ再開されるのかもわからない状態になった。それでも計画を進めようと努力はしたけれど、時間が経過するにつれ、誰もが不安に陥っていることは明らかだった。

僕からの連絡の返信にオリバーが一週間以上の時間を必要とした時には、心の底で、この計画は完全に止まってしまうかもしれないと思っていた。

事態をどうにかまとめるためにイギリスに戻ったけれど、ミーティングはうまくいかなかった。ロッチデールからノートン・グランジ・ホテルに戻ろうとしていた僕のケータイが鳴った。それはオリバー・シモンズからで、良い知らせではなかった。「ホップウッドさん、私は降ります」

オリバーはきっぱりとした声で言った。「パートナーが離れました。私もそうすることにします。正直なところ、シェルバーンのことで疲れ切ってしまったんです。申し訳ないです。あなたがホールのことを心配しているのはわかっているんですが、我々のプロジェクトはもう終わりです」

第10章 決意

一瞬、オリバーに考え直してくれないかと頼みそうになったが、僕がハリウッドで経験した時間が教えてくれたことがあるのだとしたら、財布の紐を握った人が、それを締めることを決意したときには、決して説得はできないということ。そんな人たちに気持ちを変えてもらおうと粘ってしまうと、数週間（あるいは数ヶ月）の無駄な時間が流れた挙句、結果は同じなのだ。僕はケータイを切って、悲しい気持ちでノートン・グランジ・ホテルまで戻った。僕はホールのことを考えていた。一体どうなってしまうのだろう。オリバーと彼が出した結論について思いを巡らせた。プロジェクトが頓挫したことを知ったボブ、そしてジェフは、どう思うだろう。ホールが存続するためには、ホテル計画が唯一の道だと過去二年、誰もが僕にそう言った。「それがダメなら、全部無理」というのが大多数の意見だった。オリバーは正しかったのだろうか？　本当に行き止まりだったのだろうか？

翌日になって、こうもり傘——イギリスでは傘をこう呼ぶと学んだ——を持ってホールへと向かった。そこでボブと会って、足場の積み下ろしを手伝う予定だったのだ。僕が近づくと、ボブは酷く沈んだ顔をしていた。「悪い知らせを忘れるには、重労働だっていうだろ？」とボブは言った。

僕は頷いたが、心の底で、それは真実ではないと考えていた。いずれにせよ、労働をしなくちゃいけないから。足場は解体されて、バラバラになって、銀色のバンの後部に山積みにされていた。通常、足場は短時間で貸し出されるそうなのだが、ホップウッド・ホールでは、多くの場所で崩壊の危険があることから、常に足場は必要で、区議会が長期間にわたって足場を借り続けることになるよりは、値下げがあったときに購入したほうが安いと気づいて購入したのだそうだ。

ロスでは、十五キロのダンベルを使ってジムで筋トレをしているけれど、十五キロの足場はなぜだか、地球よりも重さが二倍になるという木星にいるような気分にさせた。両腕がちぎれるかと思った。

ひとつひとつ、足場を運び、馬車の入り口まで行き、衛兵室の階段を少し上ってレセプション・ホールまで進み、「一歩ずつ《バイ・ディグリーズ》」という家訓の彫られた暖炉を通り過ぎ、ギャラリーの長い廊下を少しだけ進み、ボブが最近、三センチ下がっていることに気づいたという天井を支えるために、後で足場を組み立てるのだ。

この巨大な邸宅の、あの天井の部分が三センチ下がっていることを、どうやってボブは気づいたのだろう。彼には不思議な才能があるのだろう。

彼は僕にそのシステムを教えてくれた。

「ほんのわずかであっても変化を見つけたら」と彼は言った。「その天井の部分から糸をぶら下げてボルトを重りとしてくっつけておく。そしてボルトの高さをボードに鉛筆でマークしておけば、天井が動いたときにわかるだろ。そこで区議会に連絡を入れて、報告するってわけだ」

　妹のダナはジェッツンの背の高さをえんぴつで壁にしるしをつけて記録し、一センチ背が伸びると家族全員に電話をしてくる。ただし、このケースの場合は違う、逆だった——ジェッツンはゆっくりと背が**伸びる**けれど、天井はゆっくりと**下がって**くるのだ。下がれば下がるほど、完全に崩壊という状況に近づいてくる。

　ギャラリーの廊下に足場が運び込まれると、僕は床に座って休憩し、頭を抱えてしまった。運搬というハードワークによるエンドルフィンを期待していたのに、僕の周りに見える垂れ下がった天井を見るだけで気分が落ち込んだ。

「一杯《ブルー》どうだい？」と、ボブが保温瓶の蓋を開け、熱い紅茶を注ぎながら聞いた。ビールを勧めているわけではないことはわかっていたけれど、それでもストレスや不安があったから、本当に彼がビールを持っていたら飲んでいただろう。

「ジェフもこっちに来るそうだ」とボブは言い、マグカップから立ち上る湯気を見ていた。「悪い報せはいつも早く届くものでね」

　ジェフがやってくると、僕らは三人で集まって戦略を練った。

「オリバー・シモンズがホールへの興味を失ったといっても、だからと言って腐った木材が魔法みたいに消え失せるわけじゃあないからな」とボブは言った。「長廊下の天井の半分は崩れ落ちようとしている。何度もやり直すには限界があるし、いずれ完全に崩落する」

ジェフは必死に物事をポジティブに考えようとしていたけれど、そんな彼でもさすがに落ち込んでいるように見えた。

「オリバーが正しいのかもしれない」と彼は言った。「そうなる運命だったのかもしれない。来てくれてありがとう、ホップウッドさん――君が何度も来てくれたことで、私たちがどれだけうれしかったか――でも、どうにもならなくなってしまったようですね」

ここで僕は古き良きアメリカの希望的観測を言ってみようとがんばった。「意思あるところに、道は開ける」――みたいな言葉だ。でもジェフとボブは紅茶のカップごしに僕をじっと見ただけだった。二人とも納得していないようだった。僕だってそうだ。

「あと数日でアメリカに帰るんだ」と二人に告げた。「でも今のところは、ここにいて、君の手伝いをすることができるよ、ボブ」

いつものように、ホールの管理人は僕を疑い深い目で見た。

「ホップウッド、正直なことを言うと、あんたのその手伝いってのは、俺にとっては足手まといなんだ」と、彼は悲しそうに言った。

失礼な物言いをしようとしていたわけではなく、彼は事実を言ったまでのことだ。僕たちは今まで以上に時間との厳しい戦いを強いられていたし、僕の掃き掃除の才能と物を持ち上げる能力だけでは、問題を解決できそうにはなかった。

そして最悪なことに、これだけではなかった。ホールにも、そして僕にとっても、別の困難が待ち受けていたのだ。

翌朝、区議会のトップ、ヴァーノン・ノリスから連絡が入ったのだ。

「ホップウッドさん」とヴァーノンは言った。「提案があります」

僕は興味があると彼に伝えた。ロッチデール区議会はホールの公式の所有者なのだ――ホールに住んでいた修道士らが出たあと、区議会が持ち主となっていた。ジェフによると、三十年前に区議会が所有を決めたときすでに、ヴァーノンは議員だったそうだ。当時、ホールの状態は悪くなく、侵入者がホールに入って破損が進んでしまったことをヴァーノンは気に病んでいたそうだ――ホールは重要文化財なのだから。ロッチデール・ボロウ地区は経済的に恵まれていない地域で、ホップウッド・ホールに夜中に忍び込んで中にある価値あるものを盗むことは、地元の泥棒にとっては日常茶飯事だった。ホールが呪われているという噂もあり、アルコールに酔った若者の格好の肝試しスポットでもあった。一度破壊されてしまえば、ホールの修復には資金不足が問題となるのだが――同時に時間と専門的なリソースが限られているという問題もあった。ジェフとボブを除けば、ホールの存続を願って区議会に連絡してきた人間はほとんどいなかった。

政治家として、ヴァーノンは選挙区の住民たちに対して責任があったし、地元の住人には警察、消防、そして医療サービスなど、無人のうえに巨額かもしれない修復費用のかかる六百年前の建物の救済より優先順位が高い、重要なことがらがあったのだ。

「火曜日に**サージェリー**があってね」とヴァーノンは続けた。「サージェリーまで来てくれないか？」

「えっ、手術《サージェリー》の予定があるんですか？」と、僕は答えて、心配になった。

僕は知らなかったのだ。イギリスでサージェリーとは、議員の面会室、あるいは議員と市民の面会時間を指すのだということを。僕はてっきり、ヴァーノンが手術を受けるものと勘違いした。過去に彼には何度か会ったことがあり、そういえば盲腸の手術をすると言っていた気がする。何か問題がおきて、再入院するのではないだろうか。

「ええと……サージェリーの前か、後でいいですか？」僕は息を止めた。臆病者なのだ。

「なるほど、サージェリーで会えないのでしたら、サージェリーが終わってから遅めのランチでもいいですが」

「もちろんです！　そうしましょう。その方がいいと思います」

「いいでしょう。それではサージェリーの後、午後三時でどうでしょう。ランチに行きましょう」

「わかりました……ええと、病院まで伺ったらいいでしょうか？」僕は疑問に思って聞いた。

「いいえ、サージェリーは図書館でやりますから！」と、彼は答えた。

えっ。もう何も理解できない。

この日の混乱は、サージェリーが最後ではなかった。ヴァーノンに会うためにロッチデールに行く際に、暖かい衣類を調達しようと決めたのだ。ホールには暖房設備が一切なくて、ホールの石の壁のせいでマイナスの気温はよけいに寒く感じた。ボブを一時間ほど手伝ったところで、僕はガタガタ震え、唇は真っ青になったため、**外に出て、**暖を取ることに決めた。

分厚いセーターがセールになっていそうな大きなデパートが町に一軒あった。店を見つけたので急いで中に入り、ぱっと目についた分厚いソックスを手にした。カウンターの向こうに販売員が何名かいるのが見えたので、セーターはどこを探せばいいのか聞いてみた。

販売員の女性は僕を変な目で見ると、大声で「**ジャンパー**は一番上の階です！」と言った。

彼女の答えに面食らってしまった。

セーターのことを、イギリス人がジャンパーと呼ぶことを知らなかった。アメリカの警察ドラマでは、屋根の上に立って、今まさに死に向かって飛ぼうとしている人のことをジャンパーと呼んでいるのは見たことがあったけれど。

店の人たちはいたって落ち着いていた。一番上の階にジャンパーがいるってのに、誰も何もしないってどういうこと？

彼女の落ち着いた行動に呆然として、僕は立ち尽くしていた。そして彼女がジャンパーズと口にしたことに気づいた。複数形だった。

「そ、それってどれぐらいいるって意味なんです？」と僕は聞いた。「一番上の階にどれぐらいジャンパーがいるんですか⁈」

彼女は肩をすくめて「かなりたくさんですけど」と、平然と答えた。

「何十人もってことですか?! 何かに抗議してるとか？」僕は彼女と、彼女の同僚の男性を交互に見た。彼は慣れた手つきで衣類を畳んでいた。

二人とも困惑した様子だった。「いいえ……ただ上に……吊り下げられてるっていうか……」と彼は答えた。

「吊り下げられて？」

エスカレーターが見えた。僕のなかのボーイスカウト魂に火がつき、人命救助に駆け付けなければと思った。

手にしていたソックスをカウンターに投げると、エスカレーターまで走っていき、二段飛ばしで上の階に急いだ。ジャンパーたちを説得するのだ。間に合うといいな。助けなくちゃ。

もちろん、一番上の階に到着して僕が見たのは、巨大な「ジャンパーは二枚で五十ポンド」という看板の下に、山のように積み上げられたセーターだった。

この時点で、自分がジャンプするほうがいいのではと思ったが、ヴァーノンの手術に遅れたくはない。新しい「ジャンパー」と靴下の支払を済ませると、近くの図書館に向かった。ヴァーノンは無事だろうか。

彼がとても元気で、本棚に囲まれたテーブルで地元民と語り合っている姿を見て安心した。

ランチをするために、ロッチデールできっと一番高級だと思われるレストランへと向かった。クリスタル製のシャンデリア、白いリネンのテーブルクロス、そして大きなガラス窓からは遥か向こうに広がる美しい緑の芝生が見えた。ヴァーノンは眼鏡をかけた年配の紳士で、かちっとしたスーツを着用して、とてもプロフェッショナルな感じに見えた。

僕らはラグ・プディングを注文した――牛のミンチ肉と玉葱をスエットと呼ばれる脂肪入りの生地で包んだ地元の料理らしい――ヴァーノンは単刀直入に話しはじめた。

「ホップウッドさん」と彼は言った。「あなたもご存じの通り、ホテルの開発計画は消滅しました。ホールは、誰かが介入して、何かをしなければ、存続は望めないでしょう。そしてあなたはあの場所を愛していらっしゃる。少しステップアップして、あの場所を受け継がれては？　ホールに再び命を吹き込むクリエイティブなアイデアを、あなただったら思いつくことができると思うのです。ホップウッド家は百年ほど行方不明になっていました。あなたの祖先の邸宅です。あなたのような創造的な人物が必要なんですよ」

僕はヴァーノンに、協力は惜しまないが、すべてのプロジェクトを率いるなんて別の話だと伝えた。検討しなければいけない要素が多くある。

「失礼ですが、僕にこのような規模の改修プロジェクトができると考えられた理由を教えてくれませんか？」と訊いた。「僕にはこのような経験がほとんどありません。実のところ、前回家の修理をやったときは、ホームセンターの駐車場で泣いて終わったんですから」

「ウェブで調査したんです」と彼は答えた。「あなたが映画やテレビ、それからフェスティバルなどをプロデュースしたことを知りました。あなたのその技術は、今回の建物の修復に、うってつけのものだとは思いませんか？　多くの人間を動かし、役割を与えていくことですよ」

　確かに。エンタメ業界で過ごした二十五年で培った技術は、多岐にわたるものだった。邸宅の修復なんて気後れはするが、ありがたいことにプロデュースで経験を積んだことで、大勢の人間をまとめることに慣れていたし、大きなビジョンを小さく、やりやすくすること、そして気落ちすることなく仕事をやり遂げる術《すべ》を知っていた。

「でも、ホテル開発の人たちが手を引いた今、誰がその資金を出してくれるっていうんです？」と僕は聞いた。ハリウッドでの映画の製作過程を見ていれば——実際に製作されるかどうかはわからないけれど——ホールの修復に必要な数百万ポンドを集めるのは簡単ではない。特に、金食い虫だと思われる傾向にある、あの家とあれば。

「重要なポイントは、助成金です」と、ヴァーノンは僕に自信を与えてくれた。イギリスの国営宝くじが、毎年何百万ポンドもの助成金を、ホップウッド・ホールのように重要な歴史的建築物の修復に提供しているというのだ。「あなたのやる気と、その情熱があれば、助けてくれると思うんですよ」

「でも……僕は今でもロス在住です」と、彼に伝えた。「それに、僕のキャリアは？」

「こちらに引っ越す必要はありませんよ」とヴァーノンは主張した。「外国からでも成り行きを見守ることはできるんです。いままで通り、時折、こちらに来ていただく必要はあるかもしれませんが」

ウェイターがコップに注いでくれた水をじっと見つめた。不動産取引で最も避けなければいけないのは、その建物自体に愛着を持ってしまうことだとは承知していた……でも、僕はかなり愛着を持ってしまっている。

そして祖父のパパだったら、「何もやらないより、やる方がいい」と言うだろう。父のお気に入りの言葉が聞こえてきた。**「状況が気に入らないなら、自分で変えればいい」**

僕は頷いて、わかりましたと答えていた。

ヴァーノンは両目を見開いた。そして僕を励ますように微笑んでくれた。

「私に手紙を書いてくれませんか？」と彼は尋ねた。「なぜあなたがホールに情熱を傾けているのか、なぜあなたがホールをそれほど大切に考えておられるのかを書いてください。そしてあなたにはホールを救うためのアイデアとやる気があるということを証明してほしいのです。あなたが書いてくだされば、ホールにホップウッド家が戻るのを目撃したいと思う人は増えると思います」

僕はバス停に戻り、ノートン・グランジ・ホテルまで十五分かかって到着した。そして自分の部屋に行き、ベッドに倒れ込んだ。ミュージック・ビデオを流し、ルームサービスでワインとアイスクリームを頼んだ。ランチではとりあえず頷いていたものの、自分の心と深く向き合う必要性を感じていた。それにはこの二つのアイテムが必要だと思ったのだ。

このプロジェクトを僕が率いるなんて、大それたことだろうか？　受け継ぐなんて、とんでもなく大きな責任じゃないか。ああ、そうだ。いろいろな意味で、映画製作にそっくりだ。でも一方で、これって立て続けに十本の映画を製作しているようなものなのでは。そしてもう一方で、この責任を背負うこと自体、僕に必要なことなのではないだろうか。僕には子どももいないし、時間はあるし、中年の無鉄砲な冒険にも意味があるのではないか。過去、僕が最も力を入れ、やりがいを感じた困難なプロジェクトは、僕の故郷近くの西ミシガンで毎年行われる『ウォーター・フロント映画祭』だった。二人の姉妹と数人の友人と協力して企画立案をし、誰も気に留めなかったイベントを、四日間で二万人を集める規模へ成長させたのだ。ヴァーノンは正しいかもしれない。僕の技術を現地に持って行き、ホールの修復作業を受け継いで、完成させられるかもしれない。僕は頭を掻いた。

電話で報告したい人がいる。母だ。彼女のホップウッド家の歴史好きは、誰にも負けない。

僕の年齢で、何かをするときに常に母の助言を求めるなんて、マザコンだと呼ばれてしまうかもしれないけれど、父が亡くなってからというもの、僕は母との関係をとても大事にしており、彼女を守らなければと考えるようになっていた。辛い経験から、いつ何時でも、彼女が永遠に僕の前から姿を消す可能性だってあると知っていた。

「あなたの心は、なんて言っているの？」と、彼女は優しく、でも母しかできない、淡々とした声で聞いた。

「わからない」と僕は答えた。「でも、すべてのことがらに意味があるとすれば、僕がここにいる理由だってあるはずなんだ」

「そうね、ポジティブに考えて、リラックスすることよ」と、母は言った。母の声の向こうから、かすかにテレビの音が聞こえてきていた。「正しい答えに、きっと辿りつくはずだから」

電話を切って、父なしで母が一人でそのニュースを聞いている姿を思い描いていた。母は寂しいに違いない、と僕は考えた。ミシガンで彼女の側にいるべきだと強く感じた。それなのに、とんでもない修復プロジェクトにうつつを抜かしているなんて。結婚すべきだし、母に孫を見せることに集中すべきなのだ！　でも父のことを考えた。父はなんの予告もなしにその命を奪われ、そして僕はその死を目撃したことで自分に残された時間を考えるようになったのだ。

まだ若くて動くことができるうちに、リスクを抱えたほうがいいのかもしれない。僕は深く息を吸い込んだ。

誰かがドアをノックした。見覚えのある女性がアイスクリームとワインを持ってきてくれていた。僕の注文にピンと来たらしい彼女は、まるで僕の心を見透かしているようだった。

「ホテルには素晴らしい大きなバスタブとサウナがあるんですよ」と、レシートにサインする僕に教えてくれた。

僕は笑った。「ストレスたっぷりに見えます？」

「九時まで利用できますから」と、彼女は親しみのこもったウインクとともに言い、廊下の先を見た。

いいアドバイスのように思えた。ワインを一口飲み、ローブを羽織って風呂に向かった。ホテルに隣接する別館にあるらしい。浴場には巻き上げ式のドアがあって、開けるとホップウッド邸の敷地の境界が見えていた。

僕は一人で湯舟に浸かった。夕日がちょうど尾根のあたりに差し掛かり、美しいオレンジ色の光で大地を照らしていた。窓から差し込んだ光は部屋の中もオレンジ色に染めていた。湯船の横には大きな湯口があり、まるで滝のように湯船にお湯を流し込んでいた。僕はその下にしばらく立ってみた。お湯は力強く、背中を勢いよく流れていく。僕は両腕を広げた。するとどうだろう。お湯は力の限り両腕を駆け下り、両手から放たれているように見えた。それは本当に素晴らしく、力強い感覚だった。両腕を上げると、夕暮れのオレンジの光に照らされたお湯が浴槽のなかにジャバジャバと流れ込む。まるでスーパーヒーローになったような気分だった――お風呂マンだ。今まで僕が経験したすべてが、この瞬間に導いてくれたのだ。僕は先祖が大切にしてきた土地を見渡した。すべてがうまくいく。僕は必要とされる場所にいる。母、父、そして祖父がくれた言葉を思い出していた。目の前の道が、突然開けた。

部屋に戻り、濡れた髪のまま温かく着心地のいいジョーディーとフィオナはローブをまとい、ノートパソコンを起動した。

手紙をスラスラと書きはじめた。

メールのタイトルは「ホップウッド救出大作戦」だった。

第11章 ホップウッド救出大作戦

「議会であなたの手紙が承認されました」と、議長のヴァーノン・ノリスが言った。電話ごしに、彼の満面の笑みが見えるようだった。

僕はもう少しでバニラ風味のアイスコーヒーを落とすところだった。ハリウッドのサンセット大通りとヴァイン大通りの角にあるコーヒー・ビーンにいたのだ。僕はすぐにノートパソコンを閉じて外に出た。ラテを泡立てる音だとか、客がわざと大きな声で、周り中に聞こえるように次の映画の話をする声をシャットアウトしたかったのだ。

暖かい風に吹かれながら外に立ち、頭上で揺れている椰子の木を見ていた。

ヴァーノンはすぐに本題を切り出した。「あなたがホール救済計画をじっくり練ることができるように、私たちの間で結ぶ契約書の草案を作成するよう法務部に指示しました」

僕は手紙のなかで、こんな提案をした。ホップウッド・ホールを安定させ、未来の世代に残せるように議会と協力しながら、民間投資、寄付、助成金をまとめて利用するのはどうかと。

「ソリシターは？」と彼は聞いた。

「ソリ……なんですって？」と僕は口ごもった。

「ソリシター、つまり事務弁護士ですよ」と彼は繰り返した。「君たちアメリカ人は弁護士と呼ぶらしいですが。います？　契約を交わすために、イギリスでも一人必要になるでしょう」

弁護士を雇うなんて考えてもいなかった。

「はい、雇います」と、僕は即答した。

プロデューサー業の半分はイエスと言うことで、その後、どうやってそれを実現できるか考えるのが仕事だ。コーヒー・ビーンの前を行ったり来たりしながら、僕は自分が突然完全にプロデューサーモードに入っていることに気づいた。

「最高です。ベヴと法務が連絡を取り合い、手配することになります」と、ヴァーノンは言って電話を切った。

あっという間に、ホップウッド・ホール救出大作戦はスタートしたのであった。

「なんか、金がかかりそうな話だなあ」と、この日の午後、ジェイはビバリー・ヒルズにあるヴィラ・ブランカのメニューを見ながら言った。「お前が本気出せば、そりゃ修復はできると思うけど、それが終わったらどうするのか、考えたの？　そこに住むの？」

「それはまだ全然わからない」と言いながら、チキンバーガー二十六ドルと書かれたメニューをちらっと見た。食べたくて仕方なかったけれど、国際電話、フライト、そして「ソリシター」にかかる費用という現実を直視しなければならなかった。十四ドルのスープを頼んだ。

ウェイターが温かいパンを入れたバスケットを持って現れ、僕らのテーブルの上に載せた。

「ああ、それ、いらないよ」とジェイが言った。「炭水化物だから」と、彼は自分の腹筋のあたりを撫でながら言った。

ウェイターは、そうですよねとばかりにバスケットを手に立ち去った。焼きたての、湯気の出ているパンがキッチンに戻っていく様子を眺めていた。誰かがボブの朝食を持ち去ったら、彼はどう反応するだろう。

「人々が訪れることができる場所を作りたいんだよ」と、ジェイに言った。腹が鳴っていた。「ゲストが快適に過ごせる場所だ。そして何かを感じられる場所。僕が初めて行ったときに得た感覚みたいなものをさ」

「ホテルみたいな?」とジェイは聞き返し、少し啞然としていた。「自分のキャリアをドブに捨てて、本気でホテル経営に乗り出すってのか?」

「ホテルじゃあない。ホテルっていうよりは……保養所だよ」と僕は答えた。

「アートな保養所が、地域住民や世界中から集まった人々の集会の場のような役割を果たす。映画の製作者、作家、俳優、そしてアーティストがそこで出会い、アートを創り出す。現実の生活から少し離れて、クリエイティブな気持ちになる。バイロン卿がホップウッド・ホールを訪れ、森を散策しながら、代表作となる詩を思いついたという事実が、あの場所が特別な場所だと僕に教えてくれたんだ。僕も同じような気持ちになったから。他の人だって、それぞれの経験をするために、あの場所に行きたいんじゃないかと思うんだ……目覚めってやつだ」

ジェイは僕をじっと見た。僕がどうにかなってしまったと思っているのではないか。

「幻覚性植物《アヤワスカ》なしのアヤワスカ保養所って感じだろ」と彼はジョークを言った。

僕は笑ったけれど、アヤワスカがなんのことなのかわからなかった。ただ、自分のなかにある構想を「保養所」と呼んだことについては、いい線いってるじゃんと思っていた。ジェフは僕に、かつてホップウッド・ホールのような大邸宅はリゾートやホテルとして経営され、ゲストは何週間にもわたって滞在し、多くのスタッフが雇われ、誰もが大切に扱われ、十分な食事を提供され、安全に過ごせるように運営されていたと教えてくれた。そんな輝かしい日々を取り戻したいと思った。現代人がトランクではなく、車輪付きのスーツケースを引っぱって到着するのだとしても。

「コンセプトは最高なんじゃないかな」とジェイは言った。「俳優とか脚本家のクライアントが滞在して、原稿を書いたり、集中したり、次のプロジェクトを考えたりできるんじゃないかな。まるでバイロン卿みたいにね！」

僕はびっくりしてしまった。ジェイは今まで常に僕のアイデアについては楽観的だし、いつも応援してくれたけど、今回ばかりは自信がなかったからだ。

ジョニーでさえ賛成してくれた。

「なあホップウッド、それってめっちゃ最高じゃん」と、彼はブーツィーズに集まった日焼けした人々を見回しながら言った。「夜はＤＪを呼んでもいいじゃないか！　芸術家を楽しませるために」

これっていけるんじゃない？　考えれば考えるほど、アイデアはうまく行きそうに思えた。

このビジョンが現実になるまでには何年もかかることはわかっていたけれど、少なくとも計画にはなった。道筋ができて、ゴールが見えてきた。今のところ、自分の目の前にあるタスクに集中する必要があった。それはホールが永遠に消滅してしまう前に、安定させることだ。

プロジェクトは僕の労働時間のすべてを奪うようになった。ジェフとボブとは電話連絡を続け、グーグルで検索し、このような大規模な修復作業のためにできることをとことん調べ上げた。

夜、眠りにつくと、夢に見るのはホップウッド・ホールだ。

早朝、とりわけ明晰な記憶が甦り、飛び起きた。ホールへの防犯ゲートが開いたままだったような気がしたのだ。なぜかはわからない。夜中の二時十三分に僕はベッドから出て、ボブにメールを書いた。

「申し訳ないんだけど、ホールのゲートの確認をしてくれないかな？　ゲートを開けっぱなしにしたという、変な夢を見たんだ」

数時間寝直すために、ベッドに戻った。再び起きたときに、メールへの返信が届いていた。

「ホップウッドの幽霊たちが眠る君に語りかけたに違いない」とボブは書いていた。「確かに、ゲートは開いていた！　昨日の夕方に構造検査が行われたんだが、彼らが閉め忘れたそうだよ」

メールを受けとったときは、少し恐ろしくなった。でも、考えれば考えるほど、不思議と勇気が湧いてきた。僕の気のせいというわけではなかったのだ。

数週間後に僕はホールへと戻り、ボブとジェフと共に、連日作業を続けた。何か問題が生じたとしても、即座に作業の現場に戻ることができて気分がよかった。今回、区議会が構造検査を行った理由は、建物の安全性を明らかにすることと、倒壊する可能性を知るためだった。ホールを所有しているのは区議会なので、行政が要求するようなことがらすべてに承認を得る必要があった。

「我慢してくださいね」とベヴ・パーシヴァルは言う。「イギリスでは、歴史的建造物に何かをしたりとか、政府の承認を得るためには、相当のプロセスが必要で、そのプロセスにはうんざりするほど長い時間がかかるんですよ」

一方で、ボブの垂れ下がり天井検査システムは、ギャラリーは雪だるまと同じぐらい脆いことを示していた。残念ながら、天井を完全に修復することはできない。大金がかかるためだ――区議会には、単にその資金がなかった。

「ツーバイフォーの材木を天井の下に設置しちゃダメなのかい？」とボブに聞いてみた。プロっぽく話をしたつもりだ。

修復作業とは複雑なものなのだとボブは言った。一旦スタートさせれば、止めることはできないし、間違った素材を使ってしまえば、よりいっそう建物にダメージを与える原因にもなりかねない。区議会は過去の事例から学んでいるのだそうだ。支柱を立てるという単純な二四八二ポンドの工事が、開始直後に判明した未知の要因で、あっという間に一万七一一ポンドの作業に跳ね上がったことがあったのだ。しかもその工事はすべて一時的な修復作業で、長期的な修復のための費用ではなかった。

ボブは支え材がもう少しあれば役に立つかもしれないと説明した。「あんたらアメリカ人は金持ちなんだから」と、ボブはからかい半分で言った。「足場を運んでくれる業者でも雇ってくれないかね？」

歴史的建造物の修復費用に比べれば、ビバリー・ヒルズの二十六ドルのチキンバーガーが突然、お手頃価格に思えた。

少なくとも天井をどうにか支えられるように、足場を調達する資金を出そうと考えた。しかし区議会は、その費用を捻出するのに四苦八苦しているにもかかわらず、僕が費用負担をすることも許可できないのだ。

ベヴ・パーシヴァル曰く、「それをしてしまうと、区議会が法的にまずい立場になってしまうんです。ご支援には本当に感謝しているのですが、法的な合意が形成される前に、個人に修復費用の支払いを許可すると、問題が起きる可能性があります」

正直な話、ものすごくホッとした。だからといって、ホールがこのままボロボロになるのを指をくわえて見ているわけにもいかなかった。僕だって、何かやらなくちゃ。ヴァーノンが教えてくれた助成金について調べ始めることにした。

少し調べると、ホールの修復を行うために、過去に数回、助成金の申請が行われたことがわかった。しかし、長期的な作業の方向性が明確に示されなかったことで、申請は却下されていた。そのうえ、ホテル計画を頓挫させた門へのアクセス問題もあった。

イギリスには修復作業を必要とする歴史的建造物が多数あり、多くの慈善的保存団体は、その建物が修復を終えて独り立ちできる可能性がある場合に限って助成金を支給する。つまり、「自分で尻拭いができ」、助成金に永遠に頼ることがなくなる建物のみを助けるのだ。僕らには、作業を指揮できる誰かと、透明性のある計画が必要だった。

すべては僕の両肩にかかっていることに気づいた。ボブはホールを完全に修復するためには、一千万ポンド（千三百万ドル超）程度は必要だろうと見積もった。そして建物の維持に毎年五十万ポンド（約六十万ドル）かかると言った。地球上に、この金額を支払うことができる人間はほとんどいないことは明らかだ。僕には、たくさんの助けが必要だった。だって、僕は自分のキャリアと将来の仕事の展望もすべて失ってしまったのだから！

幸運なことに、僕には商業フィルム製作と地域コミュニティーの慈善活動の資金調達という経験があったので、完全に怖じ気づくことはなかった。大変な仕事になることはわかっていたけれど、うまくやれば成功するかもしれない。区議会は追加の資金を準備できるし、できる限り支援することを約束してくれた。ボブは歴史的建造物の修復に関するコンサルティングを条件に、地元の建築現場の所有者を説得して、古い足場を譲り受けることに成功した。これで天井の修復がはかどるに違いない。廃材や板材の提供もしてくれた。それを使えば一時的な補修ができる。例えば危険な部屋を封鎖したり、窓を覆ったりといった作業だ。人々が寄付をしてくれることは、予算の削減につながり、建物の救済への小さな一歩となるのだ。ボブのバンに同乗して建築現場に向かい、提供された廃材を回収した。その後、使用可能な残り物があると連絡を入れてくれた人たちのところにも行った。このようなことが重なって、地域と、区議会と、僕らはどうにかして、天井が崩壊するのを防ぐことができた。少なくとも、今のところは。

第12章

お城への招待

パブで一緒にランチをしていたある日、「見せたいものがあるんですよ」と、ジェフが言った。彼のコレクションの一冊とおぼしい古い冊子を手にしていた。「見てください」

一九二三年にホップウッド・ホールにあったオリジナルの家具がすべて売却されたときの、オークションのカタログを見つけたらしいのだ。

「エドワードとロバートを覚えていますか?」と彼は聞いた。

もちろん覚えている。第一次世界大戦で戦死したホップウッド・ホールの相続人たちだ。「悲しみに暮れる二人の両親は一九二一年までなんとかホールに留まりましたが、とうとうロンドンに引っ越すことになりました。家の処遇に関しては何年も悩みましたが、健康状態の悪化に伴い、一九二三年に家財がすべて競売にかけられることになったというわけです」

「家財?」と僕は尋ねた。

「我々は、家具をそう呼ぶんですよ。家族の肖像画だとか、陶器類とか、家にあるもの一切合切を」と、ジェフは辛抱強く僕に説明してくれた。

僕は黄色いカタログをそっと開いて、美しい装飾が施された四柱式寝台が紹介されたページを見た。ベッドは、手彫りの二本の柱が足元に、そして頭上に木造天蓋が設置された台の上に置かれていた。

「ワオ」僕は思わず息を呑んだ。「これがホールにあったってこと?」

「ええ、そういうことです」と彼は答えた。「実は、これは『バイロン卿のベッド』と呼ばれていて、彼が滞在するときに使用されていたものなんです」

僕は額に手を当てた。畏敬の念を抱いたのだ。

「今はどこにあるんです?」と僕は尋ねた。

「さあどこでしょう!」と、ジェフは笑いながら答えた。「でも、それを探す方法はありますよ」

僕は興味をそそられながら、彼の顔を見つめた。

「この国では、アンティークや高価な家財の来歴を入念に辿るんです。競売人、家財道具店、購入者、販売者などが、その家財が元々あった場所や歴史をすべて記録しているのです。購入、売却、家財が移動した履歴がすべて残されています。『家財探偵』だって雇うことができますよ」

僕は古びた白黒の写真を見つめながら、このベッドを見つけることができたらどれだけ素晴らしいかと考えていた。驚くべき冒険を前にして興奮する子どもになったような気持ちだった。ホールが崩れかけているというのに、家具に興味を持ってしまったわけだけれど、それでも、プロジェクトをプロデュースするというキャリアが僕に何かを教えてくれたのだとしたら、それは、成長する時間を与えるために、種は早めに蒔かなければならないということだ。

「実に素晴らしいオークションハウスが、ここから一時間ほど北に行った場所にあります。イギリス北西部のアイテムを多く取り扱っています。時間があるときに、電車で行って、調べてみたらどうでしょう。何かわかるかもしれませんよ。私がお連れしたいところですが、リンが許してくれないんです。なぜかというと、私が古本を山ほど持ち帰ると知っているから！」

ジェフがお隣のヨークシャー州にあるオークションハウスの住

1850年代発行『ホップウッド・ホールの歴史』(C・スチュワート・マクドナルド)より、『バイロン卿のベッド』。ホップウッド・ホールの淑女たちによってこの愛称がつけられた。

所を教えてくれた。翌週の土曜日、切符を買うという単純なタスクだけで躓《つまず》いている僕にとって、独りでその場所に辿りつくのは、想像以上に難しいことがわかったのだった。

最寄り駅の券売機まで近づいて気がついたのだが、券売機には屋根がなかった。**傘を差しながらどうやって電車の切符を買えと？** どうやってやるんだよと僕は悩んだ。肩に載せた傘を顎で押さえてバランスを取りながら、クレジットカードを取り出そうとした。たぶん甘やかされているのだとは思うけれど、ロスではどんな場所にでも屋根がついている。だって雨に濡れたら、誰かを訴えることができるかもしれないから。

僕を怪訝《けげん》な表情で見ている人が数人いることに気づいたので、傘を脇に置いて、雨に打たれて立ち、券売機にクレジットカードを滑り込ませた。**今日は髪型が最悪な一日になるな**と僕は考えた。しかし今の僕には「事務弁護士《ソリシター》」がいるので、誰かを訴えてもいいのではないか。

スクリーンで最初に選択するのは、「ピーク時」か「オフピーク時」かのボタンだった。

うーん。土曜日はオフピークだろうけれど、確信が持てなかったし、間違った切符を買いたくはなかった。『無効切符を使用した場合、罰金、あるいは投獄されます』という表示が至るところにあるけれど、ピーク時とオフピーク時のコンセプトを説明する表示はどこにもなかった。

僕は後ろに並んでいた女性に声をかけた。

「すいません、ピーク時とオフピーク時っていつなのか教えてもらえません？」と訊いた。彼女はしばらく僕を見た。ナンパしようとしたと思われたに違いない。そして彼女は強いイギリス訛りで、すごくぶっきらぼうに「ピークはティータイム」と言った。

突然、電車が近づく音が聞こえてきた。そして券売機が警告音をビーッ！　と鳴らし始めた。

「おい、早くしろよ」と、彼女の後ろのタトゥー男が言った。「電車が来てるだろ！」僕は固まってしまった。**ビーッ！　ビーッ！　ビーッ！**　券売機が僕を睨んでいる。僕は振り返って女性に聞いた。

「ティータイムって何時です？」

タトゥー男が怒鳴りだした。「なんのゲームだ、このクソが！　さっさと買って、電車に乗れよ！」

パニックになりながらオフピークのボタンを押して、うまくいきますようにと願いながら急いで傘を拾い上げた。そこに電車がやってきた。僕はわざと離れた車両まで行った。あの二人に二度と顔を合わさなくてもいいように。

電車は美しい緑の丘陵地帯をくねくねと曲がるように進んでいった。羊の群れ、茅葺き屋根の家々、そして石垣の横を通り過ぎた。雲の向こうから、太陽が昇ってきた。雨に濡れたけれどすっかり乾き、気分もよくなっていた。好奇心から、イギリスでのティータイムが何時なのかグーグルで調べてみた。そしてすぐにわかったのは、北部で「ティータイム」とは紅茶を飲む時間を指すのではなく食事のことで、基本的にアメリカの夕食の時間だということだった。これは絶対に忘れることのない教訓になった。考えれば考えるほどお腹が空いてきたので、サンドイッチを購入して一時間四十分の旅を楽しもうと席に着いた。

数時間後、イングランド北部レイバーンにある国内最大級のオークションハウス「テナント・オークショニアーズ」に到着した。テナントには四十年を超える歴史があり、高い評価を受けていた。英国王室のメンバーが訪問したこともある。イングランド北西部でオークションに出品されるアイテムのほとんどを扱っているため、僕が家財探偵をやるとしたら、この場所からスタートするのは正しいことだと思えた。

ここで働く人と知り合いになることができたら、ホップウッド・ホールに関連する品が出品されたときに、連絡をくれるかもしれない。

オークションハウスの人たちは皆、とても親切で、あっという間にオーナーのテナントさんと話をすることができた。

「ええもちろん、家材を見つけるお手伝いをすることはできますよ」と彼は言った。「ホップウッド・ホールのような場所ですと、追跡も簡単でしょう。実際のところ、数ヶ月前にホップウッドに関連するアイテムがここに来たばかりです」

僕は期待を込めて、「それってベッドでした?」と聞いた。

「ベッドではなかったですね。椅子が数脚、それからあなたの祖先のお一人の肖像画でしたよ。あの時お会いしていればよかったですね……しかし、この先他のアイテムが入ってきたら、連絡を差し上げることはできますから」と言ってくれた。

彼は巨大な二階建てのショールームと倉庫を案内してくれた。コストについて尋ねたり、最低落札価格の札を盗み見るなんて失礼なことをしたくなかったが、僕が盗み見た最低落札価格の札に書かれた値段は臆病な人間向けの価格ではなかった。

ツアーが終わりかけると、テナントさんが僕の方に向き直った。そして「私たちの最高のクライアントをご紹介しましょう」と言った。「名前はロルフ博士です。アメリカ人です。何十年にもわたって城の修復をされています。四十年前の彼は、まさにあなたのようでした。そう言えば、当時の彼は今のあなたに似ていましたね。身長は一八五センチぐらいで、ブロンドの髪でしたよ。共通点がたくさんあるのではと思います。電話をしてみましょう。あなたとお喋りしたいかどうか、聞いてみますよ」

彼はオフィスに消えていった。数分後に戻ると、ロルフ博士が僕と会ってくれることになったこと、オークションハウスの見学が終わったらすぐに、自宅まで電話するようロルフ博士が言ってくれたと教えてくれた。

冷たい風が吹くテナントさんの店の前に立ち、電話番号をダイアルした。少し緊張していたことは認めざるを得ない。

「ちょっと用事ができてしまってね。十五分ぐらいしたら出なければならないんだ」と、ロルフ博士は僕に挨拶を済ませてから言った。「携帯電話にかけ直してもいいですか?」

「ええ、もちろんです」と僕は答えた。彼のアメリカのアクセントですっかり安心してしまった。

「今、キッチンにいて、ケータイはベッドルームで充電中なんだ」と彼は続けた。「そこまで歩いて行くのに十分はかかるものだから」

キッチンからベッドルームまで徒歩十分だって？　ワオ、でっかいお城なんだなあ。

十五分後、ケータイが鳴った。「すまんね、普段より時間がかかってしまって」とロルフ博士は言った。「エレベーターを使わないようにしているもので。結構な距離があるうえに年を取ったものだから、階段が大変で時間がかかってね」

ロルフ博士はアラートン城に僕を招待してくれた。「一緒にティーでもいかがですか？」と彼は言った。

「ぜひ」と僕は答え、「それって夕食のことですよね？」

ロルフ博士はクスクス笑った。「いいや、それはマンチェスターでの話。私が言ったのは、アフタヌーン・ティーですよ。どうですか？」と彼は言った。

「すいません、アフタヌーン・ティーの時間がいまいちわからなくて」と僕は白状した。

ロルフ博士は再び笑い、「ここに住みはじめたときの混乱を思い出しましたよ。地域でいろいろと変わるんですよ。ここではアフタヌーン・ティーは午後四時ぐらいのことです」

同じ言葉を話す人がようやく現れた！　と、僕は思った。

その日の午後、アラートンの立派な私道を抜け、美しい緑地庭園を一キロ半ほどタクシーで進んだ場所に、巨大なゴシック建築の城が見えてきた。僕は息を呑んだ。ホップウッド・ホールの数倍の規模に見えるアラートンは、深い灰色の石で建築されており、そびえ立つような塔と尖塔が特徴的だった。塔の上には旗が翻っていた。遠くから見ても、その場所が完全な美しさを保っていることがわかった――屋根から木が生えていたり、建物の外に瓦礫が山となっているゴミ箱があるわけでもない。

タクシーから降りて、巨大な両開きの門まで歩いていった。呼び鈴はどこにもなかった。塔に吊り下げられた大きな鐘を鳴らすためのロープがぶら下がっていそうな場所だった。僕は途方に暮れてしまった。**どうやってこの門をノックしたらいいの？**と僕は考えていた。

すると、銀髪で背の高い、上品な男性がガラス窓を通り抜けて現れた。階段を少し下りて、巨大な門をいとも簡単に開けてくれた。彼はまるでトミー・ヒルフィガーの広告に出てくる、年配の男性モデルのようだった。

ロルフ博士だ。彼は僕を歓迎し、僕は内部に足を踏み入れた。八十歳という年齢にしては、完璧に背筋の伸びているその姿に目を奪われてしまった。

「ぴったりの時間に来てくれたね」と、ロルフ博士は優しく言いながら、腕時計を見た。

僕は笑顔で「はい」と答え、そうできたことを誇りに思った。

彼は笑った。「イギリスでは、社交の場では絶対に時間通りに来てはいけないんですよ」と説明した。僕にマナーを教えてくれているのは明らかだった。「家に招待されたら、七分遅れて到着するんだ。君はアメリカ人だからこんなことが言えるのだが、イギリスの貴族の間では暗黙の了解さ。心配しなくていい、私もちょうど君ぐらいの年齢でそれを学んだから」

ロルフ博士は背後でドアを閉め、僕は彼の後について、赤いカーペット敷きの広い五段の階段を上った。階段の両端には二匹のダルメシアンの像が置かれていた。彫刻が施された大きな扉をくぐり、メインロビーに到着した。そこで案内人は、城内の巨大なマホガニーの扉はすべて、最低でも一トン以上の重さがあるというのに、子どもでも閉じられるほど完璧なバランスと寸法で製作されていることを教えてくれた。

僕はその広さに驚くしかなかった。今まで見た中でも最大級のメインロビーに僕は立っていた。七階建ての高さの窓、アーチ、弧を描く階段、肖像画は至るところに飾られていた。僕は口をぽかんと開けたままだった。「過去四十年間、この場所の修復をしてきました」とロルフ博士は僕に言った。

「壁のアンティークの油絵、テーブルなどの家具、すべて自分で一点ずつ選び、この城がかつての栄光を取り戻すことができるようにしたんです。人生の目標を探している時だったんですよ、このアラートン城を見つけたのは。この城を修復することが、私のライフワークになりました」

ロルフ博士のようなアメリカ人が、どのようにしてヨークシャーに辿りついたのか、もっと知りたくなった。彼は喜んで教えてくれた。

ハーバード・ビジネススクールで学んだ彼は、最初の財産をタンディー社の重役になることで築いた。当時、タンディー社は家電製品の将来的な可能性に賭けた最初の企業のひとつで、一九七〇年代には家電量販店のラジオ・シャック社を有名にした。ロルフ博士は数多くの投資を行うことで資産を運用し、それはすべて成功を収めた。三十代の後半には、フォートローダーデールに不動産を購入し、コレクションしていた自動車を展示するためのショールームを作った。三十七メートルのヨットを乗組員付きで購入、ニューヨークに停泊させた。そうすれば滞在中に宿泊できるからだ。

「一九八三年にヨークシャーの田舎を旅していたのです」とロルフ博士は回想した。「アンティークのロードスターを走らせていましてね。コレクションに加えようと思っていた車でした。そしてアラートン城に辿りついてしまった。だから探索してみたんです。城は放置された状態で、コンディションが悪く、そして売りに出されていました。そのロードスターは買いませんでしたが、その日の午後にアラートンを購入したいと申し出たんです」

城は彼のプライドと喜びになった。彼はその城のすべての歴史を学んだそうだ――十一世紀から建物は存在していたこと、しかし一八〇〇年代に所有者だった十八代目スタウントン卿がその一部を解体して、ビクトリア朝ゴシック様式の城を建てたこと。ロルフ博士は城に夢中になった。最終的に、彼は車のコレクション、ボート、そしてフロリダの不動産を売却し、引退して城に住むことになった。

僕は彼にホップウッド・ホールの話をした――祖父が僕に話してくれた城が実在したとわかったこと、そして僕がホールにもともとあった家具を探しにヨークシャーに辿りついたことも。

ロルフ博士は頷いた。

「君と同じで、私もアラートンのオリジナルの家具を見つけたいと考えているんです」と教えてくれた。「残念なことに、不可能なこともありますから、同じ年代とスタイルの家具を集めはじめてもいます」

「これ、素晴らしいでしょう」と彼は言い、音楽室に僕を導き、大きな木製の骨董品のような箱に手を置いた。ガラス窓からは、金属棒のようなもので囲まれた内部のバイオリンが見えた。

「これは逝去直前のビクトリア女王のために製作された自動バイオリン演奏機だと聞いています」

彼は箱の横のスイッチを入れながら、そう説明してくれた。機械がウォームアップをするかのような、大きなノイズが聞こえてきた。

「女王はバイオリンを愛していました。壊れてもいいように、二台製作されたそうです」と、ロルフ博士は続けた。「もう一台は先日オークションでかなりの高値で取引されましたよ。私が支払った額は、落札価格に遠く及びませんでしたから、良い投資だったと思いますね」

機械が突然大きなカチャッという音を立てたかと思うと、とても荘厳で心に響くようなクラシックの名曲を奏で始めた。智天使たちがハープやフルートを演奏する様子が手描きされたフレスコ画が美しい飾り天井を見上げた。ビクトリア女王と同じ音楽を聴いているなんて、現実だとは思えなかった。

「私が天に召されるときは、城とこれらの調度品はすべて私の財団に遺します」とロルフ博士は言った。「そうすれば、城はこのままでいられますし、私がこの場所を楽しんだように、人々がやってきて、ここを楽しむことができますからね。私の遺産です」

この日の午後、ロルフ博士は秘密の通路や大階段、動く書棚、そして隠し部屋などを僕に見せてくれた。彼は数々の部屋を見せてくれた――六十平方キロもの広さの城は、まるで果てのない空間のように思えた。庭園、寝室、ウィング、そして未だに修復がされていない場所も見せてくれた。ちょっとしたアフタヌーン・ティーだと思っていた約束は、四時間に及ぶ一生に一度の貴重な体験となった。

地階には広大な使用人室があり、ロルフ博士は「上階」にいる家族が地階にいる執事やメイドを呼び出すための、百以上もの呼び鈴を見せてくれた。

「そしてここが私の作業場です」と彼はドアを開けて広い部屋を見せてくれた。大きな作業台の上にはいくつものシャンデリアが低い位置で吊るされており、修復を待っていた。部屋の角には頭が割れてしまっている彫像があった。窓際のベンチには、巨大な銅のコップがあり、その横には紙やすり、ぼろ布、そしてブラシが無造作に置かれていた。

壁際には棚が並び、中には材料、塗料、針金、道具など何百種類ものアイテムが床から天井まで積み上げられていた。ここが、ロルフ博士が城の中にある宝物のほとんどすべてを、労を惜しまず修復した場所なのだ。カーコレクションを自分で管理していた経験が、彼に驚くべき修復技術を授けていたのだ。僕の残念すぎるＤＩＹの才能なんて、遠く及ばない。

僕はすでに驚きと感動でいっぱいいっぱいだったのだが、作業場を出て廊下を歩いて戻るときに、新聞記事が額に入れられて壁に掛けられているのを目にした。『城、燃える』、『アラートン城炎上』、『豪邸、酷く損傷』という文字が、城がまさに燃え上がっている写真の横に躍っていた。

僕は衝撃を受けてロルフ博士の顔を見た。

「ああ」とロルフ博士は、僕の驚く顔を見て言った。「火事ですね」

建物の修復が終了した直後、十年前のことだった。煙のにおいがすると、彼のスタッフの一人が消防署に通報したそうだ。消防署はやってきて、場所をチェックしたが何も見つからず、帰ってしまった。建物は無事だと考えていたのだ。

不運なことに、煙突のてっぺんまで彼らのはしごは届いていなかった。だから、煙突のてっぺんにあった鳥の巣に火がついているのに誰も気づかなかったのだ。その火が屋根の垂木《たるき》に広がった。一瞬にして城の屋根が火に飲み込まれた。その恐ろしい夜、城の三分の一が焼け落ちた。

「ここまで来たのだから、火事で諦めることはできないと思いましたよ」とラルフ博士は言った。「この城を購入したとき、このようなプロジェクトには終わりがないこと、人生をかけて取り組まねばならないと理解していましたから。だから腕まくりをして、再び作業に戻ったんです。城の三分の一が破壊されたと考えるのではなく、三分の二は素晴らしい状態で残っていると考えようと思ってね」

「クレイジー」だと思っていたホップウッド・ホール救出作戦は、全然クレイジーではないではないかと、彼と話して思いはじめた。実際のところ、たった十五平方キロのホップウッド・ホールなんて、ロルフ博士にしたらかわいいプロジェクトなのかもしれないし！

七十代半ばだった博士にアラートン城を修復するエネルギーがあるのだったら、四十代の僕だってできるはずだ。

ロルフ博士は僕の気持ちに気づいたようだ。だって、僕の顔を見て、笑いながらこう言ったんだ。

「私ができるのだから、君だってできるよ。それに私は二回もやっているんだから」

ロルフ博士と時間を過ごすというのは、まるで「未来のクリスマスの幽霊」［ディケンズの『クリスマス・キャロル』に登場する幽霊。冷酷な主人公スクルージに、自分の未来の孤独な姿を見せる］と会話しているような気持ちだった。たぶんロルフ博士にとっては、僕は「過去のクリスマスの幽霊」［スクルージに、優しかった少年時代の姿を見せる］のような存在だったのかもしれない。

時間も遅くなったため、ロルフ博士が光沢のある黒いレンジローバーで地元の駅まで送ってくれた。僕がマンチェスターに戻るためだ。駅までの道すがら、困ったことがあれば相談相手になるし、ホップウッド・ホールの修復を手伝ってくれる人たちを紹介すると言ってくれた。

「ロルフ博士、ありがとうございます」と僕は答えた。「僕はまだ道半ばです――あなたにどうやって感謝を伝えたらいいのかわかりません」

「まずはヒストリック・ハウス協会のメンバー申請からやるといいですよ」と、彼はきっぱりと言った。それはロルフ博士もメンバーとなっている、イギリス国内で大きな歴史的建造物を所有する人々が所属する協会なのだ。

「知識、助言、そして理解を得られる仲間のネットワークほど重要なものはありませんよ。大きな邸宅には、大きな責任が伴いますから。同じ問題に直面している仲間と話ができることは素晴らしいことです。サポートグループのようなものですね。私たちは皆、このような歴史的建造物の一時的な大家に過ぎないのですから」

「もちろんです。是非」と僕は言った。「僕が参加してもいいのでしたら」

「約束はできませんが、オンラインで申請してくだされば、私が推薦します。代表は私の友人ですし、理事会にあなたを受け入れるよう推薦しましょう」

僕らは駅に到着した。車を降りながら、再び博士に感謝の気持ちを伝えた。オフピーク時の切符を持って電車に乗り込み、座席に腰を下ろした。僕以外の乗客はほとんどが居眠りをしていたが、僕は居眠りなんてできなかった。長い一日で疲れ切っていたけれど、予想だにしていなかった冒険がはじまって、興奮もしていたのだ。イギリスにいると、毎日何が起きるかわからない。そんな日々が最高だと思っていた。

乗務員がカートを押してやってきたので、ワインのミニボトルを購入し、ノートパソコンを開いた。電車は暗くなった田舎を走り抜けていた。ロスでの自分の人生が、遠いものに感じられた。僕はヒストリック・ハウス協会のウェブサイトを開くと、申請ページに詳細を記入した。回答については、時間をかけて、しっかりと考えた。まるでアイビーリーグの大学でも受験している気分だ。

一時間半後、電車が駅に到着すると、僕は深く息を吸い込み、そして送信ボタンをクリックした。

第13章 貴族に会う

「今、家を売却するのはいいタイミングかな？」と尋ねながら、こんなことを自分が口にする日が来るなんてと驚いていた。

ロスに戻った僕の家に、ジョニーと彼の友人でモデルから不動産仲介業者となったコーリーが飲みに来ていた。僕が二人を家に招待したのは、実はコーリーにこの質問をしたかったからなのだ。ハリウッド・ヒルにあるスペイン風バンガローのダイニング・ルームからキッチンに入ってきた彼が、僕の家を査定しているのは明らかだった。

「そうだね。今がベストだろうね」と彼は回答し、キッチンの壁のペンキが剝げた部分を指でなぞった。「この辺りは人気のエリアだよ。なぜ？　売却を検討している理由は？」

僕はポッタリー・バーンで買った白いリネンが張られたダイニングチェアと、一九四〇年代に作られたビンテージものウェッジウッドのコンロ、かつてマリリン・モンローがボウルに入ったキャットフードを落としたであろうキッチンの床をじっと見つめた。

「家具もすべて売却できるんだよね？」と僕は確認した。コーリーの肩越しに見えていたジョニーが両目を見開いた。

「できるはずだよ」と彼は言った。「実は、僕の顧客に、まさにこんな家を探している人がいる。ターンキー方式［すぐにすべて利用できる状態での引き渡し］で、バッグひとつで引っ越しできる場所を探しているんだ。家具、観葉植物や電化製品、銀食器が用意されているのなら、結構な額を支払うつもりはあるそうだ」

「家財だね」と僕は言った。**「なんだって？」**と彼は言い、まるで僕が別の惑星からやってきたかのような目で見た。

僕は半分冗談の気分だったし、まさかこのちょっとした会話が、僕が大切にしている歴史的価値のある家を売却する話につながり、しかもこの地域にあるあまり大きくない家の売却価格の新記録を打ち立ててしまうような額になるとは思ってもみなかった。コーリーに任せてこの家を売却しようと考えたのは自分だったのに、すぐに買いたいという人が現れることは想像していなかった。なかなか決断できなかった。大きな契約なのに、七十二時間しか考える時間を与えられていなかった。買いたいという女性は急いでおり、別の選択肢も考えていたからだ。

家を売却するということは、ハリウッドを諦めることになるのか？ 僕は自分自身に問いただした。**周りはどう考えるだろう？**

心の底では、イギリスとアメリカを行き来することで、時間とお金を相当費やしていることはわかっていた。長期にわたる不在と、自分の注意散漫な状態もあって、しばらくの間、報酬の支払われる仕事を受注していなかった。貯蓄をイギリスでの情熱を傾けたプロジェクトに費やしているが、そこに突然キャッシュが注ぎ込まれることで、ホールを救うというボランティア精神たっぷりの使命を継続できることになる。

ハリウッドで働いている人間のご多分にもれず、時々、荷物をまとめて熾烈な競争から逃げることを夢見てきたけれど、それは常に不可能に思えた。それはたぶん、カルトから離れることに似ている。どうやって説明したら、周囲の人間にまともに受け取ってもらえるのだろう？　そして、家の売却を通常の手順で行うことは、僕には無理なように思えた――長い時間のかかる作業だから。だから、誰かが玄関をノックして、僕がただ立ち去ることにお金を払ってくれるということは、宇宙全体が僕に道しるべを与えているように思えたのだ。突然、未来がキラキラと明るく光りはじめたから、サングラスをかけた。

そして僕は一晩だけ考えることにした。

「ロルフ博士だったらどうするだろう？」と、翌朝目覚めたとき、自分に質問を投げかけた。答えは明白だった。

ケータイの向こうで、ジェイは息を呑んだ。「**なんだって？**　ちゃんと考えたのか？」

「勇気を出して、やってみるしかないと思う」と僕は答えた。「正しいことのように思えるんだ」

このようにして、僕は書類にサインして、家を売却した。二週間後にはホームレスだ。最初の計画では、一時的にミシガンで暮らし、家族の側にいて、ロスにはミーティングが必要なときに滞在できるような、ベースとなる狭い部屋を借りようと考えていた。家が売却された日、怖じ気づいてしまった。目覚め、パニックに陥った。ロスに住んで、二十年あまりだ。本当に家を売ってしまったとしても、ロスを故郷と呼べるのだろうか？　「故郷」ってどこ？　ロス？　ミシガン？　それとも数年前までその存在も知らなかったイギリスの小さな町？　僕はジェイに連絡を入れた。

「きっと中年の危機だと思う。だって、本当に不合理な決断をしているんだから。まだ抜け出せると思う？」

彼は笑った。「中年の危機だといっても、乗り越えるしかないだろ。何かがお前にやれと言っているんだから、やったらいいんだよ。戻ってきたら、いつでも俺のところに泊めてやるから」

ジェイが味方になってくれていることは心強かったし、ジェイの家の玄関の暗証番号を知っていることも恐怖を和らげてくれた。僕は衣類とわずかな荷物をジープに詰め込んで、ミシガン州ホランドまで国を横断して向かった。道中で、高校時代の友人に連絡を入れ、故郷に戻ることを伝えた。

数日後、オクラホマのアービーズに車を停めて、ソースなしのチキン・ジャイロを食べていると、ダッシュボードに置いていたケータイが鳴った。


ホップウッド様　申請ありがとうございます。

あなたの申請について、昨日開催されたヒストリック・ハウス審議会にて協議の結果、満場一致で承認されたことをご報告いたします。

近日中に、正式な確認のためのご連絡を差し上げます。

チキン・ジャイロを喉に詰めそうになった。アービーズの駐車場で、ヒストリック・ハウスへの招待について書かれたメールが開いた状態で、死体となって発見されたらどれだけ滑稽だったろう。

申請をしてから、数ヶ月が経過していた。何も音沙汰がなかったので、却下されたのだろうと考えていた。いずれにせよ僕なんて、何の肩書きもない、どこの馬の骨かもわからないヤンキーなんだから。

僕はすぐに「ありがとうございます！　とてもうれしいです！」と返事を出しておいた。そして大急ぎでロルフ博士に、申請が通ったこと、博士の協力に感謝していることを伝えた。

「素晴らしい」とロルフ博士は応えた。「がんばりなさい、ホップウッド」

数週間後、ジェフがホールの状況を知らせるために連絡をくれた。

「過去数年間に発生した嵐のせいで、古い鋳鉄製の排水パイプが外壁の煉瓦から外れて、また水漏れが発生しているんです」とジェフは報告した。「今回、水は天井からではなく、壁を通して屋内に入ってきていて、それが原因で窓の支柱が半分に割れ、二階建ての壁がすべて崩壊の危機にさらされてしまっているというわけ」

ボブは、より一層の崩壊を阻止するために時間を取られていて、僕に報告する時間もなかったらしい。

残念な報せを伝えるメッセンジャーになってしまい、ジェフが辛そうにしているのがわかった。彼はすぐに明るい話題に移った。

「それから、ホップウッド・ディプリー宛てに手紙が届いていますよ。ホップウッド・ホールの修復を行っているホップウッド先生《エスクワイア》へとなっています」と彼は言った。「美しくて、分厚い、金箔がきれいに貼られた封筒で、なにかの招待状のように見えます。開封して、中身をお伝えしましょうか？」

「もちろん」と僕は答えた。「でもさ、エスクワイアってどういうこと？　僕のことを弁護士と思ってるのかね？　やめてくれよ、僕はそうじゃないのに」

「ああ、違いますよ。イギリス人男性がバッキンガム宮殿といった重要な場所に招待される時に、その招待状には、畏敬の念を込めて宛名の後ろにエスクワイアがつきます。通常は、イギリス人男性にのみ、エスクワイアがつきます。だから、これをあなたに送付した人は君のことを名誉イギリス人だと思っているってことですよ」

その招待状は、数ヶ月後にロンドンのローズ・クリケット・グラウンドで開催される、ヒストリック・ハウスのレセプションへの招待状だとわかった。

ジェフによると、「ローズ」となっている理由は、世界で最も有名なクリケット場だからだそうだ。限定されたメンバーのみ所属が許されるクラブがあり、何千人もの人たちが何十年もの間、その待機リストに名を連ねていて、生涯メンバーシップには年間三万ポンド以上の費用がかかるらしい。

ジェフから招待状のコピーを受け取るやいなや、すぐに参加で返事を出した。イベントの開催日は二〇一六年十一月二十三日で、収穫感謝祭の直前だ。生涯ではじめて、感謝祭を家族と過ごすチャンスを失うことになる。

「はじめての感謝祭を過ごすためにイギリスに行くなんて、まるで清教徒［十六世紀後半、イギリス国教会に不満を強めた清教徒たちが、信仰の自由を求めアメリカに渡った］みたいじゃない——方向が逆だけどね！」と母はジョークを言った。「残念に思うかもしれないし、あなたがいないのは寂しいけれど、いつだってビデオ通話ができるじゃない。大切なのは、あなたがそのチャンスを手にして、ホールに対する目標を達成することなのよ。私の友だちの大半が、あなたのことを少しクレイジーだと思っているけどね」と母は笑い転げた。

自分一人で感謝祭を迎えるなんて想像もつかないことだし、ましてや誰も感謝祭を祝わない国でだ。一方で、新しい文化のなかで、今までとはまったく異なることをやれば、何かチャンスがやってくるかもしれない。僕はロルフ博士を尊敬しているし、人生の師匠になってくれるような気がしていた。それに、彼自身が僕をこのように導いてくれたのだから、欠席なんてできないよね？

水曜日に行われるイベントに出席できるよう、ロンドンに降り立ったのは火曜日のことだった。オレンジ色の煉瓦作りのローズ・パビリオンは、ビクトリア様式の美しい建物で、ロンドンのセントジョンズ・ウッド通りにあった。建物に近づきながら、何が起きるのだろうと考えていた。ロルフ博士は出席しようと考えていたものの、ここ数日間に、自分の年齢で四時間の移動をすべきではないと考えて、欠席した。

「一人で参加したほうがいいと思います」と彼は言った。「私が一緒にいたら、邪魔になるよ。とにかく、人に会って、握手をして、笑顔を見せなさい。ただし、時刻通りに行くというミスをするなよ」

というわけで、僕は、たぶん知り合いなんて誰もいない部屋に入っていった。

心の中で、年配の人々が、それぞれ席に座り、紅茶をすすり、チョコレート・バーボン・ビスケット（イギリスではそれがオレオの役割を果たす）を食べている様子を妄想していた。ローズのドアから内部に入り、階段を上がって宴会場に入るやいなや、自分がイベントの本質を勘違いしていたことに気づいた。あっという間に、ボウタイ姿のウェイターが近づいてきて、シャンパン入りのグラスを手渡してくれた。贅沢な雰囲気を体に感じようとして、びくびくしながら歩き回っていると、優雅な装いの女性が近づいてきて、挨拶をしてくれた。彼女も同じくヒストリック・ハウスのメンバーで、イベントの主催者の一人だということだった。僕の案内役と、紹介役を買って出てくれ、ロングルームと呼ばれる大宴会場へと続く両開きのドアまで連れていってくれた。ドアを開ける前に、彼女は僕の方を振り返ると、意味ありげな笑顔を見せ、「狼の群れに放り込まれる準備はできていらして？」と言った。

僕は息を呑み、そして大宴会場に入っていった。

どこを見ても、非の打ち所なく着飾った紳士と淑女がシャンパンを飲みながら、熱心に語り合っていた。一七〇〇年代に活躍した有名なクリケット選手らの肖像画は、複雑な模様の鋳造物が飾られた壁に並んでいた。高い天井からは巨大なシャンデリアが吊り下げられ、クリケット場を見下ろす巨大な窓があった。

僕の新しい友人が部屋を案内してくれた。それから一時間、僕はたくさんの立派な経歴を持つ人たちに出会った。XYZ卿、レディー1、2、3。混乱した。ハリウッドでは、少なくとも誰と話をしているのかは理解できる。でも、ここではまったく別世界の人間と文化のなかに僕はいた。

「ジョーディーとフィオナには会ったかしら？」まだ会っていないと答えると、友人は美しくて洗練された雰囲気のあるカップルを僕に紹介してくれた。二人は話しながら、笑っていた。

簡単な挨拶をすると、ジョーディーとフィオナはとても喜んで歓迎してくれた。部屋のなかを移動すると、案内役の彼女が、ジョーディーの名付け親は実は女王で、妻のフィオナとともに、現実版のダウントン・アビーと呼ばれるハイクレア城の所有者であるカナーヴォン伯爵夫妻だと教えてくれた。

この数分後、僕は驚くほど美しいスーツを着こなした男性に紹介された。彼は『ダウントン・アビー』の製作者その人、ジュリアン・フェローズで妻エマと一緒だった。エマは金色の美しい布を頭部に巻いていて、部屋の中で存在感を放っていた。二人はドーセットにある石作りの荘厳な邸宅スタフォード・ハウスを所有している。イギリスの南岸で、ロンドン中心地から車で二時間超の場所にある。

ジュリアン（領主でもある）は、僕がロスからはるばるホップウッド・ホールを助けるためにやってきたと聞くと、驚いた様子だった。

彼は眉を上げながらこう聞いた。「それで、どんな調子なんです？」

「まだ始まったばかりなんです。でも、うまくいくことを願ってます！」と、僕はできるだけ自信たっぷりに言ってみた。

「まずは屋根に取りかかるといい。内部が乾燥していることを確認したら、そこから作業をスタートさせるといいですよ」と彼は助言してくれた。

イギリスの貴族は、鼻持ちならないよそ者のアメリカ人と関わりを持たないと思うかもしれないけれど、実際はその逆だった。誰もが僕を大歓迎してくれ、気づくと多くの電話番号やメールアドレスを渡され、そのうえ、彼らの自宅に招待されていたのだ。助言を与えてくれるという。貴族たちに出会う前に抱いていた先入観や不安は、跡形もなく消えていた。だって僕はメンバーなのだ。それに、僕らには古い家と歴史を愛するという共通点があるんだから。僕は彼らの仲間だと思えた。

その日の夜、ホテルの部屋に戻った僕は興奮していた。ヨークシャーにあるオークション・ハウスへの訪問から始まったイベントの連鎖で、思いがけず、古い家の修復、改装、そして維持について膨大な知識を持つ大邸宅の所有者たちのサブカルチャー全体に出くわすことになったのだ。僕はビーチから戻ったような気分でミドルトンに帰った。それは収穫感謝祭の日で、イギリスでは普通の木曜日だったので、ヒストリック・ハウスの面々から得た熱意とノウハウに支えられた気持ちになりながら、ホールに戻って作業を続けた。

もちろん、ボブには新しい友人たちについて話をした。

「落ち着いて作業をするんだぞ」と、彼はぶつぶつ言った。「自分が王室の人間だと思って浮かれられても困るんだ。ここには実際の作業があるんだから」

ボブの文句は僕を意気消沈させるのだが、それはボブの遠回しの「ホールに僕がいなくて寂しかった」という表現なのだとわかっていた。もしかしたら、僕はようやくボブのマンチェスター流ジョークを解することができるようになったのかもしれない。だって、彼が僕を腐すとき、僕の興奮に冷や水を浴びせかけるときに限って、それは友情の証だったからだ。

概して、僕らは互いに理解を深める方法を学んだと思う。ボブは連日の物理的な修復作業に没頭し、僕はプロジェクト全体に対してできることをやり、運営し続けるというリズムをキープした。頼まれればすぐに互いを助けられる態勢だったけれど、プロジェクトを進めるための最善策は、相手の足を引っぱることなくベストを尽くすことだと僕らはわかっていた。ありえない二人組を結成し、ボブは壁全体を崩壊させせかねない、ひび割れた窓の梁の修理に熱心に取り組み、僕はプロジェクト全体を崩壊させかねない政治と財政の支援に奔走した。

間もなくして、二度目のヒストリック・ハウスでのイベントへの招待状を受け取った。これを受け取ったことで、前回、気づかないうちに大恥をかいていなかったこと、誰の気分も害さなかったことを知り、ほっとした。もう二度と招待されないのではないかと心配だった。

このパーティーはダービー伯爵夫妻がリバプール近郊にあるノーズリー・ホールで開催するものだった。ノーズリーはミドルトンから一時間もかからない場所にある。

アメリカでは、四十五分ドライブして到着できる場所で、ホテルに部屋を取って宿泊するなんて馬鹿らしいと思えるけれど、イギリスでは多くの人がそのようにする。四十五分は「めっぽう遠い場所」と考えられているからだ。僕は車をレンタルして、近隣のホテルを予約した。

招待状を引っ張り出して、住所を確認して、小さく印刷された文字を実際に読んだのは、パーティーが始まる数時間前だった。イベントは準正装《ブラックタイ》だったのだ。ボブと一緒にヘルメットをかぶってホールのなかで飛び跳ねる予定だった僕が、ロスからタキシードを持参してきたわけがない。僕は大急ぎで動いた。借りるには遅すぎる。自分が持ってきた限られたワードローブを引っかき回し、ジェフに連絡を入れた。葬儀社を長年経営してきたジェフは、黒いジャケット、黒いパンツ、黒いネクタイ、白いシャツ、そのうえ黒い靴下に黒革の靴まで揃えることができたのだ。パンツは「どんなサイズの人でもOK」という、結婚式のためにレンタルするタイプのパンツだった。腰の両側に留め具がついていて、ウェストのサイズを調整できる。

鏡に映った自分をじっと見た。理想的とは言えないが、大丈夫だ。薄暗い照明だといいな。酔っ払いばかりだといいな。遠くから見たら、仕立ての良いタキシードを着ているように見えるはずだ。

スーツを着こなし、レンタカーに飛び乗り、短い――いや、イギリス人にとってはめっぽう長い――ドライブをスタートさせた。ホテルで落ち着いたあと、ホテルのすぐ近くに住むという運転手の運転するタクシーに乗ってノーズリーを目指した。

「ということは、ここで育ったのですか？」と僕は尋ねた。

「いいえ、違います！」と彼は大きな声で言い、ムードが変わり、突然機嫌が悪くなったように思えた。

彼の激しい反応に、少し驚いてしまった。

「すいません」と、僕はオーストラリアのアクセントをイギリスのアクセントと間違えでもしたのだろう、彼も僕と一緒で外国人なのだろうと考えた。「ということは、どこで育ったんですか？」と、僕はオドオドしながら聞いて状況を打開しようとした。

「クロクステスです。ここから六キロほど離れた場所」と、彼ははっきりと言った。僕は故郷から一万キロほど離れた場所にいるが、隣の村と故郷を間違えられたぐらいで、首に嚙み付きそうな勢いで怒るとは、困惑してしまった。

「へえ、そうなんですね。なぜ故郷を離れてここに？」と、僕は思わず聞いていた。

「別れた女房だよ」と彼は打ち明けた。「人生最大の間違いだった。家族全員から、友人全員から俺を遠ざけたんですよ」

僕は、**君ってタクシーの運転手なんだろ⁈** と考えずにはいられなかった。タクシーが百キロで走るとして、故郷に四分で戻れるんじゃ？　それに誰かが乗ってきて、クロクステスまで連れていってくれと言う場合だってあるだろう？

もちろん、そうは言わなかったし、その代わりに礼儀正しく静寂を守って窓から通り過ぎる緑を見たりしていた。でも、考えずにはいられなかった。もし彼がクロクステスまでタクシーを走らせたとしたら、母に涙ながらに電話をして、「ママ、故郷に戻ったよ！」とでも言うのだろうか？

彼の運転するタクシーが村に到着し、「ようこそ故郷へ」と書かれた横断幕が張られ、紙吹雪が舞い、バンドが演奏している様子を想像して笑ってしまったが、運転手が高さ五メートルの黒い鉄の門の前に車を停めた瞬間、妄想の世界からあっという間に現実の夢の世界に引き戻された。

後部座席の窓から腕を伸ばしてブザーを鳴らすことができるように、運転手がタクシーを停めた。とても深い、威厳のある声が答えた。僕が自分の名前を伝えると、すぐに凝った装飾の門が開いた。感動。

車は緑が美しい壮観な緑地を何キロも走ったように感じた。クロクステスまで到着しちゃうな。羊がうろつき、釣りのできる湖があり、ある場所では運転手が減速して、ふわふわの毛が生えたキジに道を譲ったりした。

運転手はお喋りで、地元の知識をたくさん教えてくれた――この場所が出身地でもないってのに。

「ここは十八世紀の有名な庭園デザイナー、キャパビリティ・ブラウンによる設計なんですよ」と、彼は丁寧に説明してくれた。「イギリスでも一、二を争う庭園です」

彼と同じほど庭園に詳しいドライバーがロスにどれだけいるだろうと考えた。

車窓からは、きっちりと刈り上げられた芝と、四角く完璧に刈り込まれた林が見えた。本当に素晴らしい光景だった。

そして突然、遠くにノーズリーが見えてきた。邸宅は巨大だった――完璧なまでに保存された、重厚な赤煉瓦の建物には、何列もの白枠の窓がきちんと並んでいた。

タクシードライバーは笑い始めた。「なんて家だと思いませんか？　いつもびっくりしちゃうんだよ！」

長いアプローチに到着すると、彼はタクシーを真正面に停車させた。

「俺は一度も中に入ったことはないけれど、女王が気に入ってるっていうんだから、あんたも気に入るはずですよ。テーブルマナーにだけは気をつけて！」

僕は彼に料金を支払い、アドバイスにお礼を言うと、いつか故郷に帰ることができるといいねと声をかけた。

目の前には両端に鷲の石像が立つ立派な階段があり、その階段がノーズリーの黒光りする玄関へと続いていた。音楽、グラスが重なる音、そして人々が笑う声が内部から聞こえてきていた。

僕は深呼吸した。社交に関して不安を感じる機会があるとすれば、今回はそれだ。僕は階段を上って、ベルを鳴らした。面長の青い顔、白い手袋をした黒髪の男性がドアを開け、僕を中へと促した。

「こんばんは」と彼は言った。

「ハロー！」と僕は大声で元気よく返してしまい、そして手を伸ばして彼と握手した。「僕はホップウッドです。君の名は？」

彼はあっけにとられていた。

「……ウィルトンでございます」と彼は言い、僕の手を丁寧に握り返した。

ウィルトンはたぶん執事で、家族の一員ではないことにここで気づいた。ということは、握手すべきではなかったのか？　よくわからなかった。

とりあえず中に入った。

広い玄関は美しく飾り付けられていて、誰もが完璧に着飾っていた。女性はガウンを、男性は燕尾服に白い蝶ネクタイを身につけていた。壁には油絵のサラブレッドの肖像画が飾られ、つややかな脇腹と豊かなたてがみが華麗だった。ダービー伯爵夫妻の邸宅にいることに気づいた僕は、馬のレースにダービーという言葉を使う理由がこの家族にあるのかなと思った。

給仕係がシャンパンを差し出してくれた。ヒストリック・ハウスが開催する行事ではこれが好まれているようだ。そして、グラスを唇に当てた直後、考えられないことが起きた。ズボンを留めていたクリップが外れたのだ。腰の辺りでズボンを引っぱって、誰も気づきませんようにと祈ることしかできなかった。惨劇を回避するために腕で腰の辺りを押さえた状態で、シャンパンの入ったグラスを掲げることはできるだろうか？　その方法はある。考えた僕はウィルトンを探して、バスルームまでの道を尋ねた。馬の肖像画がたくさん飾られた長い廊下を抜けると、ようやく安全なバスルームに辿りつくことができた。僕は背中でドアを閉めて、安堵しながら、破損した部品の状態を確認した。留め具は修理することが不可能なほど壊れていた。唯一の方法はウェストの辺りをくるくると巻いて、少しでも固定させることだった。明らかに丈は短くなっていたものの、パンツをどうにか固定させ、僕は幸運を祈りながらバスルームを出た。

欠陥のある衣装を身につけていたにもかかわらず、パーティーでは楽しい時間を過ごすことができた。部屋のなかをぐるぐると回り、誰かが僕を誰かに紹介してくれることを期待した。そして彼らは必ずそうしてくれたのだ。ラルフ・アシュトン氏は長身で、こめかみの辺りに白髪のある親しみやすい男性だった。僕がホップウッド・ホールのことを話すと、彼は目を輝かせた。

「ホップウッド・ホールのことはよく知っていますよ！」と彼は大きな声で言った。「私の家族があの辺りの出身なんです」

僕ははっと気づいた。クリゼロー卿と夫人のラストネームはアシュトンで、ラルフは二人の息子だったのだ。僕らは親戚だった！　数年前の、フロッドンの窓の記念式典でご両親に会ったことがありますと興奮しながら彼に伝えた。

「ダイナム・ホールに来てくださいね。妻のオリビアは作家ですから、あなたに会いたがるんじゃないかな」

ラルフは僕を連れて部屋の中を歩き、多くの人に紹介してくれた。誰もが驚くほど僕を歓迎してくれた。

午後七時になって、ウィルトンがベルを鳴らして、ディナーの開始を知らせた。

ステート・ダイニング・ルームに入ると、胸が高鳴るのを感じた。ダイニング・ルームの天井の中央部分は十二メートルほどの高さがあり、窓から光が差し込むようになっていた。天井には梁があって、精密な彫刻や装飾が施されていた。テーブルが十台ほど設置され、各テーブルに椅子が十脚配置され、まるで誰かの小説に描かれた結婚式のようだった。美しいターコイズ色の壁には金色の額縁に入った家族の肖像画が飾られていた。一五〇〇年代まで遡る、歴代のダービー伯爵の姿だった。ラルフ曰く、この邸宅は一七〇〇年代に建築されたものだけれど、一四〇〇年代から建物はこの地に存在していたそうだ。

「ウィリアム・シェイクスピアが一族と仲がよかったそうで、彼の支援者であったと言われていますよ」と、小声でラルフが教えてくれた。

ダービー伯爵と伯爵夫人たちの視線が、お喋りしている僕らに注がれていた。スタッフによって、ディナーが運ばれてきた。

とても美味しい食べ物は、これまで僕がロスで行ったどんなレストランよりも素晴らしいワインとともに提供された。デザート――そしてチーズも！――の前にはダービー伯爵が立ち上がり、短いスピーチを行った。夕食を楽しんでくれたことを祈り、そしてグレート・ブリテンにある歴史的建物を保存する使命を担ったこのような会を主宰できたことを誇りに思うと言った。ろうそくの光がおぼろげに燃え、横に座っていた招待客との会話も終わりに近づいたとき、僕の肩にしっかりと手が置かれたのを感じた。そして男性の声が「このジェントルマンについてもっと知りたいですね」と言った。

振り返るとそこには微笑むダービー伯爵が立っていた。僕は急いで立ち上がり、彼と握手を交わし、パンツが床まで落ちないよう静かな祈りを捧げながら、おもてなしに感謝を伝えた。

「こんにちは。テディと申します」と彼は、威厳たっぷりに言った。

「ホップウッド・ホールの修復のために、ロスからこちらに越してきたとラルフ・アシュトンから聞いておりますよ？」

「はい、それが最終目標です」と僕は答えた。「それが理由でヒストリック・ハウスに参加させていただきました。できる限り、学ばせていただこうと思っています」

「家族の誰かが関わるのは大変素晴らしいことです。このような修復プロジェクトをやるほど常軌を逸した人間は、そう多くありませんからね」と、彼は笑った。「三十年前のノーズリーはこのような姿ではありませんでした。こういった古い家の例にもれず、ノーズリーは第二次世界大戦で政府に接収され、警察署として十年間使用されました。完全なまでに施設化されていて、私と妻のキャジーが相続したときは、率直に言って酷い状態でしたよ」

「ちょっと勇気が湧いてきました」と僕は答えた。「なにせ、今はとても美しいですから」

「また連絡します」とテディは言った。「力になれると思います」

僕らはそれから少し会話を続け、家族が馬の競争に関係しているという推測が正しかったことを知った。テディの祖先の一人、第十二代ダービー卿、別名スタンレー卿は、最初のダービー競馬を設立した人なのだそうだ。ケンタッキー・ダービーといった競馬の名前もこれに由来する（しかしイギリスでの発音は「ダービ」に近い）。それだけではない。別の祖先である第十六代ダービー卿――同じくスタンレー卿――はカナダ総督に任命され、その後スタンレー・カップとして世に知られることになるナショナル・ホッケー・リーグのチャンピオンシップ・トロフィーをカナダに贈ったそうだ。僕はこんな関係性と事実の連続にめまいがした。

夜もすっかり更け、僕は迎えに来てくれたタクシーに乗るために玄関に向かっていた。するととてもスタイリッシュなブロンドの女性が近づいてきた。ハリウッドのレッドカーペットにぴったりの黒いドレスを着ていた。

「こんばんは、キャジーです」と彼女は言った。「テディがあなたのことを教えてくれましたわ」

僕はすぐに彼女がダービー伯爵夫人だと気づいた。

「あなたのお手伝いがしたいんです。イギリスに知り合いはいらして？　ご友人は？」僕は笑った。

「ほんの少しだけ。多くはありません」

「それでは私たちがお友だちになりましょう。ノーズリーの修復の手伝いも経験しましたから、あなたの苦労も想像がつきます。倉庫がいっぱいになるほどの生地を、カーテンを作るためだけに買ったほどでした。手に入れやすい値段の店を紹介することもできます。大変な仕事ですが、それだけの価値のあることです。なにかアドバイスが必要でしたら、いつでもご連絡くださいね」

第14章 侵入者

起きろ、ホップウッド！

朝の七時半、それはボブからの電話だった。僕はまだその時、ミドルトンのノートン・グランジ・ホテルのベッドのなかにいた。電話の向こうの彼の声は少し震えていた。そんな彼の声を聞いたことは一度もなかった。

僕は寝ぼけ眼《まなこ》で起き上がり、ベッドの上に座って、彼が何を言っているのか理解しようとした。太陽はちょうど昇り始めたところで、暗いホテルの部屋は僕のケータイの明かりで照らされていた。

「バンダル［公共の建物などを破壊する人々］がホールをめちゃくちゃにしやがった！」と彼は続けた。「今、警察が来てるんだ」

この日の朝早く、ボブが中庭に入ると、懐中電灯の光が地面に広がった割れたグラスに反射したそうだ。咄嗟に、何かが起きたと察したらしい。

「門の鍵を開けっぱなしにしてたとか？」と、僕は聞きながら、もしかしたら自分ではなかったかと思い出そうとしていた。

「いや、そうじゃない。防護フェンスを乗り越えたようだ。手を滑らせて、怪我したやつがいたようで、フェンスの上が血だらけだ。美容のためにたっぷり睡眠が必要かもしれんが、とにかく急いで来てくれ」

それ以上、聞く必要はなかった。僕は急いで服を着て、タクシーを呼んだ。今日こそ、朝食ブッフェは欠席する。

タクシーのなかで心臓がドキドキしていた。血管の中をアドレナリンが駆け巡るのがわかった。これは過去の問題だと願っていたし、二度と起きて欲しくないと考えていた。三十年以上も誰も住んでいなかったホールに、定期的に侵入者はやってきた——でも今回は、僕の監視下で初めて起きたことだった。ボブは何度も僕に恐ろしい話を聞かせていた。バンケット・ルームにある大理石の暖炉の上に飾られた、一七〇〇年代製作のベルガラスの鏡に煉瓦が投げ込まれていただとか、オーク・パーラーの壁に彫られた天使の像が折られて、足首から下しか残っていなかったなんて話だ。

いつかこんなことが起きるかもしれないとは思っていた。ホップウッドの祖先で正気を失った人がいて、金貨を床下に隠したという噂が地元でまことしやかに語られているそうで、バンダルたちが埋蔵金を見つけようと度々侵入することがあったのだ——無駄な努力だったようだけど。カミソリのついたフェンスが設置されているため、侵入すること自体、とても危険なことだったが、一旦中に入ってしまえば、バンダルにとってホップウッド・ホールは最高の遊園地のように思えただろう。多くが、盗むというよりは破壊するために忍び込むのだ。捕まる、足を踏み外して床が抜け、下の階に落ちる、間違った部屋に入り込んで崩れ落ちてきた天井の下敷きになるといった可能性が「スポーツ」の興奮を高めたのかもしれない。あるいは、泥酔していたためにそのような危険なんて、まったく考えられなかったのかもしれない。

このことを考える度に、十五世紀の誇り高き木工職人が天使の像を仕上げている姿を想像してしまう。六百年後になって、まるで枯れ木の枝を折るように、チンピラがそれを折ってしまうなんて。煉瓦を投げつけられて、割られてしまった鏡に映っていたはずの色鮮やかな出来事――髪粉をつけたかつらをかぶり、バックル付きのブーツを履き、立派なガウンを纏《まと》った人々が食事をしたり、踊ったりする背後で、フレデリック・ショパンがピアノを弾き、バイロン卿が詩を朗読し、人々の顔がいくつも映っていたはずの鏡は、無意味な破壊行為のおかげで、今となっては床に散らばった欠片に過ぎない。

タクシーがホールに到着すると、思い浮かぶイメージに体が震えた。僕は内部で目撃するかもしれない場面を想像しないようにしていた。

ボブは幽霊みたいな白い顔で、僕を門のところで待っていた。いつものユーモアはなかった。「散々だ」と、彼はため息をついた。「最初の三部屋しか見ていない。警察がここで待てと言うんだよ。戻ってくることができるといいが」

そこで辛抱強く待っていると、朝日に照らされた防護フェンスの影がホールに映り、縦縞柄になっていた。まるでホールが鉄格子に囲まれて、自由を求めているかのように見えた。

朝の冷たい空気が僕らを包んでいた。警察を待つ間、言葉を交わすことは一切なかった。不安だというのに言葉が出ないような沈黙で、父に心臓発作が起きた後、説明のために医師が処置室から出てくるのを家族と待っていたときのことを思い出した。

胃が痛かった。とうとう、警察官が石作りのアーチ型の玄関の向こうから姿を現し、防犯ゲートの近くに立つ僕らの所まで歩いてきた。

「被害はどんな感じですか？」と、僕はがっくりしながら聞いた。

「このような建物ですから、判断が難しいです」と彼は答えたが、それが良い意味ではないことはわかった。「ご自身で確認して、私たちに教えてください」

「でも注意してくださいね」と、後ろに立っていたもう一人の警察官が言った。「刺殺事件が起きた現場にも行ったことがありますが、同じ程度の血痕が残っていました」

ボブと僕は顔を見合わせ、それを片づけるのは自分たちなのだろうと考えていた。

「でも、良いこともあるんです。ＤＮＡサンプルがたっぷり採取できました」と警察官は続けた。「研究室に送って、一致するＤＮＡがあるか調べてみます。一致すれば、逮捕することができるかもしれませんから」

パトカーで去っていく警察官たちを見送りながら、ボブと僕はためらいつつも中庭に向かった。僕は息を呑んだ。ボブの素早い計算によると、少なくとも三十枚くらいのステンドグラスが粉々に砕け散っていた。割れたガラスが曲がった鉛の枠から垂れ下がった状態だった。それはまるで、命あったものが、とうとう力尽きたかのようだった。

目に涙がたまってきた。ボブも同じ状態だったようで、僕らはお互いに目をそらしていた。ボブはほうきを手に取って、破壊された幸福の歴史の残骸を集めはじめた。

「防護フェンスをよじ登ったのは理解できるとして、中庭にはどうやって入ったんだろう」と、僕はなんとか状況を理解しようと言った。

「窓のほとんどが内側から壊されている」と、カチャカチャと音を立てて破片を集めながら言った。「だからガラス片がこちら側にあるんだ。向こう側にある窓のどこからか侵入したんだろう。血痕を辿ればわかるはずだ」

しばらく続いた沈黙の後で、ボブはほうきを赤煉瓦の壁に立てかけて、僕の目をしっかり見て言った。

「やつらがほかに何をやらかしたか、中に入って状況を確認する覚悟はできたか？」

遅かれ早かれ現実を直視しなければならないことはわかっていたので、僕は頷いた。でも、内心は、次に起きることの準備など、まったくできてはいなかった。僕らの前方の床には、血が飛び散っていた。それを辿ってモーニング・ルームに入っていった。一八〇〇年代に建てられた部分で、朝日を取り入れるために東向きに大きな窓が設置されていた。

僕の注意は即座に、図書館の入り口となっている木製のドアの優雅な彫刻に向けられた。ドアは真っ二つに割れ、欠片が至るところに散らばっていた。それはまるで誰かが蹴破ったようで、ドアの一部にノブがくっついたままの状態で床に落ちていた。

「国内最初期のゴシック・リバイバル様式の彫刻だったんだ」と、ボブはがっかりした様子で言い、木製の薔薇を拾い上げるため、剝がされた床下の地面に下りた。「ふるいにかけて、ほかに欠片がないか見つけないといけないな」

床に落ちた赤黒い血痕を辿りながら、図書室に入っていった。

「嘘だろう！」と、オーク・パーラーに足を踏み入れたボブは叫び、そこから身動きできなくなっていた。僕は急いで彼の横に立ったが、目撃しなければならないものに対して恐怖を感じていた。

角を曲がると、床にゴミの山のようなものが見えた。その上には、壁に空いた大きな穴。数百年物のオーク材のパネルが、力任せに引き剝がされていたのだ。今となっては、粉々になって、山となり、積み上がった状態だ。あのパネルはオーク・パーラーの宝石のひとつだった――この地域の名家であるスピーク家のエリザベスとホップウッド家の先祖の一人の結婚を記念した、木彫りの飾り額だった。粉々になってしまった額の瓦礫のなかに、木に彫られた数字が見えた。6、8、1。

ボブは床に膝をついて、瓦礫のなかから番号を見つけ出し、並べた。「1689」。飾り額が彫られた年だ。

僕らは注意深く瓦礫を拾い集め、木綿の布とプチプチにそっと包んだ。いつか修復できる日が来るまで、ボブが道具をしまっている鍵のかかる場所に安全に保管しておくためだ。

僕らは再び血痕を辿ってホールの奥まで進んでいった。そこには、バンダルの侵入した場所があった。以前、誰かが侵入したときに破壊された二階の窓に設置した、金属フェンスの部分だ。そこから、侵入者の足跡をまさに辿っていくことができた。そのうち最低でも一名は、重傷を負っていたはずだ。

「警察はここまで入ってきてはいないはずだ」と、ボブは二階へと階段を上りながら言った。

「酷い傷を負っていたのに、なぜこんなことを？」と、僕は信じられないという思いで口にした。

「建物内部は暗いし、この手合いはたいがいそうだが、薬物とか酒で酔っ払っていて、傷の深さに気づかなかったのかもしれないな」と、ボブは説明し、大量の血痕に懐中電灯の光を当て、薄暗い廊下を照らした。

「見ろ！」と、彼は突然叫び、鮮血で「ＨＥＬＰ《たすけて》」と書かれた壁を照らした。

「**ああ、気味が悪い**」と僕はつぶやいた。これを書いたやつは、相当ハイになっていたに違いないと思った。

割られた窓を通り過ぎ、ホールのなかでもあまりにも危険過ぎて立ち入りができないあるセクションに辿りついた。

「向こう側に行ったと思う？」と僕は聞いた。

「血痕は続いているように見えるがね」とボブは言い、心配そうだった。「もし入っていったとしたら、床が抜けたはずだ。そこで負傷した可能性がある。もしくは、死んだかもしれない。これ以上行くのは危険だ。下に下りて、やつらの足跡を辿ることができるかどうか確かめてみよう」

これまで繰り返されてきた不法侵入が理由で、ボブはまるでホールを要塞のようにして守ってきた。防犯カメラやアラームを設置する資金はなかったので、ボブは侵入者を出し抜こうと知恵を絞ってきた。特定のエリアは封鎖、そして至る所に防止柵が設置されていた。侵入することは簡単ではなかったが、同じぐらい、建物の**外に出ること**も難しかったはずだ。傷を負うことなく脱出するのは、インディ・ジョーンズでも不可能だったかもしれない。多くの古い邸宅と同じように、ホップウッド・ホールは、迷路のようだった。不法侵入者は窓を割ることで簡単に外に出ることができると思うかもしれないが、外に出たとしても待ち受けているのは、高い壁に四方を囲まれた中庭なのだ。そうなれば、再び侵入しなければならない――別の窓から、あるいは尖ったガラスが剥き出しになっている、出てきたときに割った窓から。暗く、寒く、危険な状態だ。落とし穴と死の罠が至る所にあるホールという漆黒の迷宮のなかで、侵入した場所まで戻るのは容易なことではない――それも、何かで酩酊し、大量出血し、怖くて、混乱しながらでは。

こんなにも酷いダメージをホールに与えたアホどもに同情するのは難しかったが、同時に、あまりの出血量を見て同情せずにはいられなかった。

「見つけたぞ!」と、ボブは非常に危険なので滅多に行かないという別の部屋から大声を出した。

「こっちだ!　床が抜け落ちて落下したようだ!」

案の定、上を見ると、腐った床板が折れ、体が通り抜けた部分に大きな穴が空いていた。下には大量の瓦礫と割れた板、着地した可能性のある場所には釘が打ち付けてあった。

太くて錆びた釘に付着した血液を見て、思わず「イテッ」と言ってしまった。

「これを生き延びたとは驚きだ」とボブは言った。「まだ近くにいるはずだぞ。こんなふうに落下したら、這うことしかできなかっただろうに」

ボブは別の広い廊下を懐中電灯で照らした。そこはあまりにも危険そうで、進むことはできなかった。

「これを見てよ」と、僕はケータイのライトを照らして、擦りつけられたような血痕を見せた。

「これはなんだと思う?」

「引きずった跡に見えるな。ここから遺体を運び出したとか?」

その瞬間だった。うめき声が聞こえた。

「誰かがいるようだ」とボブが言った。

「警察に戻ってきてもらうべき?」と僕は聞いた。

「そんな時間はない。もしやつらがここにまだいるとしたら、助けを必要としているだろう。切実にね」と、ボブは声が聞こえた方向に歩きながら答えた。

僕は即座に彼を追いかけた。一人になりたくなかったからだ。

「この下から聞こえてきているような気がする」と、地下室へと続く、苔の生えた古い煉瓦の階段を指さして言った。

「行かなくちゃだめ?」と僕は聞いた。

「俺は昨日はしごから落ちて膝を怪我してるから行けない。あんたが行ってくれ」

「え、僕が? 一人で?! ホラー映画のワンシーンみたいじゃないか!」と、僕は答えた。

「大丈夫だ」とボブは、精一杯の優しい声で言った。「やつらがいたとしても、あんたに飛びかかれるような状態じゃないはずだ。無理に決まってる。俺はここにいるから。何かあったら叫んでくれ」

数分後、ジメジメとした洞窟のような煉瓦作りの地下室に下りていくことになるなんて、本当に信じられなかった。地下室は、冷蔵庫が発明される前、一家が食料の多くを冷やしておくために利用していた。数百年物の設備で、アーチ状の煉瓦造りの天井と地下水が内部を摂氏三度に完璧に保っていた。数百年を経た今でも、しっかりと機能している。僕は内部に入って身震いした。ダンジョンや洞窟の探索に対して抱いていた子どもの頃の興味は、突如として消え失せた。ここはもしや、石の床下に誰かの体を横たえる場所でもあったのではと考えずにはいられなかった。僕は自分がそのうちの一人にならないように、お祈りの言葉を口にしていた。

「もし何かに躓いたら、それは三百年前に豚のローストをした時の化石化した死骸だ」と、僕の背中に向けてボブが大声で叫んだ。

ジョークだとはわかっていたが、それでも狼狽えた。

曲がりくねった廊下を進んだ。先は二手に分かれて、それぞれが煉瓦造りの部屋につながっていた。一角には、錆び付いた肉用フックが天井から吊り下がっていた。そしてそのフックが確実に使用されていたような匂いが充満していた――たぶん、さっきの豚だ。別の部屋には割れた瓶やコルクが床に落ちていた。こちらの部屋には一族の人間がワインを貯蔵していたのだろう。壁には大きな石造りの棚が備え付けられていた。ロスでジョニーと一緒にクラブにいたとすると、ここはたぶん漂白剤できれいにされて、アロマを使った人気のＶＩＰルームになっていたかもしれない。レザーのカウチを置いて、ＤＪテーブルを設置すれば最高だけど、とりあえず今は地の底の生き物みたいな白カビが頭上に巨大なシミを作っていることが気になって仕方がなかった。

心臓がドキドキしていたが、生きていようが死んでいようが、どこに誰がいるのか確認しようと努力しているにもかかわらず、地下室には誰もいないようだった。少なくとも、人間の死骸はないようだった。僕は大きく息を吐くと、たぶん十五分ぐらいは息を止めていたのではないかと気づいたのだった。

ベタベタする分厚い蜘蛛の巣をよけて階段を上り、ボブがじっと僕を待っていると約束したメインフロアに辿りついた。ボブは廊下を横切った先のモーニング・ルームで土埃をふるいにかけて、ドアの砕けた破片を見つけようとしていたのだ。

「僕がピンチになったときのために、待っててくれると約束したじゃないか！」ボブが僕を見捨てていたことに衝撃を受けていた。

「まあ、落ち着け。音は聞こえていた。それに、今朝、自分で地下室はチェックしたんだ――誰もいないことは知ってた」と、彼はニヤリと笑いながら言った。「この場所を救おうと思えば、どのような作業が必要になるのか、あんたに知って欲しかった。カーテンやペンキの色を選ぶってだけじゃない。悪夢のような現場に踏み込む勇気を持つということも必要なんだ。もしあんたが『ホップウッド・ホールのホップウッド』になるつもりであれば、大きな責任を負うことになる」

「ということは……つまり、僕をあの地下室に一人で行かせたのは、男子寮の新入り歓迎の儀式みたいなものってことですか？」ボブは視線を落とした。

僕は笑いながら、「ボブ、それっていじめじゃないか?!」と言った。

「いじめだと？　何を言っているのかわからんね」と、彼はクスクス笑いながら答えた。「でも、今日みたいな最悪な日には、ムードを明るくしなくちゃならないからね。たとえあんたが犠牲になったとしても」

ボブは正しかった。彼のいたずらは確かに場の雰囲気を良くしてくれたし、僕らは攻撃を受けたことへのショックで戸惑うというよりは、目の前にあったタスクに集中することができたのだ。僕は泥をふるいにかけ、時が来れば修復し、再びドアに飾りとしてくっつけることができるように、手彫りの小さな花の欠片を発見した。

「修理はできるけど、数万ポンド程度の損害を被ったことにはなる」と彼は言った。「まったく無駄なことだ。その金があったら、ホールの別の部分を修復することだってできたのに」

この日はようやく終わりを迎え、我々はホールを共に後にした。防犯ゲートに施錠して。

ボブがホテルまで送ってくれるというので、彼の銀色のバンに乗り込み、修理のための資材や道具を押しのけて、擦り切れた座席に座った。運転中は少し話をしたけれど、ボブが何かを気にかけている様子が見て取れた。

ホテルに到着すると、ボブの声のトーンがより真剣になった。

「今日、こんなことを言いたくはなかったんだが、でも……」と、彼は話しはじめた。これが良い話にならないことはわかっていた。

「これ以上、できるかどうかわからない」と、ボブはきつくハンドルを握りしめながら言った。「年を取ったし、ホールを救済するだけでも大変なことなのに、まったく予想していなかった混乱が起きてしまった。少し様子を見に行っただけだったというのに、結局、一日かかってしまったよ。ほかの仕事をキャンセルせざるを得なかったんだ。それに、もしあそこに麻薬漬けの泥棒が残っていたとしたら、襲われていたかもしれない。妻はわずかな報酬では割に合わない仕事だし、もうやめてほしいと言っているんだよ」

これよりも悪いことに、ボブは契約更新の時期が近づいているものの、議会がこれ以上彼の報酬を支払うための予算を確保できない可能性を懸念しているというのだ。

「もしそうなったとしたら死活問題だから、家族を養うために他の仕事を探す必要が出てくる」と、彼は締めくくった。

僕は彼に、気持ちは完全に理解できるということ、そして何か解決策を見つけ出すことを伝えた。

僕は彼の手を握り、そして繰り返しお礼を伝え、バンから降りた。ボブは車を運転しながら、二度短くクラクションを鳴らし、ホテル前の丘を下っていった。

汚れて、痛くて、寒かった。僕はノートン・グランジ・ホテルに戻って熱いシャワーを浴びて、骨の髄まで凍えるようなイギリスの湿度の高い寒さを和らげるためにルームサービスを頼んだ。

ボブがいなくなってしまったら、ホールはどうなるのだろう？　信頼できる管理人がいなくなってしまえば、ホールを救うチャンスはなくなってしまうのか？

湯気の出ているバスルームから白いバスローブで出てくると、ケータイのメッセージが受信を知らせていた。

それは進展があったときには知らせてくれると約束した警察官からの留守番電話だった。僕はすぐに連絡を入れた。

犯人を見つけ出すには、それほど時間がかからないのではと考えていた。ミドルトンとは、夜に誰かの自転車が盗まれたとしたら、住民が犯人を捜して、翌朝六時までには確実に、無傷で自転車が戻ってくるような場所なのだ。

今回のケースでは、昨晩、ホールの近くから救急車を要請する匿名の電話があったということだった。ホールへと続く通りに面した主要道路の角に、意識不明の状態の若者が横たわるのを見つけた救急隊員たちは驚いたという。若者の腕は深く切れており、血の海に横たわっていて、友人たちに置き去りにされたような状況だった。

「もちろん」と、警察官は続けた。「血液鑑定を行い、DNAが一致しました」

バンダルたちが見つかったら、縛りあげてやりたいとは思っていたが、この若者を更生させて――そしてホールに招待して、その歴史を教えるなんてのはどうだろうという野望が突然湧いてきた。それとも、社会奉仕の一環として、ホールの修復を手伝わせてもいいのではないか。そうすれば、遺産というものの重要性を彼に教えることができるではないか。たぶん、それがきっかけで生まれ変わって、二度といたずらなんてしないだろう。しかし警察によれば、イギリスの法律では未成年の犯罪者の身元を明らかにすることはできないので、この先は謎のままだということなのだ。

「ということは、罰も受けずにストリートに戻ってきて、また侵入できるってわけですか？」と僕は聞いた。

「残念ですが、そういうことです」と警察官は答えた。「しかし彼がストリートに戻るとは思えません。今現在、医師の見解によれば、彼は腕を失う可能性があり、それよりも酷い状況になることも考えられるということなんです。それに加え、ホールの『陰嚢シュレッダー』によるアクシデントも経験しているようですので、彼の子孫がトラブルを起こす可能性もないのです。おわかりいただけたとは思いますが……」

ひえっ。

事件の全容は僕を震え上がらせた。偶然にも僕がイギリスにいたときに事件は起き、だからこそ現場に数分で駆けつけて状況を確認することができた。でも、次にこんなことが起きたらどうすればいいのだ？

遠距離で暮らしながらホールの面倒を見るなんて、不可能なことだと徐々に気づき始めていた。八千キロも離れた場所から電話連絡するだけで、このプロジェクトを監督することはできないのだ。壁には確かにそう書いてあった。まさに。ホールもボブも、僕の血まみれの「ＨＥＬＰ」が必要なのだ。

この一方で、議会が僕の「事務弁護士」と交渉していた取り決めにとうとう署名できることとなり、議会の執行部も承認し、僕が正式にホールの責任者となる許可が与えられた。これから先どのようにして祖先の残した家を救うのか、実行可能と証明できる計画と、運営し続けるための継続可能なモデルを構築するために、五年間の猶予を与えられることになった。議会のメンバーは、ホールを何代にもわたって保護するという義務を、僕に対して完全に与えても問題ないかどうかをしっかりと見定めることが必要だった。そしてこの取り決めによって、ホールが安全で立ち入りができると確認された時点で、僕がホールに移り住むことができると許可していた。二十四時間、誰かがそこに滞在するということは、防犯問題にとっては大きな解決策となる。将来についての計画を説明し、ホールの管理は完全に僕に引き継がれることになった。

その瞬間、僕にスイッチが入り、突如としてホールが人格を持った新しい人生のパートナーとして考えられるようになった。

まるで僕とホールはそれまで付き合っていて、今となってはそれを公にして、彼女の指に指輪を嵌《は》めるタイミングとなったようなものだった。それとも、子どもを養子として迎え入れるようなものなのかもしれない――ただし、子どもは十八年でいっぱしの大人になるが、ホップウッド・ホールは六百歳の子どもで、年は重ねても決して成長せず、僕の継続的なケアと注目を必要とし、同時に、どんどん中身が減っていく僕の財布へのアクセスも求めるのだ。

二〇一七年七月、マンチェスターのセント・ピーターズ・スクエアにそびえ立つオフィスビル内にあるおしゃれな法律事務所の、ガラス張りの会議室のなかで、事務弁護士を前に緊張しつつ座っていた。ホールに関する責任を負うことを受け入れる書類に署名していたのだ。

初めてインターネットで自分とホールとの関係を発見してから四年もの月日が経過したこと、そして自分の人生が大きく変わったことが、信じられないような気持ちだった。両手は震えていた。

「ホップウッド・ホールに関するすべての責任を完全に引き受けるという形になりますが、それをよくご理解いただきたい」と彼は言い、僕の目の前に分厚い契約書を置いた。

「つまり、あなたが万が一、ずさんな管理をし、適切な維持を行わなかった場合、刑務所行きになるということです」

僕は息を呑んだ。「刑務所?」

彼は頷き、ペンを差し出した。

インクが乾くやいなや、この契約がこの先の人生を大きく変えていくことになるだろうと理解した。その場しのぎのことなんて、ダメだ。自分のすべての時間とエネルギーをホールにつぎ込まななければならない。ロスでの仕事のオファーはすべて辞退することになる。かつての人生は休止状態になるうえ、ものすごいスピードで劣化しつつあるホールを救うため、素早く作業をする必要がある。今すぐにやらないと、ホールは助からないだろう。イギリスのクリスマス前後数週間の休暇の時期を除いて、僕には休息も、休憩も、休暇もないのだ。とにかく全力なのだ。

紙にペンを走らせながら、なんだか気分が悪くなってきたけれど、今さら後戻りはできなかった。署名欄に名前を書くと、僕は事務所を出て広場に行った。とてもうれしくて、エネルギーを感じつつも、少し圧倒されつつあった。

それから一ヶ月の間に、物事はとても早く進んでいった。僕はイギリスのビザの取得のために、難しい書類を揃え、電話をかけまくり、相談係の人間と話をして、僕が真っ当な人間であり、イギリスに滞在することを希望し、過去に犯罪歴はなく、ドラッグで捕まったこともなく、マネーロンダリングもしたことがないと証明した。そして、イギリスの人たちにとって、間違いなく利益をもたらすことができる、明白で上向きの目標があるとした。その過程で、どう考えても素晴らしい人たちが、様々な理由でビザの取得を却下された話を聞いた。限られた枠をめぐる競争率の高い戦いなので、僕はイライラと爪を噛み、祈りを捧げ、トイレで何度もえずいた。

「問題があるようです」と、移民アドバイザーが留守番電話にメッセージを残していた。「先方の担当者と話をしたのですが、率直に言いまして、なぜロスでの生活を捨ててまで、イギリス北部に移住して、古くて、ボロボロの家を修復するのか疑問に思っているようなのです。これはおかしな話ですので大丈夫だとは思いますが、問題が発生しかねないことは、すぐにお伝えしておこうと思いまして」

金曜日の午後にこのメッセージが残されていたため、週末は中途半端で不安な状態で過ごすことになってしまった。

いい加減にしてよと僕は思った。**こんなに必死に努力しているというのに、彼らが僕の選択を人生を棒に振るようなものだと思っているせいで、うまくいかないだって?! 次のアドバイスは何?――節酒と有酸素運動と、アマニ油でも飲めってか?**

月曜の朝、移民アドバイザーが再び連絡してきた。議会トップのヴァーノン・ノリスの強力な推薦もあって、事態は急展開したらしい。

「ああ、本当にギリギリだった」と彼女は言った。「これで先に進めるわね」

二〇一七年八月十五日火曜日、とうとうビザが発行された。考える時間も、家族や友人にさよならを言う時間もあまりないまま、僕は荷物をまとめ、二日後にはイギリスに向かう飛行機に乗っていた。今までの人生を後にしたのだ。

八月十八日、僕はイギリスに降り立った。ホールにほど近いキャッスルトン・ホテルの部屋にチェックインした。「ホテル」というのは少し大げさな呼び名かもしれない。キャッスルトンは地元の夫婦が所有する普通の民家をB&Bに作り替え、それを一ヶ月単位の賃貸住宅に再度変更したものだった。願わくはいつの日かついにホールに移り住むことができるようになるその日まで、この場所は自分にぴったりだとわかっていた。ノートン・グランジのようなホテルにいつまでも滞在し続けるよりも、キャッスルトンに滞在すれば大幅な経費削減にもなる。しかし同時に、キャッスルトンに住むということは、学生の時以来、初めて僕がワンルームに住むことを意味するのだ。車もなく、イギリスの銀行口座もなく、名前が書いてあるスーツケース二つだけ。実家を離れて大学に進学するようなものだと考えた。

ただし、僕は四十七歳だった。

第15章 中年の危機

僕は一体なにをしでかしてしまったのだ?!

頭のなかを、この言葉が駆け巡った。ベッドに横になり、時差ボケしているくせに、眠ることができないでいた。

午前三時三十分。

ロスの友人たちはきっと、ビーチから引き上げている頃だろうと思わずにはいられなかった。

暗闇のなかで、これから当面、自分の新しい本部となる部屋を見回した――そう広くもないワンルームだ。完璧なまでに居心地がいいけれど、三十年前に住んでいた学生寮にそっくりだという事実を受け入れられないでいた。ダブルベッド、机、衣類、そしてドレッサーを置いたらそれで終わりのサイズだ。大きな違いは、この部屋には、この地域ではケトルと呼ばれる電気ポットが備え付けられていたということ。イギリスで電気ポットがないホテルの部屋は、電気のない部屋に等しい。大きな窓にかけられた茶色くて厚くて装飾が施されたカーテンは、寒い夜の冷気が部屋に入るのを防いでくれていた。窓の外では風が吹き荒れ、その唸るような音が聞こえてきていた。万が一眠ることができたとしても、二階の窓に時折当たる木の枝の「起きろ、ホップウッド！　寮の部屋におかえりなさい！」という音のせいで、それも台無しだっただろう。

僕の年代の多くが、スポーツカーを購入したり、十五歳若い人と交際することで、単純に若さを取り戻そうとする。でも、僕はそうじゃない――理由はわからないけれど、僕の中年の危機は過去に遡り、今となっては、先祖の生きていた過去を追体験させようとしているのだ！

自分の置かれている現実が、地味に堪《こた》えてきた。売り払ってしまった自宅からは、何千キロも離れた場所にいる。知っている人間は数人しかいない。終わりの見えない巨大なプロジェクトを引き受けてしまった。ロスでのキャリアと生活に背を向けた。賃貸の部屋に滞在しているという事実は、成長しすぎた思春期に逆戻りしたような気持ちを抱かせるだけだった。

寝返りを打ちながら、自分に本当に必要なのは睡眠薬だと思った。ロスだったら、二十四時間営業の薬局に車を走らせれば、欲しい物はなんでも手に入る。でもイギリスはややこしい。「こちら側」では、ほとんどの店舗が午後五時三十分には閉店するのだ。夜中に開いている店舗は、ガソリンスタンドだけだ――キャッスルトンに最も近いガソリンスタンドはホップウッド・サービス・ステーションだった。当然、ナイキル［眠気を引き起こす風邪薬］を販売しているだろう。ということで、起き上がって、服を着て、静かに一階に下り、傘を手にして、玄関から外に出た。

家の外は真っ暗闇で、大雨が降っており、八月だというのにとても寒かった。僕は傘を差しながら震えた。車はなかったので、砂漠のなかのオアシスみたいに、ほんのりと明かりの灯ったガソリンスタンドが見えるまで路肩を歩いたのだ。

この時間は店外にあるカウンターのみのサービスだったので、窓のあるところまで歩いていって、ガラスを叩いて係の人を呼んだ。彼はカウンターの向こうの椅子に座り、幸せな顔で居眠りをしていた。

「ハイ!」と僕は大声で叫び、動物園にいる動物の注意を引くように、彼に手を振った。「眠れるものを探してます」

「なんだって?」と、彼はモゴモゴと言った。明らかに恐れていた。

「睡眠薬だ! 睡眠薬が欲しいんだよ!」

彼は衝撃を受けていたようだったし、少し恐れていたのかもしれない。まるでヘロインでも頼まれたかのような顔だった。

もしかしたら僕の気のせいかもしれないけれど、彼はゆっくりとカウンターの下に設置された警報ボタンに手を伸ばしているようにも見えた。背の高いブロンドのアメリカ人に強盗されると考えたのかもしれないな。

とにかくノックアウトしてくれるものが欲しくて、どうしたらいいのかわからなかったから、とりあえず身分証明書を出して、窓にくっつけて見せた。

「ホップウッドと申します。僕の先祖がこの土地とガソリンスタンドをかつて所有していたと思うんですよね、だって名前がホップウッドですから。それとも、僕らはもしかしたら親戚かもしれませんよ。というか、睡眠薬を売ってくれませんか？」

彼は僕の身分証明書をじっくり見ると、突然リラックスして、微笑んだ。

「あんたか。あんたのことはよく聞いているよ。ロサンゼルスからホールを救うために越してきたってんだろ。なんとかしてやりたいところだが、この辺りじゃあ、薬局に行かないとそれは手に入らないんだよ」

しばらくやりとりをして、市販の睡眠薬は、イギリスでは簡単に手に入るものではないということがわかった。

「アスピリンはあるがね」と彼は言った。「飲んでみる？」

それは遠慮することにした。丁寧に辞退すると、彼に別れを告げた。午前四時半になっていた。雨脚はますます強くなっていた。体の芯まで冷え切っていた。ミドルトンに到着してから二十四時間も経過していないのに、すでに「陸にあがった河童」状態だった——全身ずぶ濡れだというのに。

僕は「寮」の部屋へと暗闇のなかとぼとぼと歩いて戻った。髪からは雨水が滴り、毛先は凍り付き、人生をこんな状態に導いた決断について考えていた。

夜明け前に断続的な睡眠を取った後、僕はなんとかしようと考えた。起き上がって、キャッスルトン・ホテルの陽気なオーナー、ミシェルとマークが作ってくれた朝食のために着替えをした。ミシェルは幸せそうで笑顔がきらきらしているブロンドの女性で、ホテルのフロントを取りしきっていて、客をもてなすことにかけては天才的だった。マークは髪が薄くて、逞しい、才能あるシェフ。

たいていはキッチンにいたり、はしごを上り下りしてはホテルのメンテナンスをしていた。三十代のミシェルとマークは、二十年前にパブで行われた町内の集まりで出会い、それ以来、ずっと一緒にいて、最終的にB&Bを経営することになったそうだ。数年前、すこしゆっくり生きようと決め、B&Bとレストランを連日経営する重圧から解放されたので、一ヶ月とか、それ以上の長期間滞在する客に部屋を提供することにしたらしい。

キャッスルトンは古風で、とても居心地が良く、人生の転換期に滞在するには完璧な場所だった。美しい角地にあって、建物の前には樹木と庭園があり、裏手には地域の競技場が広がっていて、かつては、一八〇〇年代のビクトリア朝時代に建設された赤煉瓦の個人宅だった。建物の外壁には消えかけた金色の文字で、「CASTLETON HOTEL」と記されていた。内部は、濃いオレンジ色と茶色を基調とした、家庭的なイギリス風の内装だった。アンティークの真鍮のライト、美しいカーペット、そして思わず側に行きたくなるような暖炉があり、建物の中心に木製の大きな階段が設置されていて、階段を上った先には巨大なステンドグラスの窓があり、そこからは陽の光が燦々と降り注いでいた。母屋の二階には寝室が九部屋あって、母屋の裏の馬車置き場は寝室五部屋に作り替えられていた。マークとミシェルはこのホテルを家業として経営し、三階の屋根裏部屋を住処として、小さな息子と暮らしていた。

長期間ステイするキャッスルトンの宿泊客としての最初の日、ミシェルは太陽のように明るい「おはよう」という言葉で僕を歓迎してくれ、僕を仲間である宿泊客に紹介してくれた。キャッスルトンに僕と同じく宿泊していたのは、ニュージーランド出身のハンサムなクリケット選手のミッチと、小柄なガールフレンドのテリ、そして最近妻と別れたばかりだという、とても陽気で笑顔がいい、タトゥーだらけのキース、そしてアイルランド出身のメアリーだった。彼女は白髪で眼鏡をかけた九十歳代の女性で、会計士みたいなルックスの六十五歳の息子ジミーの隣の部屋に住んでいた。彼はテレビのクイズ番組にかなり詳しかった。

これから先の数ヶ月間にわたって、この人たちが僕の日常の風景のなかに馴染んでいく。まるで多様性に満ちた大家族みたいに。

「あいつだ、ヤンキーだ！」と、タトゥー男のキースがテーブルまで歩いてくる僕を指さしながら叫んだ。

アイルランド訛りでメアリーが、「静かにおし！」とキレた。

ミシェルは、まるで狼の群れに放り込んだことを詫びるような目で僕を見た。

「でも俺、ヤンキーって一度も見たことねえからさあ！」と、キースが大声で説明した。

「キース！　おやめなさい！」と、メアリーは両手をテーブルに叩きつけ、水の入ったグラスを揺らした。

メアリーの苛立ちの理由がキースのやかましさだったのかはわからないけれど、彼女は補聴器のボリュームを下げた。もしかしたら彼女は「ヤンキー」という言葉が、不適切だと思ったのかもしれなかった。いずれにせよ、メアリーが僕の味方になることを決めてくれたのは明らかだった。

ジミーは優しく母の肩に触れ、彼女を安心させると、僕を見た。

「キースのことは気にしなくていい。あいつはいつもこんな感じさ」とジミーは言った。「彼が出ていけば、私たちも平和に暮らすことができるんですが、彼のとても賢い妻が彼を引き取ってくれないもので」

「あいつは逃がした魚の大きさに気づいていないだけだ！」と、口いっぱいに食べ物を頬張りながらキースが吠えた。「俺がここを出るときは、おまえらも一緒だ！」

「彼の名前はホップウッドです」と、ミシェルは穏やかな声で、まるで騒がしい子どもたちに言い聞かせるかのように言った。「ホップウッド・ホールを立て直すために、ロサンゼルスからやってきました」

僕ははっと息を呑んだ。突然、幼稚園への登園初日に、他の園児たちに指を指され、名前をからかわれたことを思い出したのだ。

テーブルに座った人たちが僕をじろじろと品定めする間、沈黙が流れた。ミッチが口火を切った。

「会えてうれしいよ」と、彼はテリの体に腕を回しながら、とても魅力的な笑顔で言った。

「素敵ね」とテリが付け加えた。「何か手伝えることがあったら、なんでも言って」

そこで、シェフのマークが汚れたエプロン姿でキッチンから登場した。「マンU対スウォンジーの試合があるんだ」と彼は言った。「ビールはどうだい？」

そこで話題が変わり、僕も彼らの一員として加わって、テーブルに座り込んだ。

ビールを断るなんて僕らしいことではなかったが、朝食を済ませたあと、ホールまで徒歩で向かった。無駄にできる時間などなかった。わずか三週間後の九月九日に、ヘリテージ・オープン・デー——国内にある歴史的建造物がそのドアを最低でも一日解放するという大規模なイベントで、イギリスで高く評価されているナショナル・トラストが毎年開催している——に参加することを約束していたのだ。ホップウッド・ホールに人々を迎え入れると考えると、怖じ気づいてしまったが、ロスで培ったプロデューサーという帽子を再びかぶり（とりあえずコミットしておいて、細かいことは後で考える）、ジェフが提案してくれたこのチャンスを逃さないことに承諾したのだ。ホップウッド・ホールの扉は三十年近い間、閉ざされてきた。穴が穴いてしまった床板だとか、落下してしまった天井だとか、ヌルヌルした敷石のことは気にしないぞ——その代わりに、地元住民に僕らが何をしようとしているのかを知ってもらうことだ。そして話題を作り、プロジェクトに注目を集めて活気を与えるには最高の方法になるにちがいない。

ホールに行くのは久しぶりだったこともあり、門に近づくにつれ、この場所が十年以内には訪問客を受け入れられる場所になるという自分の目論見が大きな勘違いであったことに気づいた。最後に見たときのホールの状態が最高だったわけではないけれど、夏の大雨と、温かい日々と、寒い夜がホールの外観をすっかり変化させてしまっていた。敷石の隙間からは腰の高さまで雑草が伸びきっていた。泥が流れ込み、至る所に広がって、分厚い溶岩の層みたいになっていた。ミミズや昆虫が運動会を開催中。雨の多かった夏の間じゅう、ボブは雨漏りの対応に追われていた。言うまでもなく、割れたガラス、血痕、そしてバンダルたちの襲撃によって山積みとなった瓦礫もある。鼓動が速くなるのを感じていた。

僕は一体なにをしでかしてしまったのだ?! 再び同じ思いが胸をよぎった。

シャベルや、鋤《すき》を持っていない。この両手以外、この大惨事を片づけられる道具はない。

僕は家の正面に掛けられた日時計を見た。何かインスピレーションでも得られるかのように——例えば、「時の流れはとても早い」なんてことだ——しかしこの日はあいにくの曇り空で、グノモン（ボブいわく、日時計の時間を指す部分）は、影を作り出すこともできていなかった。

少し歩いて考えをまとめることにした。悪いことに、僕が歩き回って辿りついたのは、たぶん敷地内で最も損傷が激しい場所だった——それは使用人が暮らしていた棟だ。百年前、この三階建ての建物の中に二十八人のスタッフが——調理師、メイド、執事、そして副執事——家族の要望に応えるために常に待機していた。使用人たちはここで働くだけではなく、この建物の中で生活しており、二階にはベッドが並べられていた。一階には、キッチン、鶏舎、ベーカリーがあって、一日中、様々な家事が行われていた。外側からはあまり状態が悪いようには見えなかったが、ボブによれば、古いキッチンはゴミと瓦礫の山になっていて、床が抜け落ちている場所もあるという。内部に立ち入るのは危険だということだったので、自分の目では確認していなかった。

「誰もあそこには行かないよ」と以前ボブが難しそうな顔をして言ったことがある。「行くのは使用人の霊だけだ」

窓から中を見ると、棟全体が酷く侘しく、荒廃した様子で、幽霊さえも中に入りたくないだろうと思った。それまで感じたことがないようなプレッシャーを感じながら、僕は背を向け正面玄関に向かった。人を招き入れるとすればどの部屋が一番安全だろうかと考え始めていた。

そうだ、ボブに電話しようと僕は考えた。しかし前回の話し合いと、その後、彼と直接何度か電話で話した内容から、以前のようにホールに対して時間を割くことができなくなっていることを、心の底では理解していた。僕がどうにもならなくなってしまったら、もちろん助けてくれるだろう。でも彼に重荷を背負わせるわけにはいかない。他の仕事もあるし、彼にも家族がいる。オープン・デーは僕のアイデアであり、影響を考えない思いつきの決断だったのだ。

父はよく、何をやったらいいのかわからなくなったら、リストを作れと言っていた。ということで、僕はケータイを取り出して、ホールの前を行ったり来たりしながら、人々を招き入れるためにやらなければならないことをすべて書き出していった。

明らかに、建物全体を歩いてもらうことは不可能だけれど、もしかしたら中庭と、状態の良い二部屋から三部屋は、三週間で清掃して、パーティーの準備をすることができるのでは？

ファミリー・チャペル、警備室、そして宴会場。これは無理難題ではあったけれど、少なくともゴールの設定はできた。

ひとつ、明らかなことがある。僕には何十人もの使用人はいらないが、同時に、自分一人で作業をすることはできない。

キャッスルトンに戻る道で、ボブが僕の様子を聞くために連絡してきた。自分のジレンマに彼を引きずり込まないように努力していたものの、我慢できなかった。

ボブはボブらしかった。笑い出したのだ。心の中で安堵が波のように広がった。もちろん、彼は僕を笑ったのだけれど、それでも怒鳴られるよりはよかった。

「心配するな、ホップウッド」と、彼は爆笑しながら言った。「手伝うよ。やってやろうじゃないか。オープン・デーをキャンセルでもしたら、地域全体が大恥をかくからな」

キャッスルトンの玄関の鍵を開け、食堂のなかに入っていくと、郵便物を仕分けするメアリーに出くわした。「あなた大丈夫？　朝食以来、なんにも食べていないような顔をしてるわよ！」

「うーん、そうだね。食べてない」と僕は、決まりの悪い顔をして答えた。

「もう、なんてこと！」と彼女は言った。「こっちに来て」

彼女はすぐに僕をキッチンまで連れていき、ビーンズ・オン・トースト［ベイクド・ビーンズをトーストに載せて食べる、イギリス人が好む軽食］の作り方を伝授すると言った。この時まで、僕にとってそれはあまり惹かれないタイプのごちそうだった。

「豆をトーストの上に載せる理由ってなに？　ピーナツバターとジャムみたいに、塗って広げるの？」

メアリーは僕の知識の乏しさに憤慨しつつも、ひとつひとつ、丁寧に作り方を教えてくれた。

「まず、パンの袋を破ります」まるで、アメリカ人であるとは、精神年齢四歳の子どもと同義であるかのように、彼女は優しく言い聞かせた。

僕は言われた通りにやることにした。

「次に、パンを二枚取り出して、トースターに入れます」

僕はそれに従った。レッスンの最後には、やり方をすべて理解した。缶を開ける方法、豆を温める方法、それをトーストの上に広げる方法まで。

数分以内に、メアリはジミーを呼び出し、ミシェルを三階からキッチンに連れてくるよう頼んだ。冷蔵庫の中に、僕の食品を入れるスペースを確保するためだ。

メアリーが「あの子、食べ忘れたっていうのよ!」と、ミシェルに囁いている声を聞いた。「ミルクなんかを入れておけるスペースを確保してあげないと」

故郷から遠く離れた場所にいて、誰かにケアしてもらえることはとてもうれしかった。

僕は素直に皿の上のトーストを食べた。正直な感想を言えば、豆の載ったトーストは実際のところとても美味しくて、大満足だった。こんなシンプルな喜びを、今まで知らずに生きてきたなんて。食べているあいだ、ずっと観察していたメアリーは、まるで第二の母のように僕が食べ残さないか確認していた。少しバラエティを広げようと思ったら、ナイフでチーズを薄くけずって豆の上に載せ、溶かすと美味しいと教えてくれた。

でも急ぐ必要はないよね。それはまた、明日のレッスンで。

第16章 村の助けが必要だ

翌朝、ドアをノックする音で飛び起きた。朝の五時半だった。最初はフレンドリーな木の枝だと考えたが、それよりもずっと大きな音だと気づいた。

「ハンク！　メアリーが飯を作ったぞ！　卵が冷めちまう！」

ベッドから飛び起きてドアを開けると、キースがトラックの仕事に出るための作業服に着替えた状態で立っていた。「俺は仕事に出る」と彼は言った。「でもあんたはホールでの仕事がたんまりあるんだろ。何か運ぶ必要があったら、言ってくれ。トラックを使えばいい」彼は階段を下りながら振り返り、「ハリウッドからやってきた、ハンク・ザ・ヤンクに神のご加護を！」

キースの明るい態度に驚いた——そして階下に下りると、全員が僕に対して前日とは異なる態度で接していたのだ。突然やってきた小鳥が、ホールの現状を皆に知らせたみたいな状況だ。

「ホップウッド、郵便局に行くんだけど、乗っていく？」と、聞いてくれたのはミシェルで、僕の目の前に焼きたてのパンを置いてくれた。僕はすぐさま炭水化物に飛びついた——なんと言っても、八千キロ離れた場所にいるジェイに、キッチンに戻される心配もなかった。僕は本物のイギリスのバターをたっぷりと塗り、ミシェルの手作りジャムを加えることで、罪深い喜びを上乗せした。

ミシェルは続けた。「マークと夕べ話していたんだけれど、オープン・デーのお手伝いをしたいなって思って。どうかしら？　今日の午後からなんて、どう？」

ミドルトンは、誰かが何かを必要としたとき、誰かが何かをしてくれる場所なのだと、すぐに気づいた。特に、ホップウッド・ホールが関係する場合は。

数時間以内にホールに戻った僕は、もう一人ではなかった。

マーク、ミシェル、ボブと彼の妻がホールに来てくれた。そして全員がシャベルを持って、泥を搔き出す作業を手伝おうとしてくれていた。誰かの助けが必要だと心から感じていたけれど、こうやって彼らが来てくれた。アルとジェフが友人たちに声をかけてくれたおかげで、さらに多くの地元のボランティが駆けつけてくれた。地元の人は地元の人を知っていて、その全員がホールに関わりたいと望んでくれた。地元の小学校に勤務する教師は友人を連れてやってきた。近所のスーパーのレジ係の人もそうしてくれた。花屋はフラワーアレンジメントを提供してくれると言った。警備員の資格を取得したばかりだという双子の兄妹が、来場者のモニタリングを買って出てくれた。マーケティングの経験があるゼナは、新聞社に連絡を入れることを約束してくれた。看板屋もその技術を提供してくれるというのだ――それ以外にも、次々と。

アメリカにいる姉のドリに連絡を入れ、良いニュースを伝えた。これはトム・ソーヤが子どもたちを説得して、塀を塗らせたようなケースだと思う。だって地元の人たちがボランティアとして参加してくれていると聞いた姉は、とても喜んで、家族全員がイギリスに来ることができるように、格安チケットを探し出したのだから。

ミシェルは家族が滞在できるように部屋を用意してくれ、数日のうちに、母、ドリ、ダナ、エリック、そしてジェッツンのみんなが、地元の人たちと同じく、腕まくりしてホテルに到着したというわけだ。

早起きして、たっぷりの朝食を食べ、ホールに向かうことが僕らの日課になった。到着するやいなや、ボランティアと一緒に仕事に取りかかり、瓦礫を撤去し、窓を洗い、そしてゴミ、泥、その他気持ちの悪いものを取り除いた。

どの家族もそうであるように、次に何をやるかについて意見の食い違いがあったりもしたけれど、大切なのは、僕と同じく家族全員が、先祖が暮らしたこの場所に強い絆を感じていることだった。オープン・デーに向けて、ホールを見栄えの良い場所にしようと、遠路はるばる駆けつけて働いている姿を見ると、感謝の気持ちで胸がいっぱいになってしまった——僕に対して姉妹がお茶の休憩を長く取りすぎていると指摘した時でさえも。

ある日の午後、雨雲の向こう側から太陽が顔を覗かせたとき、姪っ子のジェッツンが発見をした。「ねえ、あれは何?!」と彼女は叫んだ。泥と雑草がきれいにされたおかげで、中庭の片隅にある巨大な錆びた歯車のようなものが見えていたのだ。

「あれはホップウッド・ホールの水車の一部だよ。一五〇〇年代に作られたものだ」ジェッツンが水車に向かって歩き出すと、ボブがそう説明してくれた。「敷地内を流れる川の近くに設置されていたようだ。随分昔に壊れてしまったがね」

「気をつけて！　破傷風の予防注射なんて受けたくないでしょ！」とダナが叫び、その声でジェッツンはピタリと止まった。

「これはあなたの家族にとっては大変重要なものだったはずだ」とボブは言いながらも仕事の手を休めず、熊手で雑草を引き抜いていた。「五百年前は、小麦を挽《ひ》いて小麦粉を作ることが収入の多くを占めていたはずで、それがなかったら家族も、そしてこの場所に住んでいた使用人たちも暮らすことができなかっただろう」

ホップウッド家の歴史でそこまで重要な位置を占めるものが、今となっては壊れたがらくたとなって敷地の隅で錆びているという、明らかな象徴性についてはあまり考えないようにした。

この日の午後、ジェッツンと他の家族を家事から少し解放してあげようと、邸宅の二階を案内することにした。一八一一年にバイロン卿がこの家を訪れた際、実際に滞在した部屋がある。ホールが最終的に修復され、アーティスティックな静養を求めて人が集まった暁《あかつき》には、特別な人が宿泊する場所にしようと考えていた。

初めて僕らがホールを訪れたとき、ボブは軋む階段を使って二階に僕らを上がらせることに躊躇していた。それには理由があった——あの時点で、二階に上がることはどんな危険があるかわからなかったのだ。床から地下室まで落下したくないのなら、階段の一番下の段を飛び越えなければならない。そして、注意深く一歩一歩進み、緩んだ床板を踏まないようにしなければならない。そうしなければバランスを失い、後ろに倒れてしまう。そして一番重要なのは、階段を上がることができるのは一度に一人だけで、さもないと、もちろん、地下室に落下する。

僕らが初めてここを訪れて以降、ボブは新しい足場を組んでくれており、階段は以前に比べて頑丈な作りになっていて、踏み間違えたからといって、予想外に階下に落下することは考えられなかった。それでももちろん、注意深く上ることが賢明ではあった。

家族と僕は、そろりと階段を上った。暗く、くの字に曲がった木製の階段は、ホップウッド・ホールの建設のために集められた、驚くべき職人技のひとつだった。ジェームズ一世時代に製作された階段で、手彫りの紡錘《ぼうすい》形の装飾が美しかった。手すりは何世代にもわたってホップウッド家の人々が手を添えたことで、とても滑らかになっていた。

中庭を見渡すことができる大きなステンドグラスの前を抜けて、踊り場にある狭い「見晴台」と呼ばれる場所に辿りついた。この時点で、ホールが迎えた最も有名なゲストであるバイロン卿について多少のリサーチを終えていた僕は、その知識を家族に披露するのが楽しみだった。

「一八一一年にバイロン卿がホールを訪れたとき、彼は二十三歳の詩人で、とてもハンサムで、カールした長髪の黒髪を持ち、青白い顔をした男性だったそうだ。だから、ホールにいた女性たちが大騒ぎしたらしいよ」と僕は説明した。「この見晴台は一族の女性が、ホールに来た人たちを盗み見る場所で、すごく役に立ったらしい。というのも、男性が好みじゃなかったら、若い女性は執事に言って、その男性を追い払うことができたから」

バイロン卿は追い払われることはなかった。彼がやってきたとき、当主のロバート・ホップウッドは邸宅を留守にしていたものの、ホップウッド家の女性たちは詩人を喜んで受け入れ、できる限りの贅沢をさせ、歓待したという。バイロン卿は菜食主義者だったため、キッチンの料理人たちは肉なしの料理を彼のお気に入りのピクルスと一緒に提供しなければならなかった。しかし悪名高い彼の憂鬱は治らなかったようで、ホールを去る時も、塞《ふさ》ぎ込んだ様子だったという。

「バイロン卿は滞在時に、長詩『チャイルド・ハロルドの巡礼』を著したんだ。バイロン卿自身をモデルにした、落ち込んだヒーローが世界中を放浪して、なんとか気持ちを上向きにしようと努力する話さ」と僕は説明した。「バイロン卿は寝室と階下の図書館で執筆し、ホップウッドの森を散策した。そこで例の有名な言葉を考え付いたのかもしれないよね。『**道なき森に楽しみあり**……』」

この瞬間、姉妹がいつもの横目で僕を見た。まるで「あんた、何言ってんの?」という目で。

二階には、多くの廊下があって——とても長い廊下、とても広い廊下——約二十室にも及ぶ寝室につながるドアが並んでいるのだ。オリジナルの建物では、各部屋は広いものだったが、修道士たちが部屋を仕切り、小さな部屋に作り替え、修道士と、修道士の卵がそこに住めるようにした。より広い部屋もあったけれど、破損状態はまちまちだった。邸宅の内部がほとんどそうであったように、六百年を超える歴史のなかで、二階は建て増しされ、改装が何度も繰り返されたために、入り組んだ迷路のようになっていた。

「さあ、こちらがバイロン卿の寝室にございます」と、僕は芝居がかった調子で家族に語りかけ、部屋に招き入れた。マホガニーのパネルが壁に貼られ、部屋の片隅には湾曲した梁が設置され、まるで古い船のように見えた。「この梁は、一四二〇年代に作られたオリジナルだよ」

寝室は巨大だった——九メートル×九メートルの広さで、天井は高かったが、それでも邸宅内の他の部屋に比べればミディアムサイズだと言えた。部屋の奥の暖炉には繊細な木彫りの装飾パネルが貼られていて、十三世紀に統治したジョン王の彫刻もあった。暖炉の反対側には巨大なダークウッドの梁があり、印象的だった。家具は一つもなく、埃と蜘蛛の巣と、時々やってくるネズミの残骸しかなかったために、家族がその部屋の可能性を見いだすのは難しかったのかもしれない。彼らのイマジネーションを爆発させるために——そしてどこに行っても歴史的知識を披露できるジェフの能力に触発されて——僕は一八一一年にバイロン卿が初めてここを訪れた日にタイムスリップしてくれと頼んだ。

「自分をバイロン卿だと考えて」と僕は指示を出した。「書きかけの詩へのインスピレーションを求め、長い散策に出かけた森からちょうど帰ってきたところだ。大きな木製の四柱式ベッドに寝転んで、詩的な文章が、浮かんでは消え、消えては浮かび……。見事な彫刻が施されたベッドからは、たっぷりとした、重厚な色合いのドレープが垂れ下がり、ダイヤモンド形のガラスで構成された窓に掛けられたカーテンとマッチして、部屋全体に居心地の良い、豪華な雰囲気が漂っている」

想像上の演出が、ガラス窓に入ったヒビと床板に空いた大きな穴を誤魔化してくれるといいな。部屋の隅にあったリスの骨なんて気にしない。これは、僕がホールに来たときに頻繁にやるようになった魔法だった。目を閉じて、過去の姿を想像する。そうすることで未来のビジョンが見えてくる。修復の規模があまりにも大がかりで故郷に帰りたくなったり、嵐の翌日にバケツの水を空にするのにうんざりすることがあっても、この邸宅がボロ家だと考えてしまうことをかろうじて回避できるのだ。

僕は家族を続きの間に招き入れた。そこにも暖炉があった。炉棚の真ん中あたりに、巨大なライオンの顔が彫られていたが、どちらかというと猿に見えた。「寝室からつながるこの狭い部屋には、ピッチャーとジャグを置くテーブルがあったはずだ。客室係の仕事のひとつはキッチンから熱湯を運んできて、ピッチャーに入れることだった。バイロン卿が執筆を終えて、疲れた体を洗う様子を想像してみて。そしてトイレに行きたくなったら、尿瓶のなかで用を足せばいいのさ」

「そのなかでウンチもするの?」と、クスクス笑いながらジェッツンが聞いた。

「たぶん、ね」と僕は笑った。「まさにこの部屋で歴史的なことが起こったんだって考えてみてよ!」

二階の寝室を家族に紹介しているとき、誰もがオープン・デーを楽しむことができる方法を、自分がすでに知っていることに気がついた。ただ目をつぶってもらい、想像してもらえばいいのだ。

とうとう、オープン・デーの日がやってきた。僕たちがどのようにして三十年ぶりにホップウッド・ホールの門戸を開いたのか、ゼナがＢＢＣの地方局に依頼して、紹介してもらえることになった。それに加え、議会が僕らに承認した百人の訪問者以外にも、五百人の来場希望者をリストに掲載することができた。多くの人々がホールに興味を抱いているのは明らかだった。朝の空気には薄灰色の霧が浮かび、雲の隙間から太陽は顔を出すことができないでいた。午前十時頃に来場者が現れはじめ、ボブと僕はヘルメットと反射ベストを着込んで彼らを出迎えた。僕らは来場者すべてに似たような安全のための道具を手渡し、建築途中の現場に入るので、安全のために着用してくれと頼んだ。

家族を案内することで磨き上げられた技術を駆使し、来場者たちに、一六〇〇年代のホップウッド・ホールを訪れたと想像して欲しいと語りかけた。

「あなたは馬車に乗っています。馬と御者がいます」と僕は厳かに言った。「中庭に到着しました。蹄《ひづめ》が石畳を鳴らします。馬車を降りると使用人が一列に並んで、あなたを迎え入れるのです！」

素晴らしい歴史に夢中になった人々の目に、涙が輝いているのがわかった。雨が眼鏡を曇らせていただけなのかもしれないけれど。

次に僕は来場者全員を警備室と宴会場に案内し、ホップウッド家の人々の歓待を受ける前に、武器を持っていないかどうか検《あらた》められていたことを説明した。ボブが集めた、宴会場の壁や天井から落下した工芸品を見せた。誰もが夢中になって、うっとりしているように見えた。彼らはもっと知りたがった。彼らも手伝いたいと希望してくれていた。

夕方、電動シニアカーに乗った男性がやってきた。手には彼の祖母が描いたというホールの水彩画を持っていた。一九〇〇年代初期、彼の祖父はホールで運転手として働いていたそうだ。別の参加者の女性は、曽祖父が庭師として働いていたと教えてくれた。

最後の来場者が帰ると、ボブと僕は車寄せの重厚な木製の門を閉め、残りのボランティアと一緒に座った。全員が興奮していた。素晴らしいチームワークがホールに命を甦らせるきっかけとなったと感じていた。修復プロジェクトに興味が注がれ、多くの人々の新しいネットワークがそれに関わりたいと希望していた。イギリスに引っ越してきたことは、最悪の間違いではなかったのかもしれないと考えずにはいられなかった。

唯一残念だったことは、家族が翌日にはアメリカに帰国するために空港に向かう予定だったことだ。彼らが荷物をまとめて車に乗って去るときには、本当に辛かった。

「城のこと、がんばってな」と義弟が去り際に冗談めかして言った。僕は笑ったが、車がキャッスルトンの煉瓦の壁の向こうに消えると、流れる涙を拭ったことを認めざるを得ない。寂しかった。

幸運なことに、もっと良いニュースが届く兆しが見えていた。僕がイギリスに来た月、建築遺産基金から助成金を受けられるようになったことがわかった。今回のように莫大な資金が必要な歴史的遺産のプロジェクトには、助成金を得るのが一般的だ。だから、これは最高のニュースだった。助成金は一万ポンド（米ドルで一万三千ドルあまり）だったが、より意味があるのは、建築遺産基金は高い実績のある組織ということだった。言い換えれば、これは単に必要な資金を調達できたというだけではなく、彼らが僕らのプロジェクトを承認し、他のすべての歴史的遺産を保護する組織に対して、僕らのプロジェクトが正当なもので、支援に値すると知らしめてくれたということなのだ。より多くの助成金や資金援助が得られることが、僕らの希望だ。

ミドルトンの村が一致団結して、オープン・デーを実現させてくれたけれど、それで終わることはなかった。ジェフ、ボブ、僕、そしてボランティアたちは、ホップウッド・ホール友の会を結成して、資金調達の方法や、ボランティアの関わるイベントを行ってホールに利益をもたらす方法を、定期的に顔を合わせて考えていくことにした。彼らのコミュニティーに参加できることを誇りに思った。

しかしながら、迎え入れられたという気持ちは、長続きしなかった。十一月初旬、正確に言えば十一月五日、僕は本当の地元民として認められるには相当な努力が必要だと思い知らされることになったのだ。

第17章 火薬、反逆、企み

ドーーーーーン！

前の通りで大爆発が起きて、寝室の窓が震えた。僕はキャッスルトンの部屋にいて、ベッドに寝ながらiPhoneをスクローリングしていた。

心臓をドキドキさせながら飛び起きた。何が起きた?! 少し前まで快適な状態でリラックスしていたというのに。iPhoneはバスルームを出た場所の床に転がっている。驚きのあまりうっかりそこまで放り投げてしまったのだ！

僕はゆっくりと窓に近づき、次の爆発に備えて、窓枠の横の壁に身を隠した。しゃがみ、注意深く、カーテンの隙間から前の道路で何が起きているのかを確認しようとした。夕方の五時だったが、外はすでに暗かった。

まるで戦場みたいに、月明かりに照らされた煙が空に昇っていくのが見えた。静寂。

直後、車の警報器が大きな音で鳴り始め、薄気味の悪い静寂を切り裂いた。

突然、三度の大きな爆発が起きた。最初の爆発よりも大きなものだ。家の裏手にあるローンボウリング用の芝生の方角で爆発したようだが、僕には見えなかった。

僕は急いでカーテンを引くと、床に伏せた。

手のひらは汗ばみ、胸の中で心臓が暴れ回っていた。完全なパニック状態になっていた。

寝室のドアまで這って進むと、ドアを開け、キャッスルトンの建物内部に誰かいるか呼びかけてみた。

「誰かいますか?!」と、僕は叫んだ。「攻撃されているみたいなんですけど!」

廊下は真っ暗だった。誰もいないようだ。メアリーでさえ! 何が起きているんだ?

ドーン! ドーン! ドーン! ドーン! ドーーーン!

爆発音が五回も外から聞こえてきた。状況は悪化の一途を辿り、そしてより多くのけたたましい爆発音とともに、近づいてきている。

僕は悪夢の真ん中にいた。恐怖に怯え、どうすればいいのかもわからなかった。こんな状況に陥ったことなど、今まで一度もなかったからだ。

僕はドアを勢いよく閉めて、バスルームまで這って進むと、iPhoneを拾い上げた。最初に思ったのは911に電話することだったけれど、いざ電話をしようとしたとき、イギリスでは緊急時にかける番号が全く違うのではないかと思いついた。911だっけ? 119だった? それとも99?

待てよ……と僕は考えた。**イギリス人にとっての99ってのは、クッキー入りのアイスクリームを指すのではなかったか？** あああああ、もうわけがわからない！

震える手で、僕はボブに電話をした。

「ボブ?!」と僕はすがるような声で言った。電話に出てくれたことに安堵した。

「ホップウッド？」と彼は答えた。「大丈夫か？」

「大丈夫じゃないよ！」

彼はパーティーのような場にいて話しているようだった。

「ボブ、聞こえてる？　窓の外で爆発があったんだ。一体何が起きているんだ?!」

ケータイの向こう側も、もちろん、当然、最悪な状況のはずだ。だってボブが……な、な、泣いている？　僕は震え上がった。一体、何が起きているんだ?!

ここで僕は気がついた。いや、彼はまたもや笑っていたのだ。正直言って、笑えるような状況ではなかったというのに。

「誰も教えてくれなかったのか？」

「何の話だ！」と僕は答えた。「教えるって、何を?!」

「ホップウッド、**俺たちは侵略されちまった！**」と、彼は大声で叫びながら笑い転げた。

明らかに、僕をからかっていた。大きな爆発を確認しようと、ゆっくりとカーテンを引いたが、そこから見えたのは花火による赤と青のキラキラだった。

ボブは十一月五日のボンファイア・ナイトだと教えてくれた。七月四日の独立記念日と同じような、イギリスの祝日だった。

「毎年恒例の行事だよ、ホップウッド」と、ゲラゲラ笑いつつボブは説明した。「裏庭で花火を上げるんだよ……二歳児でもボンファイア・ナイトのことは知ってるぞ」

そんなこと知らない！　誰もいない理由が、これでわかった——みんなでお祝いをしていたんだ！　メアリーでさえ！　なぜ僕はこの文化的な行事に参加できなかったのだろう？

とうとうボブが落ち着きを取り戻して、十一月五日のこの行事は、一六〇〇年代初頭に起きた出来事を記念しているのだと教えてくれた。

「ガイ・フォークスという名のカトリック教徒と仲間たちが貴族院を爆破して、プロテスタントの国王ジェームズ一世の暗殺を企てた」とボブは説明した。「結局、この男は失敗したわけだが、どうしたことか我々は毎年花火を打ち上げて、彼のどうしようもない失敗を祝うというわけだ」

「ちょっと待ってよ、ガイ・フォークスって確か、ホップウッド・ホールに来た人じゃなかった？」と僕は聞いた。

その通りだ。

ボブとジェフがガイ・フォークスの名を何度か口にしたのを聞いていた。ただ、二人は僕がその人物を当然知っているものと考えていたようだ——そして、僕も二人にこの人物について詳しく聞こうと考えることはなかった。

イギリスの歴史をもっと学ぶ必要がある。ワインのボトルを空け、その日の残りをグーグル検索して、ガイ・フォークスとボンファイア・ナイトについて調べることで費やした。上空で爆弾が爆発している状態で勉強するなんて、普通は不可能なことだが、今夜はこれ以上自分が愚かだと考えずに過ごしたかった。

ガイ・フォークスと共謀者らはカトリック教徒で、プロテスタントの国王ジェームズ一世に不満を抱いていた。その結果として、王を爆発で殺害し、カトリック教徒の君主を王位に就かせようとしたのだ。

数日後、ジェフにいろいろと教えてもらった。彼だったらもう少し情報を教えてくれるはずだ。僕らはホールにいて、バケツを空にする作業を終え、休憩中だった。

「ガイ・フォークスがホップウッド・ホールに来たことがあるって本当?」と、やかんからティーカップに熱湯を注いでいるジェフに何気なく聞いてみた。ボブがジェフに、僕がボンファイア・ナイトを知らなかったことを言っていないといいなと願っていた。

「うむ」と、ジェフはまるで教授のような声で話しはじめた。「すべての始まりは一五二七年、ヘンリー八世が妻キャサリン・オブ・アラゴンとの離婚を求めたことに始まります。彼女は世継ぎを産むことができなかったんです。ローマ教皇に許しを得ようとしましたが、教皇は許しませんでした。そこで、ヘンリーはカトリック教会から離れて、イングランド国教会を結成したというわけです。これが起きたのが、我々が宗教改革と呼んでいる時代のことです。これ以降、カトリック教徒でいることは危険なこととなり、多くの名家が土地を奪われ、その特権を剝奪されました」

「危険を顧みず、ホップウッド家は熱心なカトリック教徒であり続けました」と、ジェフは続けた。「ヘンリー八世の娘であるエリザベス一世の統治期間では、イギリスの貴族でカトリック教徒の一家、あるいは『イングランド国教会への忠誠が疑わしい一家』の地図が作成されました。誰かがホップウッド家の横にバツ印を書き入れています。ですから、その時代もホップウッド家はカトリック教徒だったに違いありませんよ」

多くの出来事が実際に起きたホールの中で、自分の先祖の歴史や一五〇〇年代に起きた宗教改革の歴史を聞くことは、なんだか現実離れした体験だった。長い時間の経過に比べたら、自分自身はちっぽけな存在だという気持ちになった。

「リンの手作りビスケットはいかがですか?」と、ジェフが勧めてくれた。

最初は遠慮したものの、彼が持ってきた小さな缶の中を覗くと、焼きたてのクッキーにチョコレートがコーティングされているのが見えた。イギリスでは、「ビスケット」はグレービーソースと一緒に食べるものではないのだ。

ジェフは僕の興味に気づいたようで、缶を僕のいる方に滑らせた。

ジェフ曰く、次に起きたことに関する記録は曖昧だそうだ。一五〇〇年代のある時期に、当時地主だったエドモンド・ホップウッドがプロテスタントに改宗した。熱狂的な信徒になり、人々は彼を清教徒エドモンドと呼ぶようになった。カトリック教徒と、魔術を行っている疑いのある人を捕らえて裁判にかける「魔女狩り男」として有名となった。

エドモンドの次男の同じくエドモンドは一族の信仰に戻った。一六〇〇年代初期に、エドモンド・ジュニアはカトリックの聖職に就いたと記録されている。

「ガイ・フォークスが安心してホップウッド・ホールを訪問できた理由が、若きエドモンドだったのかもしれませんね」とジェフは続けた。「訪問したのは一六〇五年で、フォークスはジェームズ一世への攻撃に必要な資金提供を受けるために、イングランド北部を旅して回り、その旅程でホップウッド・ホールに立ち寄ったとされています」

「今で言うクラウドファンディングのキャンペーンみたいなものかな？」と僕は質問した。質問が愚かだったのか、それとも聞こえていなかったのか、ジェフはそのまま話を続けた。「実のところ、二人が会ったのはこの部屋だったのではないかと思いますよ」と、僕と一緒にオーク・パーラーに入りつつ、言った。僕は温かい紅茶が入ったマグカップを握りしめ、僕を見つめ返してくる壁に彫刻されたたくさんの顔を見回した。彫刻が、何世紀もの歴史を目撃してきたのだと考えると、圧倒されてしまうのだった。

「秘密の会合だったでしょうね」とジェフは続けた。「エドモンド・ジュニアにとってフォークスのような人物がホールにいるということは、相当なリスクだったでしょう。そしてもちろん、二人が面と向かって座るまで、エドモンドはフォークスが資金を集めている理由を知らなかったでしょう。手紙で事前に知らせる種類の話ではなかったでしょうから」

「それで、エドモンドはどうしたんですか？」と僕は聞いた。答えを聞くのが怖かった。

「そうですね、英国紳士として、彼はフォークスに紅茶とビスケットを勧めたでしょう」

僕は笑った。父親にからかわれている好奇心いっぱいの息子のような気分だった。

「でも、爆破についてはどう考えていたんだろう？」

「エドモンドは拒絶しました——協力はしたくないとフォークスに伝えたのです。エドモンドはフォークスを帰しました。そのミッションは危険過ぎる、害がありすぎる、あるいは一六一二年まで存命していた清教徒である父の報復を危惧したのかもしれません。しかしひとつだけ確かなのは、ホップウッド家がその陰謀には関わっていないということです」

僕は安堵のため息を漏らした。

「幸運なことでもありました。というのも、フォークスは英国議会内で二十個の火薬入りの樽とともに発見されると、逮捕され、拷問され、死刑を宣告されたからなんです……それなのに、死刑が執行される前に処刑台から落ちて首の骨を折って死んだらしいんだ！　しかし、もしエドモンド・ジュニアが関わっていたとしたら、フォークスと同じような運命を辿ることになっていたでしょうし、君はここに今日、立ってはいないかもしれないね。だって、生まれなかっただろうから」

自分の存在のすべてが、数日前には知りもしなかった国民の休日に関わっているという事実を理解するのは、並大抵のことではなかった。

「彼は爆発させることはできませんでしたが、それが理由で、人々が花火を打ち上げて記念するこの祝日の理由ができたというわけ」と、ジェフは話をまとめた。

僕はジェフのレッスンに感謝し、そしてまたしても疑問に思った。彼なしで、どうやってイギリスでの生活を送ればいいのだろう――ここには学ばねばならない歴史がたくさんある。急いで学ぶ必要がある。ジェフのように豊富な知識を持ち、そして物知らずの僕に喜んで教えてくれる人がいてくれて幸運だった。物事の意味が以前よりもくっきりしてきたし、ハリウッドの黄金時代より遥か昔に起きていた驚くべき歴史のすべてを理解していくことは、魅力的だった。

キャッスルトンまでの帰途、足を少し延ばして、ホップウッド・サービス・ステーションに立ち寄って新しく友だちとなった店員に挨拶することにした。そしてパンと豆の缶があるかどうか聞いてみることにした。今夜はお祝いだし、新たに学んだイギリス料理の技術を披露して、サプライズでみんなに夕食を振る舞ったらメアリーは喜んでくれるのではないか。そして確実に、僕が自分で店を見つける能力を発揮し、正しい品を購入し、それをすべて持ち帰ったら、メアリーは余計に喜んでくれるのではないか。

「よう、ホップウッド、元気かい？」と、店に入ると店員が言った。

「元気だぜ！」と僕は返しながら、彼がちょっと変な目で僕を見つめていることに気づいた。

「五日の夜はどうだった？」と、彼は忍び笑いをした。

明らかに、僕が何も知らないアメリカ人だという事実は町中に知れ渡っていた。

「ボンファイア・ナイトであんたがビビりまくってた様子を聞いて、笑いが止まらなかったよ！」

僕の表情が暗くなったことに気づいたのだろう、彼は急いでこう付け加えた。「気にするなよ。俺の犬だって花火の音を聞いたら怖がって、くるくる回り始めるんだ」そして彼は爆笑しはじめた。「あんたも同じだったろ、え？　ベッドの下に隠れたのか？」

僕はあまりの恥ずかしさに耐えかねて、一緒に笑うことにした。しかし心のなかでは泣いていた。ドリーという名の犬と比べられたことを悲しく思っていた。

パンと豆を持って店から出る時、僕は演技をすることにした。ドリーのように吠え、小さな円を描くようにして走って、そして店から出たのだ。店内はどっと沸いた。ジョークを知っていた数人の客も大笑いしていた。

それから数日間は、僕が町へ行くと誰かが指をさして、コソコソと何かを子どもたちに伝える姿を目にした。「十一月の五日を知らなかったヤンキーはあいつだ!!」そして大爆笑が起きた。

ボブはボンファイア・ナイトの大失敗をネタにして、半径十キロ以内の聞く耳を持つ人々に僕が花火に怯えまくった様子を伝えていた。これは生涯忘れることができない恥だと今となっては認めている。

犬のドリーのことだってよく考える。彼女も同じ気持ちなのかなって。

第18章

ロッチデールへの逃避

イギリスの歴史への知識が欠如していたことが理由で公に辱《はずかし》められた僕は、できる限り自分を鍛え上げたほうがいいだろうと考えた。イギリスへ移住してからというもの、ジェフは僕に、仕事がオフの日にタッチストーンズ・ロッチデールという場所を訪れるべきだと助言してくれていた。そこは、ホップウッド家の記録が多く残されている場所なのだ。ボンファイア・ナイトの大失態の後、僕はタッチストーンズに連絡を入れ、ヘザーという名の調査員と話をして、翌週に予約を入れていた。タッチストーンズにあるアーカイブのなかで僕が見つけるものは、ホールの修復という使命を継続するために必要な情報と、きっと、インスピレーションも与えてくれるだろう。

予約した日の午後、僕はバスを降りてロッチデール市庁舎の道路を挟んだ向かいの建物のなかに収められたアーカイブを探しに行った。古い石灰岩の大きな建物の上階には像や顔が彫刻されていて、スレート屋根のうえには三箇所に切妻が並んでいた。この場所で間違いない。

ヘザーが中に招き入れてくれた。

「あなたが来られるっていうんで、資料や写真をたくさん引っ張り出しておいたんですよ」と、説明しながら部屋に入った。書籍やファイルが並べられた棚があり、上に箱が数個と書籍が数冊載せられたテーブルが真ん中にあった。座って眺めてみると、それらには「ホップウッド家アーカイブ」というラベルが貼られていた。

これだけの資料が存在するとは知らなかった。もし知っていたら、もっと早い段階で訪れていたことだろう。ヘザーは資料を閲覧するときに使用するための、白い綿の手袋を手渡してくれた。

「すごく素敵ね！」と彼女は叫びながら、ジョージ五世の戴冠式にホップウッド家が招待された際に送られたという、金箔で縁取られた招待状を注意深く手渡してくれた。

ペンとインクを用いて書かれた個人的な招待状をテーブルの上に置くと、僕は読み始めた。

「ジョージ五世国王とメアリー女王両陛下の戴冠式において国王陛下の命により、紋章院総裁はMCMXI年六月二十二日に貴殿をウェストミンスター寺院に招待する」

「MCMXI年とは、一九一一年のことです」と、ヘザーは親切に教えてくれた。

「ワオ、ウェストミンスター寺院ですね？」と僕は言い、文字をよく見た。「それってウイリアムとケイトが結婚した場所ですよね？」

「その通りです」と彼女は頷いた。「これを見てください」

それはダービー伯爵夫妻から「ホップウッド大佐夫妻」に百年以上前に送られた、ノーズレー・ホールで開催されるパーティーへの色褪せた招待状だった。言い換えれば、僕の先祖は、テディとキャジーの祖先と一緒にパーティーに行ったということなのだ！　実際のところ、僕もほとんど同じ日付に二人が主宰したパーティーに参加したことがあるのだ（この時は、留め金なしのズボンで出席）。一一〇年後になって先祖の足跡を辿った僕は、先祖の友人の子孫と友人関係を築いている。まったくすごいことだ。

そしてヘザーは厳粛な面持ちで黄ばんだ紙切れを手渡してくれた。

僕はすぐに、それがノーズレーでのパーティーや戴冠式への招待状に比べて遥かに歓迎できない種類の物だと気づいたのだった。それはホップウッド卿と夫人宛に送られた電報で、第一次世界大戦で二人の息子の搭乗した飛行機が撃墜されたことを知らせていた。

「本日、陸軍省より貴殿の子息であるロバートが死亡したとの報告がありましたことを、慎んでお知らせいたします……」

ロバートは戦争で失った二人の息子のうちの一人で、ホップウッド卿と夫人は喪失の悲しみに耐えきれず、ホールを離れてロンドンに移り住んだ。

百年以上前、その小さな紙切れが二人に及ぼした余波と深い悲しみを思うと、僕の脊髄に電流が走ったようだった。このような電報を受け取る親の気持ちを想像しようとしてみた。その、あまりの衝撃を。父が予想外の心臓麻痺を起こした日のことを思い出した。「残念ですが、ご臨終です」と聞かされたあの瞬間のことを。その後、長く続いた悲しみの余韻を思い返していた。

僕はその電報をじっと見つめ続けていた。時間が止まってしまったようだった。五分だったのか、二十分だったのかわからないが、僕はとうとう現実に戻って、ヘザーが持ってきてくれた「ホップウッド・アメリカ支部」とラベルが貼られたファイルを見た。

書類に目を通しながら、魅了されていた。中には、ペンシルバニアで育てられた曽曽祖母アルシンダ・ホップウッドにまで遡ることができる家系図が含まれていた。

「僕がホップウッドと呼ばれている理由がアルシンダなんだ！」と、思わず大きな声で言い、アルシンダがホップウッドという名を継承したアメリカ人で、結婚したときには、孫にミドルネームとしてホップウッドを継がせることで、その名が消えないようにしたのだと僕は説明した。「それが僕の祖父なんですよ！　そして僕は彼にちなんで名付けられたんです」

その日の午後は、書類と写真に囲まれ、過去をくまなく探す時間を過ごした。

「アメリカとのつながりにご興味があるようでしたら、ジョン・ブライトについて読まれたらいかがでしょう」と、ヘザーは指摘した。「彼とあなたが親戚だとは思いませんが、ロッチデールの歴史のなかでは著名な人物です。奴隷制度廃止論者でエイブラハム・リンカーンの友人だったのです」

ロッチデールで紡績工場を所有していたブライトは、南北戦争時代、綿が不足していたにもかかわらず、南部の奴隷によって収穫された綿の引き受けを拒否したそうだ。リンカーンが暗殺されたとき、大統領のポケットには思い出の品がいくつか入っていた。そのなかのひとつが、リンカーンの再選を願うジョン・ブライトから送られた推薦状だった。

ロッチデールとミドルトンの人々が、信念のためには恐れずに立ち上がったことを知り、誇らしく思った。

アーカイブとして最も興奮したのは、スーザン・ホップウッド夫人の写真だ。ジェフから、ホップウッド夫人の伝説はすでに聞かされていたけれど、彼女の写真を見たことはなかった。

ホップウッド夫人は一八一九年にスーザン・バスカーヴィール・グレッグとしてこの世に生を享《う》け、ホップウッド・ホールの財産相続人であるロバート・グレッグ・ホップウッドと結婚した。彼女は馬と犬が好きなことで知られ、動物実験に反対することが流行る前から、生体解剖反対主義者として有名だった。それだけではなく、乗馬がとても上手で、馬の背中に乗って家の近所にある運河を飛び越えることなど、なんとも思っていなかった。しかし、彼女が本当の情熱を見つけるのは、ずっと後のことだった。

「年齢を重ねてからの彼女は、環境保護活動家となりました」とヘザーは説明した。「これは十九世紀後半のことで、産業革命時代に製粉所や工場が煙や炭塵をまき散らしていた時代です。ホップウッド夫人は公害との戦いで矢面に立ちました。彼女は人を雇って煙の調査を行い、製粉所の所有者を告訴したり、煙の排出量を規制する法案制定のためのキャンペーンを行いました。工場は排出できる煙の量を抑制しなければならなくなりました」

一八九三年、ホップウッド夫人は煙の削減を訴える催しをホールの広場で開催し、五千人もの人々が集まった。ヘザーはホップウッド夫人の死亡記事を見せてくれ、そこには彼女がどのようにして大気汚染の責任を工場主らに訴えたか、詳細が書かれていた。

「彼女は二頭の小柄なポニーが引く馬車に調査官たちを乗せて、カメラを構え、煙突の写真を撮影しました。その写真は後に裁判に提出されて、被告側の弁護士にとっては重荷になったようですよ……被告側は、当然、諦めて罰金を支払うしかなかったようです」

「まるで十九世紀のグリーンピースだね！」と、僕は冗談を言った。

「一方で、ホールの地主だった彼女の息子は、敷地の一部を同じ工場主に貸し出そうとしていました。夕食の席での会話は興味深いものになっていたでしょうねえ」と、ヘザーは微笑んだ。

別の写真では、ホップウッド夫人が馬車に乗り、運転手を後ろに控えさせ、全身黒ずくめで、五匹の犬に囲まれ、大きな毛皮の帽子をかぶり、ドラマチックな黒いヴェールをなびかせている姿が写っていた。ヘザーによると、ヴィクトリア女王と同じく、若くして夫に先立たれ、黒い衣装を生涯身につけていたそうだ。

「写真ではわかりませんが、工場からの公害に反対する意思表示として、世間に対しても強く訴えるために、彼女は白いマスクを頻繁に着用していたと言われています」と、アーカイブの友人は説明してくれた。

白黒のホップウッド夫人の瞳が印象的だった。彼女が身をもって示してくれたように、僕も意識をかなり高くして生きなければならないという責任を突然感じた。自分の信念に従って、正義のために戦うのだ。

ヘザーに手伝ってくれたお礼を伝え、荷物をまとめた。新たに学んだことを考えて、気がはやっていた。名家、二人の息子の死によって途絶えた血統。女性家長として、そして環境保護のために活動する女性。奴隷廃止論者で、アメリカと、大統領との太い絆を持つ人物。僕のささやかな物語が、遥かに大きくて重要な物語につながっていたのだ。僕はバスに乗り込み、ロッチデールの町を見渡すことができるよう二階席に移動した。過去と現在がこれまで以上に結びついたように思えた。そして僕はこの地域に、今まで感じたことがなかったほどのつながりを感じていた。

ホップウッド夫人と運転手。
愛する犬たちと共に、ホップウッド・ホールの馬車寄せにて。1800年代撮影。
提供:ロッチデール・アート&ヘリテージ・センター、
ローカル・スタディー・センター・タッチストーン・ロッチデール

第19章 過去のクリスマス

イギリスでは、九月からクリスマスのデコレーションが始まり、十月にはどの店でもクリスマスソングが大音響で鳴り始める。でもどういうわけか、僕はホリデーシーズンについて考えることを拒絶していた。

もしかしたら、ホールに集中しすぎていて、その考えを遮断していたのかもしれない。

それとも、それはもっと深い何かだと、実は気づいていたのかもしれない……。

父は一九三四年のクリスマスに誕生した。それは望外の喜びで、彼の両親、つまり僕の祖父母はそのサプライズに大いに喜んで、熟考の末、息子をノエルと名付けた。父はそんな明白な理由からクリスマスが大好きで、クリスマスを祝うことの重要性は人よりも高かった。だって、クリスマスは彼の誕生日でもあったから。僕が幼い頃は大家族で集まって、この二つのイベントを祝う夕食を食べ、プレゼントを交換し、真夜中に行われる教会でのキャンドル・サービスに参加して、家を盛大に飾り付け、必要な人たちにはサプライズのプレゼントを届けていた。僕の人生において、クリスマスは魅惑的な時間だったのだ。

僕が年を重ねてハリウッドに引っ越してからも、伝統は続いていた。僕は毎年クリスマスに誕生会を開き、それは友人たちの間でも伝説となっていた。大きなリースと靴下が吊り下げられて、白いライトが木や天井に飾られ、赤ワインと白ワインの入ったクリスタルのグラスがテーブルに並べられた。家族も祝日用の衣装持参で飛行機に乗ってやってきた。父は赤いスーツに赤いダービーハットというお馴染みの衣装に身を包んだ。ジョニーとジェイは数回参加し、ジョニーは父の赤いハットを借りて写真を撮影していた。マネージャーのジェイは、普通の蝶ネクタイ姿だった。

しかし、時が経つにつれ、親戚がひとり、またひとりと天国に旅立ち、伝統のクリスマスへの出席者は減っていった。ついに二〇一〇年十二月四日に父が予期せぬ心臓発作で亡くなったときに、僕の世界がひっくり返って、大打撃を受けてしまった。プレゼントはもう購入されていたし、パーティーも計画されていた。

父のためにラッピングまで済ませてあったギフトを返品する手順と、みんなのために父が購入してくれていたギフトを開ける作業は、感情のジェットコースターだった。父の葬儀はクリスマスの一週間前にミシガンで執り行われた。式は彼が生きた人生の証のようなものであり、僕自身が目指す人生そのものだった。人生のどんな時期においても、ボランティア活動で他者を受け入れてきた。地元の実業家から、生活保護を受けているシングル・ペアレントまで、彼の葬儀には多くの人々が駆けつけた。そこに国会議員やハリウッドの俳優らが加わり、ブルーベリー畑で働く移民たちもバスに乗ってやってきてくれた。海兵隊が旗を母に手渡し、教会の外で「葬送のラッパ」を吹き、二十一発の礼砲を撃って、父の国への貢献を称えた。最も記憶に残ったのは、車で一時間ほどの距離にあるマスキーゴンの教会の合唱団による魂のこもったゴスペルの歌声で、雪の降る夜にバンに乗ってやってきて、心のこもった歌声を披露し、父に敬意を表してくれた。彼らの『聖なる夜』は今でも僕の心に残っているし、この曲がラジオで流れると、涙が溢れてくる。

父の心臓発作のあと、クリスマスは父の誕生と死が結びつく日となった。だから、よい思い出もたくさんあるけれど、とても悲しい時期でもあった。家族のクリスマスの伝統が悲劇の終わりを迎えてしまったと感じて、中心人物がいなくなってしまったのだから毎年恒例のパーティーは続けるべきではないと考え、開催を中止した。

今回のクリスマスは僕が初めてイギリスで迎えるクリスマスだった。人々にとって喜びに溢れる休暇を、本当に自分だけで、何も見なかったことにして、過ごすことはできるのだろうか？　少しだけ、希望を抱けるような気がしてきた。僕の中の何かが変わりはじめている。それとも、癒やされたとでも言おうか。

ボランティアの人たちや、地域の人々のためのパーティーを開くのは名案じゃないかと考え始めた。この休暇を祝い、僕が彼らの援助にどれだけ感謝しているかを伝える機会とするのだ——そして本当に長い間、ちゃんとしたお祝いをしてこなかったクリスマスを、改めてやり直すチャンスにできるかもしれない。このアイデアをジェフに話すことにした。最近では、ジェフの家に週に一回はディナーのお呼ばれをしている。リンは親切なことに、洗濯物を持ってきてもいいとまで言ってくれる。食事をしている最中に洗うことができるから。

ホップウッド・ホールで開催するクリスマス・パーティーのことを話すと、ジェフは微笑んだ。

「古き良き伝統を復活させることになりますよ」と、彼はサラダの皿を僕に手渡しながら言った。

「ホップウッド家は伝説的なクリスマス・パーティーを開いていました。何世紀も前の話です。家中を地域に開放したんです。一八九〇年代にホップウッド・ホールのクリスマス・パーティーに参加したという若い女性が書いた新聞記事がありますよ。読んでみますか？」

すぐにでも読みたかったので、僕らはデザートを飛ばしてリビングルームに移動した。数分後、ジェフが黄色く変色した新聞記事の切りぬきを持って現れ、暖炉の前に置かれたカウチの、リンと僕の間に座った。

記事によると、ビクトリア朝時代、ホールで開催されたクリスマス・パーティーはとても大がかりなもので、その支度は数週間前から始まっていたらしい。プディングとケーキが焼かれ、家禽は農場でたっぷりと太らされ、庭師たちがヒイラギを運んできた。使用人たちは家具を片づけ、磨き上げ、ベッドは洗い立ての白いリネンで整えられ、すべての部屋の暖炉に「温かく、居心地がよくなって、パーティーの準備が整うまで薪がくべられた」と、著者は記している。

ホップウッド家は親戚をミドルトンまで呼び寄せるために列車を貸し切りにしたそうだ。近くに住む領主や婦人たちが列車に乗り込み、ホールまでの短時間の旅を楽しんだ。すべてのスタッフ——家政婦、執事、下僕、そしてノリの利いた白いキャップとエプロンを身につけた家政婦——が彼らの到着を列をなして待ち構えていた。家のなかでは、大きな真鍮製のボウルに入れられたポプリが香り、暖炉には炎が燃えていた。一家はクリスマス・ツリーを飾り付け、敷地内で乗馬をしていた。栗やじゃがいもが火鉢でローストされ、ランタンが木に吊るされていた。週の後半には、町の人々が地元の学校で開かれる新年のコンサートに招待され、ホールの女性たちは煌《きら》めくイブニング・ガウン姿で、領主らはノリの利いたワイシャツと白いベストを身につけて出席、皆でピアノの周辺に集まって歌ったそうだ。

「第一次世界大戦でホップウッドの二人の息子が戦死したことで、突然、すべてが終わりを迎えたのです」とジェフは話した。「その後、ホップウッド家のクリスマスがホールで祝われることは一切なくなりました」

　感動し、心を動かされたことは言うまでもない。記事を読んだ後は、ホップウッド・ホールにクリスマスを復活させようと固く心に誓った。どうやってやるかはよくわからなかったけれど、ヘリテージ・オープン・デイズを乗り越えたんだから、大丈夫さ。もしかしたら、クリスマスにはもっとでっかいことができるはずだ。最初は小規模であっても、年を重ねるごとに大きく、そして質のよいものへと成長させられるはず。ジェフに、クリスマスが父のおかげで家族にとってどれだけ意味深いかを説明すると、ジェフは同情するように頷いた。

「パーティーを開くことで、一区切りがつくかもしれませんね」とジェフは提案した。数十年、葬儀屋として遺族に寄り添うことで培った素晴らしい心遣いを見せてくれたのだ。

「それに、地域にとってもお互いを知るよい機会になるかもしれないわよ」と、リンが付け加えた。「ホールが崩壊へと向かうきっかけとなった第一次世界大戦以降、初めて私たちが本当の意味で仲間になれるんじゃないかしら」

「いろいろな意味で、それは新しい始まりであり、多くの人たちにとって癒やしの第一歩になるかもしれないですね」とジェフは言い、そしてその自分のアイデアに納得するように頷いていた。

自分の部屋に戻るまでには、興奮と期待でワクワクしてしまったため、母に連絡を入れた。

「母さん、クリスマスの伝統を復活させることにしたよ。でも今回はホップウッド・ホールが舞台なんだ！」と、洗い立ての洗濯物を入れた大きなバッグの中身を取り出しながら言った。ちなみに畳んでくれたのはリンだ。「ホップウッド家は、毎年ホールで大きなクリスマス・パーティーを開催していたらしい。ただ、百年前にすべてが中止された。僕には再スタートさせる自信がある。ホップウッド家、そして父さんを称えてもう一度パーティーを復活させるって、すごいことだと思わない？」

「素晴らしいと思う。もしかして、また飛行機のチケットを予約しなくちゃならないの？」と、母は大西洋の向こう側からうれしそうな声で答えた。

僕はそれについて少し考えた。休暇は間もなくやってくるし、時間は残されていない。天井から瓦礫が落ちてきたって気にすることはないし、あそこにある水は壁を流れる雨漏りしかないけど、いいじゃないか。すこし掃除をして、庭木に飾りをぶら下げて、飲み物を配ればいいのだ。それでもう、最高！

「うーん。まだちょっとわからない」と母には伝え、「よく考えて、すぐに連絡を入れるよ」と言った。

翌朝、デスクに座り、紅茶を飲みながら「やることリスト」を作成していると、ジェフから連絡が来た。

「こんなことを伝えたくないのだけれど、ホールでクリスマス・パーティーを開催するにはひとつ、大きな問題があります」と、彼は低い声で言った。「オープン・デーの時に利用したホールにつながる大学の入り口が、クリスマス休暇は閉鎖されるということなんです。というわけで、パーティーを開催するとなると、例の隣人のフィニース・シェルバーンから許可を得る必要が出てきます」

がっかりした。ジェフが言っていることは事実だとわかっていた。この問題には、ホテルへの建て替えプロジェクトの時にも直面していたのだ。僕のヤンキー的楽観主義で、問題は魔法のように消え失せると願っていたのだろう。少なくとも、最善は尽くしたい。まずは、大学に連絡を入れ、パーティー当日にどうにかして門を開放してくれないかと聞いてみた。しかしセキュリティーに関する問題と、休暇中に勤務している人数が限られているという理由で、最終的に「残念ですが、応じることはできません」との返事が返ってきた。

これ以上の先延ばしはできないだろう。フィニース・シェルバーンに会いに行く時が来たようだ。

直接顔を合わせることで、もしかしたら五百年前に祖先が働いた悪事を償うことができるかもしれないじゃないか。

ジェフは地元のパブを巡り、シェルバーンが来店したら知らせて欲しいと連絡先を置いてきた。数日後の午後のことだった。僕はデスクに座り、パーティーの計画を立てていた。その時だ。まるで取り憑かれたようにケータイが震えだした。ジェフからの連絡だった。

「フィニース・シェルバーンが目撃された」と、ジェフは明らかに興奮した様子で言った。「ロッチデール郊外にあるパブに入店した模様」

僕はすぐに行動に移さねばならなかった。

「どうすればいい？」と僕は聞いた。

「最近、シェルバーンはめっきり外出しなくなったと聞いています。だから、私があなただったら、紅茶を置いて、ブーツを履いて、彼が店を出る前にパブに急行します」

数分後、体の芯から凍えるような冷気と冬の風に耐えられる衣服に着替えを終えた。朝から雨が降り続いており、木の枝には凍てついたしずくがぶら下がっていて、まるで今にも砕け散りそうなガラスのようだった。僕はシェルバーンさんとの対面を心から恐れながらも、きっとうまくいくと何度も自分に言い聞かせた。ジェフは、パブに到着したら、背が高くて、恰幅のよい、長い髭を蓄えて杖を持っている男性を探すように言った。

重い木の扉を引いてパブの中に入ると、強い風が吹いて扉がバタンと閉じた。数名の客が顔を上げて僕を見た。冷たい風を店内に招き入れるという愚かな失態に、明らかに腹を立てているようだった。

バーの中とテーブルを見回したけれど、シェルバーンさんはどこにもいないようだった。踵《きびす》を返して店を出ようとしたその時、ビリヤード台の近くの、カウンターの隅に座っている彼の姿が見えた。大きなゴールデン・レトリバーが足元で横になっていた。

シェルバーンさんは確かに髭を蓄えた恰幅のよい男性で、そのしかめっ面の影響で、眉毛が鼻の真ん中あたりでつながって見えるほどだった。テレビでスポーツのゲームを必死に見ている様子で、たぶん近寄るには最高のタイミングではなかったけれど、とにかくトライしてみなくっちゃ。僕は深呼吸をした。

杖がカウンターに立てかけてあった。もしかして殴られるのかしら。

「すいません、シェルバーンさん……」

彼が振り返るまで、一瞬の間があった。高校の校長と話をしているような気分になった。

「用件は?」と、彼はつぶやいた。

「まず、ビールはいかがですか」と僕は言い、キラキラ光る笑顔を見せて、僕のアメリカ訛りがどれだけうるさく、イギリスのパブで突然耳にしたらどれだけ場違いなのかを彼に忘れさせる作戦だ。

「僕たちの先祖について、いろいろな確執がありましたよねえ。それをなんとか修復したいと思いまして」

「ビールで?!」と彼は吠えた。

「そ、そ、それでしたら、スコッチ・ウイスキーのショットはいかがでしょうか?」と、僕は恐る恐る尋ね、フロッドンで経験した人々とのつながりを思い出していた。

明らかに、彼はウイスキーになど興味はないようだった。少なくとも、僕には興味がなさそうだった。シェルバーン氏はテレビに視線を戻した。

ここで怯んではならない。もうワンプッシュだ。

「あのですね……クリスマスがもうすぐやってきますよね。ホールでパーティーを開きたいと考えておりまして。大学は休みになるってことで、ゲストがあなたの敷地を通ってホールのイベントに来ることができるように、どうにか許可していただけませんか?」

「興味はないと言ったはずだ」と、彼は厳格な口調で言った。「そろそろひとりにしてくれないか。ゲームを見たいんだ」

「あなたに使用料をお支払いしてもいいですか?」

「興味はない!」と彼は怒鳴った。

犬が立ち上がり、僕に吠え始めた。

客たちが再び僕に注目した。僕は突然、自分が厄介者となり、歓迎されざる客となったような気持ちになった。もしかしたら、僕が気にしすぎたのかもしれないけれど、はっきりと、部外者だと感じたのだ。僕には訛りがあるから、ここを去るべきだと。

僕はドアへと急いだ。イギリスのパブは通常、とても温かい、あるいは暑いぐらいだから、凍てつく午後の空気のなかに放り出されるのは、まさにビンタされたような気分だった。

ホールへと戻りながら、困惑しきっていた。めまいがしていた。恥ずかしかったことも理由だし、腹を立てていたこともその理由だ。

隣人として、真っ当な質問をしただけだったはずだ。理由もなしに申し出を完全に拒絶するというのは、僕にはとても失礼なことのように思えた。イギリス人って、礼儀正しい人たちじゃなかったのか？

僕はよろめきながらホールに入った。この日の午後遅くに、ボブに会って巨大なステンドグラスの修復について話し合う予定の宴会場にフラフラと入っていった。ボブを待ちながら、僕はしょげかえっていた。ホームシックになりそうな気持ちを、クリスマス・パーティーを開催するというアイデアがどうにか救っていた。母に連絡を入れて、飛行機のチケットを予約する必要はないと告げなくてはならない。僕は母のケータイの番号をダイアルし、何が起きたかを告げた。彼女は同情してくれたけれど、ケータイを切った僕はいっそう悲しくなった。故郷から遠く離れたことで、母と、そして父のことがどうしようもなく恋しくなったのだ。

宴会場の隅っこで、床に座って頭を抱えていた時だった。ケータイが鳴った。

喜びが体中を駆け巡った。それはロスのジェイからだった。宴会場の大きな窓のおかげで、電波が届いたようだった。彼と話せば気分は上がるかもしれない。ビデオ通話で、僕の休暇の予定を聞きたかったようだった。

「そっちはどうだい？」と彼は言った。「冒険を楽しんでるか？」

僕は精一杯、楽しいフリをした——隣人のことと、今となっては開催不可能となったクリスマス・パーティーのことを説明する覚悟はなかった。

「最高さ」と、僕は口ごもりながら言った。僕が嘘をついていることぐらい、彼にはわかっただろう。

「そうか。お前がいなくて俺たちは寂しい思いをしているよ。一緒だったらよかったのにな」と彼は言った。

そしてジェイはケータイをかざして、彼がいる場所を見せてくれた。彼は二十メートルあるヨットを所有していて、僕の親友全員と一緒にパーティーを開いていた。抜けるような青空と、キラキラ光るターコイズ・ブルーの海、背景には波間に煌《きら》めく日差しが見えていた。誰かがシャンパンのボトルをポンと開けた。

「ハッピー・ホリデイズ、ホップウッド！」と、全員が歓声をあげた。

ジェイは一月に仕事が発生するかもしれないとも言った。「いつ戻るんだよ、ホップウッド？」と、彼は知りたがっていた。

彼には、わからないと伝えた。

何千キロも離れた海の上で友人たちがお祝いをしているまさにその時、僕は宴会場を見回していた。ここはかつて、舞踏会やパーティーが開かれていた場所だった。でも、それも過去のことだと僕は考えた。漆喰仕上げの壁には大きなひび割れがあり、床板は抜け落ち、暖炉は崩壊寸前だ。高さ六メートルの巨大な出窓のガラスはひびが入り、泥だらけで、蜘蛛の巣が張っていた。

その窓のことを考え、修復に一体どれだけの時間がかかるのだろうと考えた。初めてホールに来たときは、この窓をただの大きな窓だと考えていた。いまこうやってまじまじと見てみると、四十もの小さな窓によって構成されている。そして、その窓のひとつひとつを見はじめた。手吹きの斜めにカットされたガラスでできている。そのほとんどすべてを修理して、入れ替えるか、修復する必要があるのだ。小さなガラスを数えて、計算してみた。四十もの小さな窓には五十枚の——時には八十枚以上の——ガラスが嵌まっていた。ということは、大きな一枚の窓を修復するために、トータルで、二七一〇枚ものとても小さい窓を修復しなければならないのだ。そして、それはこの一部屋にある、ひとつの窓の話なのだ！　そして、作業をするのは、この僕だ！　そして僕は故郷から八千キロも離れた場所にいて、クリスマスを祝うこともできず、暖房設備のないホールは凍えるほど寒く、友だちはカリフォルニアの青い空の下、セールボートの上で楽しんでいる。

イギリスの移民局が僕の正気を疑うのも無理ないよね！　町を歩けば誰もが指さし、笑うのも納得って感じだ。楽園にある人生を捨てて、ホップウッド・ホールの修復を引き受ける大馬鹿者だからさ。そうしなければならなかったわけではなく、百パーセント、自分の意思でそうした大馬鹿野郎だ。

第20章

ウィズ・ア・リトル・ヘルプ・フロム・マイ・フレンド

新しい一年が始まり、日の当たる場所を旅したり、最高にロマンチックな恋愛関係を模索すべく、多くの努力を重ねたものの、僕は依然として凍え、ジメジメして、独身だった。

キャッスルトンで目覚めたある朝、とても疲れていたので目覚まし時計が鳴ったというのに寝坊してしまい、彼女の朝食に遅れるところだったとメアリーに白状した。

「あらなんてこと、そんなのまったく知らなかったわ！」と彼女は切り返した。「私は今まで一度も目覚まし時計なんて使ったことがないのよ！　その代わりに、お婆ちゃまから教えてもらった、昔ながらのアイルランド式をやっているの」

朝早く起きたいとき、例えば朝の六時に起きたいとすると、メアリーは枕に頭を六回叩きつける。

「七十年間、そのやり方一筋」

僕は彼女を疑いの目で見つめたが、彼女は大真面目に言っていた。その方法が効果的だと信じるけれど、僕は寝起きがとても悪いタイプなので、僕には効き目がないと思うと伝えた。

「あなた、意気地なしね」と、彼女はトーストにバターを塗りながら言った。「ロスで過ごしすぎたのかしら……でも大丈夫。まだ十分若いから、やり直しはきく」

彼女はビタミンDを摂取すべきだとも付け加えた。

「特にあなたみたいな、通常は太陽光から摂取している人には大切よ。そうしないと、鬱になっちゃうから。体はビタミンDを必要としているから！」

イギリス人が「ビタミン」と発音するのが大好きだ（アメリカ人はバイタミンと発音する）。まるで心配する母親のような表情で老眼鏡ごしに見つめてくる彼女に、僕は微笑まずにはいられなかった。クリスマス前のぱっとしない表情の僕に気づいていたのか、それともボブが宴会場で僕が泣いていたことを町中に言いふらしたのか、いずれにせよ、メアリーはとても心配していた。彼女はトーストに豆を載せるという正しい調理法を教えてくれた人でもあるので、ビタミンについても彼女の助言に従うことにした。

イギリスでは、ビタミンDを購入することは、オピオイドを購入することに匹敵するかもしれないと恐れ、ホップウッド・サービス・ステーションの店員にビタミンDを売ってくれと頼んで恥をかくリスクを冒したくはなかった。その代わり、僕は地方の薬局に行き、小さなボトルを購入した。そうすれば、奥の部屋に引っ張り込まれて「あなた大丈夫ですか」と言われるような気分を味わうこともないからだ。

新しい依存物質ビタミンDを入手したにもかかわらず、それでも、冷たく、そして困難な事実に向き合わなければならなかった。ホールには暖房設備が何一つないため、煉瓦と石で作られた家はまるで巨大な冷蔵庫のように氷点下の室温を保ち続けるのだ。手足の指の感覚を失う日もあった。しかし、自分の息はよく見えた。

「あんた、ヘルメットをかぶったドラゴンみたいだな」とボブはよく言った。僕が白い息をそこらへんに「煙」のように吐きだしていたからだった。だから毎朝ミントを持っていくことを忘れなかったし、コーヒーよりは紅茶を飲むようにして、ボブにコーヒー臭い息をしたドラゴンだと余分な印象を持たれないように心がけた。

その年の一月、ボブは建築家エドガー・ウッドのイングルヌックの天井の修復を始めることを決意した。イングルヌックは低い梁のある小さな部屋で、バイロン卿の暖炉がある場所だ。家族を連れて初めてホールを訪ねた際、ボブが見せてくれた。当時、とても大きく、隙間風が多い屋敷内では、その場所は快適で魅力的だったに違いない。修復された暁には大きなアームチェアに座って、足を上げて、火のそばでくつろぐ自分を想像した。それでも、僕らが次に作業をするのがこの部屋だと信じることはできなかった。

「ちょっと待って。宴会場の二七一〇枚の割れた窓ガラスを修復することもできないってのに、この天井を直すっていうの？」と、僕は信じられないとばかりに質問した。

「イングルヌックの天井は今にも崩壊の危険があって、一旦壊れてしまうと修復は不可能だ」とボブは説明した。「だから、宴会場の窓は後回し」

ジェフ曰く、アーツ・アンド・クラフツ運動の提案者の一人として名を馳せたエドガー・ウッドが設計したこの天井は、建築物としてとても重要なのだそうだ。葡萄のつる、そして花を驚くほど詳細に描写した美しい装飾が施されていた。そしてそれは崩壊の危機にあった。何年も経過するなかで、雨が染みこみ、天井は撓《たわ》み、ひび割れ、巨大な漆喰の塊が床に落ちていた。

天井が危機的状況にあることは理解していたが、数ヶ月から、最悪の場合、数年を要する二七一〇枚の割れた窓ガラスの修復という大きなプロジェクトが、未だに「やることリスト」にさえ入っていないという事実を飲み込むのは難しいことだったのだ！

「天井の修理にはどれぐらいの時間が必要なんですか？」と僕は尋ねた。

「やってみないと、わからん」とボブは答えた。「すべての工程を終えるとなると、数ヶ月かかる可能性だってある。なぜだ？　他に何か大切なことでも？」

答えは言わずもがなだった。

計画はこうだ。割れた天井を集めて、テーブルの上に並べ、天井――それから屋根――が、しっかりと修理されるまで保存しておく。ジグソーパズルのピースをひっくり返して、パズルの完成をより難しくするのが好きな子どもだった僕としては、興味が湧いた。丁寧に漆喰を剥がして、それをテーブルの上に並べていった。

歴史的建築物の修復という分野のプロであるボブは、本当に根気のある男だった――僕よりはよっぽど辛抱強い。ハリウッドでは誰もが、なんでも、今すぐに欲しがる、今だ、今すぐに（そしてほとんどの場合、手に入れる）！　片や天井の修理はずっと退屈そうだったし、時間もかかりそうで、あろうことか僕はその事実をボブに言ってしまった。

「かつてこのホールが美しい状態に仕上がるまでに、何世紀もの時間が必要とされたことを理解してくれ。誰かさんがビバリー・ヒルズの美容外科に行く時みたいに、物事はドラマチックに変わりはしないんだよ、ホップウッド」

僕が「整形している」とほのめかしたかったのか、それとも彼が言い得て妙なことを口にしたのかは不明だったが、言わんとするところは理解した。

太陽が完全に姿を消し、大雨が降り、凍えるような寒い日だったけれど、ボブのお喋りでホールの雰囲気は明るかった。もしかしたら、僕と一緒に作業をするのが楽しくなってきたのかもと考えずにはいられなかった。少なくとも、僕がいたことで、ボブにとって時間は早く過ぎたはずだ。というのも、僕がいなかったら、こけにする相手がいないから。確かに、ある意味退屈だったが不思議と人の心を引きつける作業だったし、なにせ、やりがいがあった。僕が幼い頃大好きだったジグソーパズルに似ていた。

長い冬の間、ジェフはホールまで定期的にやってきてはお喋りをしてくれた。僕が知りたがっていると知っているから、ホップウッドの祖先について頻繁に話をしてくれた。僕の心が揺れていたこと、誰かの応援が必要だったことに、彼は気づいていたのかもしれない。

ある日の午後、ジェフが訪ねて来ていたときのことだ。「ものすごく寒い」場所から、「まあまあ寒い」場所に移動して暖を取ろうと、彼と連れ立って宴会場に行った。彼に自分の深い苦悩の象徴である窓ガラスを見せるためだ。

「十八世紀初頭にジョン卿とエリザベス・ホップウッド夫人がホールに住んでいたときのことです。二人はこの家の、まさにこの部屋で豪華なパーティーを開催することで知られていました」とジェフは語り始めた。「まさに、ここですよ」

骨の髄まで凍るような寒さにもかかわらず、僕は元気になった。僕がパーティー・アニマルの子孫だとわかったら喜ぶと知っていたに違いない。

「蛙の子は蛙ってね」と、ジェフはウインクしながら言った。「二人がこの宴会場を建築したのはパーティーのためなんですよ。より多くの客を招き入れることができますし、ダービー伯爵夫妻といった貴族たちをもてなすことができますから」と、ジェフは説明した。「正式な舞踏会を開いた夜は、オーケストラの演奏があったそうです。招待客やホップウッド家の人々が早朝まで踊っていたそうで、召使いたちは飲み物を配り、メイドが食事を運んだそうです」

僕は広い宴会場を見回した。塑像は崩れかけていた。暖炉の上に飾られた大きな鏡の縁は、バンダルによって破壊されていた。天井に施された円を描く花の彫刻は、雨漏りで割れていた。そこはきっと、ろうそくの灯された巨大なシャンデリアが吊り下げられた場所だっただろう。

悲喜こもごもな気持ちを抱えながら、僕らはしばらく辺りを見つめていた。

ジェフは歴史クイズで場の雰囲気を立て直した。

「ジョンとエリザベスがパーティーで必ず用意したものってわかります？」

「えーっと、アルコール？」

ジェフは笑った。

「まあ、それも正解。でも……その答えは……パイナップルです！」と彼は言った。

ジェフによると、一七〇〇年代、パーティーでパイナップルを提供することが大いに流行っていたのだとか。

「しかし問題は、この貴重なフルーツは温室で栽培するか、国外から輸入しなければならないということでした。当時のパイナップルの値段は現代の六千ポンド程度です」

今となってはポンドからドルへの換算が得意になった僕は、それが八千ドルほどだと理解していた。

「パイナップルをパーティーで提供するということは最先端でもありましたが、とても貴重な果物の購入には相当な資産が必要になるという意味にもなります。当時、パイナップルはステイタスシンボルでした。成功者であることを世間に示すための道具だったのです」とジェフは続けた。「パイナップルを購入できない場合、一晩、六百ポンドでレンタルできたそうです。パイナップル一個のレンタル価格ですよ」

僕は衝撃を受けた。

「僕がいつも捨てていた小学校の給食の丸い黄色いスライスに数百ドルの価値があったということ⁈」と、僕は冗談を言った。

ジェフはクスクスと笑った。「一七〇〇年代に育てられていたとしたら、パイナップルの扱いは違っていたでしょうね。ご馳走だったでしょうから。甘やかされたガキに育っていたはずだ！」

僕らは互いに冗談を言い合い、パーティーの招待客たちが、ミドルトン中で話題沸騰のホップウッド・ホールでの次の賑やかなパーティーについてあれこれ噂するのをこっそり聞いたらどんなだろうと想像した。

「ホップウッドがまたパーティーを開くって聞いた？　今度はパイナップルが二つも並ぶそうよ！」

「鏡を使って騙すんじゃないの？」

「まさか、確実に二つは出るわよ。でもきっと、レンタルね」

「パイナップルを返して、補償金を全額返金してもらうのは難しかったでしょうねえ？」と、ジェフは想像していた。

「このパイナップルの半分は食べられているようですが！」と、僕が言った。

「いいえ、私がレンタルしたときは、すでに食べられていた状態でした」と、ジェフがクスクス笑いながら返した。

パイナップルの話題でジェフと盛り上がりつつ座っていると、ちょうどよいタイミングでボブがランチボックスを片手に入ってきた。頑丈な安全靴を履き、鍵をじゃらじゃらと鳴らしていた。この日の朝、奥さんがタッパーにランチを詰めてくれたそうだ――それも、パイナップルのスライスが三枚入っていた。実際のところ、スライスは四枚あったそうだが、ボブはすでに一枚食べていた。ボブはもう一枚手にすると、残りを僕らに勧めてくれた。

「ほらよ、相棒」彼はニヤリと笑った。「食えよ」

おかしかった。平凡なシーンかもしれないけれど、僕にとっては特別な瞬間だった。

僕は、ホップウッド・ホールを発見しなければ出会うことは決してなかっただろう、奇跡の友人二人を見つめていた。ジェフとボブは長い付き合いだ。一方で僕は、新しくグループに入ったガキで、二人の友だちが仲間に入れてくれるというのなら、なんでもやってやろうと考えていた。幸運なことに、二人は僕を仲間に入れてくれた。僕ら三人は、まったくタイプの違う人間だった——ジェフは丁寧な男で、僕はしつこいぐらいにプラス思考のアメリカ人、そしてボブはつっけんどんなマンチェスターの頑固者。そうだとしても、僕らには多くの共通点があった。三人とも、ホールを救いたいと心から願っていた。ホールのメンテナンスを続ける上で起きるよいことも悪いことも経験し、一つのことがこれ以上ないほど明確になった。つまり、僕がこのプロジェクトの継続を望むのなら、先祖のパワーに頼るだけではなく、ミドルトンの友人たちとの仲間意識も必要になる、ということだ。

そんな僕ら三人が一緒に座り、パイナップルを食べ、お喋りをして、しばし困難を忘れるのだ……せめて、少しの間は。

程なくして、キャッスルトンに戻る時間になった。外の空気は冷たく澄んでいて、僕はビタミン

Ｄの錠剤を口に放り込み、魔法瓶の紅茶で流し込んだ。そう、僕は魔法瓶のサーモスを持つようになっていたし、安全靴と、ツールを入れるための細長いポケットやストラップのついた作業ズボンを穿いていた。ロスの友人がその姿を見たとしても、信じることはできないだろう。もしかしたら、映画のセットの中で、何かの役柄を演じていると思うかもしれない。

ケータイが震えだした。ダービー伯爵夫人からだった。

「ホップウッドさん、キャジーよ。あなたからしばらく連絡がないから、テディも私も心配しているんですよ」と彼女は言った。

あまりにも冷たい風が吹いていて、手の感覚が失われるまで五分しかケータイを持っていられないとしても、それはうれしい連絡だった。

僕は笑いながら「すごく怖くなっちゃうときもあるんです」と、アメリカ人の明るさを発揮して言った。「ノーズリー・ホールの修復のときは、どのようなお気持ちでいらしたんですか？」

彼女はしばらく黙り込み、そして同情するように「ホップウッドさん、アパートとか、普通の家のリノベーションと比較しないようにすることが大事なの。自分のことを、美術館の館長だと考えるといいわ。リノベーションには数年、あるいは一生かかることを受け入れるためには忍耐と経験が必要です。でも、最終的には自分の生涯よりも長く存続するプロジェクトを生み出すことになるのですよ。その考えを受け入れることができれば、きっとあなたは自由になれる……そして、一番大切なこと。それは、あなたがそのプロセスを楽しめるようになるということです」

歴史的建造物の修復に必要とされる物事を知る人、そしてそれをやり遂げた人と話ができるのは、とてもありがたいことだった。

「今週末、こちらにいらっしゃいませんか?」と彼女は言ってくれた。「お食事とワインを用意しますね。温かいお風呂にゆっくり浸かって、リラックスしてください。週末の旅行は楽しいわよ」

数日後、見慣れたノーズリー・ホールの鉄製の門の前に車を停め、呼び鈴を押した。

「ようこそ、ディプリー様。お待ちしておりました。どうぞ建物の前に車をお停めください。荷物を下ろしますので」と、聞き覚えのある声がして、鉄製の門が開いた。

「ウィルトンさんですか?」と僕は聞いた。

一瞬、間があった。

「はい、そうです」と彼は言った。「それでは後ほど」

とても美しい場所に戻ることができたし、まるで常連客のような気持ちになれたことは素晴らしいことだった。僕はウィルトンの後について、曲がりくねった階段を上り、長い廊下を進むと、ようやく滞在させてもらう部屋に辿りついた。

部屋はとても広く、美しく飾り付けられたゲストルームで、アパートがいくつかまとまったぐらいの空間だった。天蓋付きの大きなベッドが置かれていた。ガラスの瓶に入った水、豪華な見た目のチョコレート、何種類ものイギリス産紅茶、高級なアルコールの入ったデキャンタが僕の到着を待ち構えていた。まるで五つ星ホテルだった。

「ワオ。この部屋には食洗機までついてたりして？」と、僕はジョークを言った。

ウィルトンは礼儀正しい笑みを浮かべて、僕をバスルームに案内した。

「風呂をご用意するようダービー夫人から仰せつかっております」と彼は言い、ドアを開け、大きなバスタブ、白いローブ、スリッパ、柔軟剤のコマーシャルから借りてきたみたいにふわふわのタオルを見せてくれた。バスルームの隅にはリネンボックスがあり、僕が必要とするものがすべて入っていた。歯磨き粉、数種類のシェービング・クリーム、そしてボディー・ローションだ。

「お食事前のカクテルが八時頃になりますので、それまでにご準備をしていただければ」と彼は言い、部屋を出て、ドアを閉め、僕を一人にしてくれた。

ロルフ博士の教えによれば「八時頃」とは、午後八時七分のことだ。学習のたまものだ。

ということは、四時間程度、リラックスできるというわけ。

お風呂に長いこと浸かって、生まれ変わったような気持ちになった。バスタブから出て、誰かの家では通常はしないことをした。はい、ホテルではします。でも、誰かの家ではしないことです。無料のボディー・ローションの瓶を開けたのだ！　フランス製だった。頭から爪先までローションを塗りたくった。

タピオカ・プリンみたいな香りを漂わせた僕は、ブランデーを少しだけグラスに注いだ。家にボタンが壊れたパンツを置いてきてよかった。

午後八時七分ぴったりに、階段の下まで行った。ちょうど、五組のカップルが玄関に到着したところだった。別のスタッフが僕らを近くの部屋に案内してくれた。部屋の反対側にあるドアから、伯爵夫人が入ってきた。すでに軽快な音楽が流れていた。

「ホップウッドさん、お元気そうね」とキャジーは言い、僕らは両頰に挨拶のキスを交わした。

「来てくださってうれしいわ」

何人もの給仕係が部屋を動きまわり、シャンパンのコルクが次々と抜かれ、パーティーが始まった。

数分のうちに、十人の招待客に紹介された。彼らも週末をここで過ごすのだ。製パン会社、宝石店、ビール製造会社のオーナーたち、著名なテレビ番組製作者とその妻、そしてスコットランドで最大級の城を相続したばかりの若夫婦だった。

誰もが僕を快く迎え入れてくれ、そして誰もが歴史的建造物の修復の難しさを理解してくれているように思えた。

「明日の朝、一緒にキジを狩りに行きませんか?」と、ようやく彼に挨拶できる機会を得た僕と握手しながら、テディが聞いた。

イギリスのキジ狩りについて聞いたことがあったが、それがどのようなものかはよくわからなかったし、僕が参加してもいいものかどうかわからず、少なからず慌てた。

「繁殖しすぎないように、毎年、キジの数の調整をする時期があり、それが伝統的なイギリスのイベントになっているんですよ」とテディは説明した。「ということで、明日の九時に屋敷を出ます。すべてのキジは、我々のキッチンで調理されるか、地元の店で売られるか、あるいは必要のある方々に寄付されます」

「もちろんご一緒したいです」と僕は答えた。「でも、僕自身、狩りに参加したことがないんですよね。だから、足でまといになりたくありませんし、邪魔になりたくありません」密かに、彼が僕を見逃してくれることを望んでいた。というのも、すでにかなり不安になっていたからだった。

「心配は無用ですよ。空に向かって撃ちますから、誰の邪魔にもなりません。あなたに向かって撃つことはありません。ただ一緒にいらして、他の皆さんと同じく見学すればいいんです」

翌朝、キャジーが通用口近くにある巨大なクロゼットを開いて、訪問客のために用意されたハンティング・ウェアを見せてくれた。L.L.Beanの店舗から棚ごと運んできたかのようなラインナップだった。ウィルトンが素早く膝丈のゴム長靴を選んでくれ、それに合わせた緑色の防水ジャケット、そして伝統的な緑色の格子縞のハンチングを揃えてくれた。

姿見に映る自分を見て、数日前に着ていた作業着とブランドもののハンティング用衣装との違いに笑わずにはいられなかった。詐欺師になった気分!

我慢できなかった。「ウィルトン、申し訳ないけど、僕の写真を撮ってくれませんか?」建物の外に出て、彼にケータイを手渡しながらお願いした。

僕らは黒いレンジローバーに乗り込んで、広大な敷地を横切るように移動した。キャジーは、キジ狩りの一部にだけ参加する予定だったため、自分の車で後をついてきていた。

テディが防音ヘッドフォンを貸してくれたので、僕らがこれから行うことが何であれ、大きな音がするのだろう。僕らは屋敷から森に向かって旅をし、そして空き地に辿りついた。彼らはすでに狩場番人を現場に待機させていて、準備が済んでいた。

狩猟が始まったときには少し緊張した。ライフルが発砲され、犬が吠え、森に駆け込みキジを咥《くわ》えて戻り、それを狩場番人が集めた。

昼食の時間になると、レンジローバー部隊である我々は森をくねくねと進み、趣のあるコテージに向かった。広場の真ん中に建ち、煙突からは煙が上がっていた。コテージは奇妙でチャーミングだった。ギンガムチェックのカーテンがかかっていて、まるで絵本に描かれたような雰囲気だった。ここが僕らのランチの場所だ。

テディ曰く、コテージはカナダの人々からのプレゼントだという。カナダ人が先代のダービー伯爵である彼の祖先に贈ったものだ。ウィルトンとスタッフはすでに屋敷からやってきており、素晴らしい食事と温かい飲み物を提供してくれた。

ランチの後は、キャジーが次のミーティングの場所に車で送ってくれた。それはまたとないチャンスで、互いの近況を伝え合うことができたのだ。車で移動をしながら、僕は彼女にホップウッド・ホールがいかに寒い場所かということ、何千枚もの窓ガラスの修復が必要であること、イングルヌックの天井だって修理が必要で、その資金を得るために大変な苦労をしていること、あの場所を良い状態まで仕上げるには、何ヶ月、何年もの時間がかかるだろうということを伝えた。

「広い屋敷を相続した人は幸運だって思う人がほとんどでしょうね」とキャジーは指摘した。「でも現実的なことを言えば、大きな屋敷を管理するというのは、誰かに美術館の鍵を渡されて、『さあ、どうぞ！』って言われているような気分なんですよね。ここはあなたの持ち物です、面倒を見るかどうかはあなた次第、そしてメンテナンスと維持費はすべてあなたが負担するんですよという感じ。もちろん、美術館と同じで、価値は高いでしょうね。でも、売却なんてできないんですよ。だから、管理人としての務めを受け入れなくちゃいけないのよね」

このような現実を知らない人からすれば、広大な敷地を持つ貴族に同情するなんて難しいというのが正直なところだろう。でも僕には、テディとキャジーの人生にはとんでもない責任が覆い被さっていることがはっきりわかった——不動産の管理だけではなく、終わりのないボランティア、地域社会とのつながり、そしてそれぞれが百を超える慈善団体の役員を務めているのだ。

「この責任を受け取った人間に選択肢はありません」と、キャジーは言った。「とても若い頃から、

伝統的なイギリスの衣装を着た著者。

長子は不動産を管理して、その役割を受け入れるように育てられます。将来の仕事の選択肢なんてありません。運命みたいなものですよね。でもあなたの場合、自分からホップウッド・ホールを守ると決めたんですから！」

「その通りです」と僕は笑った。「何も相続できない次男ってフラストレーションが溜まるだろうなって以前は思っていましたけど、今となっては次男ってラッキーかもしれないって思いますよ。だって、自由がありますから！」

「何世紀にもわたって、このような家は存在してきたということを忘れないで」とキャジーは言った。彼女の声は温かくて、その言葉には知恵が詰まっていた。「あなたが家を導くというよりは、家があなたを導いてくれると信じるのよ」

キャジーが会話に夢中になるあまり、道に迷ったことに気がついたことで、僕らのお喋りは中断した。砂利道に車を停め、周囲に広がる二五〇〇エーカーの森を見回した。

「向こうの方に羊が見えるんだけど、どうです？」と、地平線の辺りに見える北極星のような白い塊を指して言った。

僕らは笑い始めた。

彼女はケータイを取り出した。「ああ、どうしよう。電波が届かない。あなたのはどう？　届いてる？」

残念なことに、僕のケータイもダメだった。

「ここで死んじゃったりして」と僕は冗談を言った。

理由ははっきりしないけれど、もしダービー伯爵夫人が裏庭で姿を消したとしたら、誰かが必ず捜し出すだろうと思った。

道を少し先に行ったところで、電波をキャッチすることができて、キャジーはウィンストンに迎えに来てくれるよう頼んだ。

「行方不明になったままで十年後に、錆びた古い車のなかで、ケータイを握りしめた僕らの骨が見つかったらって想像できます？」と、僕は笑った。

「やめてよ。このことは秘密ですよ」と、彼女はいたずらっぽく言った。「もう絶対に車の運転なんてさせてもらえないわ！」

僕らは再び、素晴らしいディナーと飲み物を楽しんだ。翌日の朝、僕は荷物をまとめた。ホップウッド・ホールでのハードワークで忙しい一週間の準備をするため、早めに戻る必要があるとわかっていた。

屋敷を去りつつ、素晴らしい週末を過ごさせてもらったお礼と、別れを全員に告げた。イギリスの田舎の邸宅で過ごした滞在客が去る時には、ゲストブックに署名することになっている。このゲストブックは何百年にもわたって記されているものだから、ノーズリーのような屋敷の場合は、図書館に置かれたゲストブックも分厚いのだ。

テディが「ホップウッド、これを見てください」と、金の縁取りが施された、古くて豪華なゲストブックを手にして言った。「研究員の一人が発見したんですよ。君が興味を持つのではないかと思って」

彼は革表紙の重いゲストブックを手渡して、その真ん中ぐらいのページに記された署名を見せた。一八八一年十月十七日の日付だった。色褪せた筆記体は、「ホップウッド夫人」と読めた。

鳥肌が立った。

「君の先祖も、我々の先祖のゲストだったようですね。ここ、ノーズリーにいらしたんです」と彼は言った。「君は先祖の足跡を辿る旅をしているんですよ」

テディに、タッチストーンズに訪れた際、職員がノーズリーで開催されたガーデン・パーティーへの招待状を見せてくれたことを伝えた。彼らは仲がよかったに違いない。

「コピーを取って、送りますよ。きっと、先祖調べの役に立つでしょう」と、僕が玄関を出た時に言ってくれた。

車まで進みながら、きっとすべては正しい道につながっていると考えた。たとえ道に迷うことが人生のテーマのように感じられたとしても。

何世紀にもわたって、このような家は存在してきたってことを忘れないで。あなたが家を導くというよりは、家があなたを導いてくれると信じるのよ。

キャジーの言葉が聞こえてくるようだった。

突然、道を外れることが正しい道のように感じられ、行く先にある小さなサインが正しい道だと教えてくれるような気持ちになってきた。

僕は深呼吸をして、車に乗り込んだ。ウィルトンが近づいてきた。

「お気をつけて。道案内は必要でしょうか？」と彼は聞いた。

「そうだね。人生の案内が必要かも」と僕は冗談を言った。

彼はしばらく黙って、考えていた。彼が自分の仕事を真剣に受け止めていることがわかった。

「そうですね。今、あなたが進む道が崖につながっていたり、野生動物と出くわす危険なものでない限り、それは正しい方向なのでしょう。多少のでこぼこは、すべて冒険の一部です」と、彼は小さく微笑みながら言った。

僕は屋敷を出発し、緑の牧草地を通り過ぎ、敷地を出るための道路へと車を走らせた。このような人生の側面を体験するために招待されたことは、とても幸運なことだと感じていた。僕の一部が、先祖のおかげでこのように素晴らしい冒険ができている自分の不甲斐なさを感じ、別の一部がまったく同じ理由で、その責任に怯んでいた。

バックミラーのなかのノーズリー・ホールが姿を消し、大きな鉄製の門が閉じた。ホップウッド・ホールまで続く道に集中した。すぐに作業服と安全靴を身につけることになる。そして僕はその挑戦が楽しみだった。

第21章 おばけ事件

ぎゃあああああ！　おばけがいるう！

七歳の姪っ子ジェッツンが叫び、妹ダナのiPhoneを放り投げた。ホップウッド・ホールの写真を次々と拡大して見ていた冬休み中のジェッツンは、ダナと一緒に僕に会いにやってきていた。二〇一八年が始まってすぐのことだった。

僕はそのiPhoneを拾って、ジェッツンが何を言っているのか確認してみた。ダナは屋敷の元々の入り口付近につながる泥だらけの道から見える、木々の向こうの丘の上に建つ堂々としたホールの美しい胸壁が好きで、その日の早くに、写真を撮ったのだそうだ。拡大されたことでぼんやりしている画像をよく見てみた。確かに、プリーツがたっぷりとした十九世紀風のドレスを着て、大きな帽子をかぶった白黒の女性が写っている。口元と鼻の辺りを覆っているのは、白いフェイスマスクのように見えた。これは新型コロナウイルス感染症が拡大していた時期より前の話なので、マスクをして歩いている人など皆無だった。

どういうこと？

もっと拡大して見てみると、彼女の姿は、僕がタッチストーンズで見た写真に写る人物と不気味なほどよく似ていた。写真の中で、ホップウッド夫人は真っ黒の衣装を身につけ、五頭の飼い犬に囲まれており、巨大な毛皮の帽子とドラマチックな印象の黒いヴェールをかぶっていた。タッチストーンズの研究者によると、ホップウッド夫人は工場からの公害に対する抗議活動として、白いマスクを身につけることが多かったそうだ。

鳥肌！　まさかホップウッド夫人の幽霊を撮影してしまったのか?!　姪っ子が写真で遊んでいなかったら、ケータイの素晴らしいズーム機能がなかったら、幽霊らしき姿に決して気づくことはなかっただろう。

僕はすかさずジェフに連絡を入れ、恐ろしい発見をしたので夕食を共にできないかと聞いた。ホップウッド・パブで落ち合ったジェフは眼鏡の向こうから写真を見て、訳知り顔で頷いた。

「ああ、そうですね」と厳かに話しはじめたジェフ。「ホールが幽霊に取り憑かれているという噂は昔からあります。これで確証が得られたように思います」

ジェッツンが目を見開いた。

ジェフが説明しはじめた。何年も前から、ギャラリーにある長い廊下に女性が歩いて入っていくのを目撃したと言う人たちがいた。ボブの息子は、得体の知れない、気味の悪い冷たい空気のようなものが近くを通り過ぎたと証言し、地元の作業者が現場にすべての道具を置いたまま逃げだし、二度と戻らなかったという話もまことしやかに語られていた。ホップウッド・ホールを訪れていたある著名人が、何者かに何度か強く肩を叩かれたと証言した。

「ホップウッド夫人が廊下を建設したのは、太陽光を顔に浴びることなく、エクササイズできるようにするためだったと言われています」とジェフは説明した。「あの時代、顔が日に焼けているというのは、田畑で作業をしていることを意味しましたので、貴族の女性は農民と間違われることを嫌いました」

写真はギャラリーから二十五歩ぐらいの場所で撮影されているじゃないか！

それはまるで、天に召されてもなお、最も手強そうな僕の祖先は抗議活動を継続しており、廊下やホップウッド・ホールの周辺を、毛皮の帽子をかぶり白いマスク姿で彷徨っているかのようだった。

でも、なぜ今頃出てきたのだろう？ ジェフ曰く、ここ数年は彼女の目撃情報はなかったという。

ホップウッド夫人が廊下を歩いている姿を想像した。

森から眺めるホップウッド・ホール。写真撮影:ダナ・ディプリー

円に囲まれた中に人影が！　写真撮影:ダナ・ディプリー

拡大して見てみると、幽霊のような姿はホップウッド夫人によく似ている。
彼女は公害に抗議する意味で、白いマスクを身につけていたとされる。
写真提供:ローカル・スタディーズ・タッチストーン・ロッチデール、
ロッチデール・アート&ヘリテージ・センターとダナ・ディプリー

石膏みたいに白い肌を保つために作られた廊下だ。それほど日焼けを嫌がっていたとすると、僕が理由で彼女は死から甦ったのかもしれない。彼女が僕のロスっぽい日焼け顔を見て驚いたのだ！

わたくしの廊下を行ったり来たりしているこの農民は誰？ と、彼女は考えたのかもしれない。

「日焼けスプレーですよ！」と彼女に伝えたくなった。「田畑で作業したから日焼けしたわけじゃないんです。お金を払ってブースに入ってミストを浴びたんです！」

ジェフが仮説をいくつか知っていた。ホップウッド夫人は公害に

1850年撮影。スーザン・ホップウッド夫人。
写真提供:ローカル・スタディーズ・タッチストーン・ロッチデール、
ロッチデール・アート&ヘリテージ・センター

抗議していただけではなく、アルコールに対しても厳格だったそうだ。

「一八三八年に彼女が所有する土地に鉄道を敷設することになりました。彼女が提示した条件はたった一つでした」とジェフは言った。「彼女は、列車がホップウッドの土地を通り過ぎる間は、誰もアルコールを口にしてはならないと言ったのです」

当時、実際のところ、その取り決めは実施されたという——そのルールを人々が守ったっていうんだ！

「信じられる？」と僕は姪っ子のジェッツンに聞いた。そして、トップハットをかぶった紳士がエレガントなドレスを着用した妻に「ほらみてごらん、ガートルード。ミセス・ホップウッドの敷地がもうすぐだ。飲み物をテーブルに置きなさい。いや、捨てよう。ホップウッド夫人に敬意を表して」と語る姿を真似してみせた。

僕のワインの摂取量がホップウッド夫人を怒らせているのかもしれない。死から甦った理由がそれで説明できるのか？

それとも、まったく別の理由があるのかもしれない。

「彼女が夫に先立たれたのは一八〇〇年代で、ホップウッド夫人はこの邸宅を少しきれいに整える必要があると考えました」とジェフは説明した。「彼女はアンティーク家具の収集家でしたから、建物のそもそもの設計に合わせるようにして、ジャコビアン様式やチューダー様式の家具を揃えました」

これはワクワクするような情報だった。ホップウッド夫人がパワフルで粘り強い女性だったというだけではなく、強い使命感と目的を持っており、家の内装にも明確な嗜好を持つ人だったのだ。この家の改修に当たる僕にも、彼女と同じぐらいの決意が必要になるだろう。彼女が甦ったのは、僕らの仕事を観察するためなのか？ それとも、この先も頑張れよとばかりに、応援に駆けつけてくれたのか？ ホールを、俳優、ミュージシャン、映画製作者といった芸術家たちが集い、プロジェクトを行う場所にするという計画は進行中だったが、環境活動家も受け入れるべきかもしれない。ホップウッド夫人が認めてくれるといいな。

何が起きようとも、彼女は見守ってくれるような気がした。

この年の冬発見したのは、ホップウッド夫人の幽霊だけではなかった。雨の降るとても寒い日の朝、ボブと僕はイングルヌックの天井を修復していた。ボブが僕を呼んだのはその時だった。

「ここを見てくれ」と彼は言った。

天井の梁が剝き出しの状態になっていた。暖炉の真上あたりにできた空間が見えた。僕はケータイを取り出してその空間をライトで照らした。それは天井に向かって延びる、広い空間のように見えた。ボブははしごを持ってきて、何があるのか上まで登って確かめに行った。

「神父の穴だと思う」とボブが言った。

「神父の……なんだって？」

「一六〇〇年代にカトリックの神父が隠れていた秘密の部屋さ」

秘密の部屋だって？　そんなものが見つからないかなって、ずっと待ってたんだ！

僕ははしごをもう少し近い場所に移動して、隙間の真下に届くようにし、早速登ると、より近くで観察できるようにした。ケータイのライトは無限とも思える空間を照らしたままだった。

「ちょ、ちょ、ちょっと待って、なにか別のものがあるぞ」と僕はボブに言った。ケータイのライトを照らして梁の向こうを覗いて見てみると、長方形の物体が見えたのだ。「おおっと、何かの箱かもしれない！」

隠し部屋。隠された箱。これは僕が幼少期に抱いたハリソン・フォード主演『レイダーズ／失われたアーク』の夢が現実になった瞬間かも！

僕らはずっしりと重い箱を慎重に下ろして、中身を確認した。

「これは聖櫃《せいひつ》かもしれない」とボブは言った。そして、当然僕が無知でそれを理解できないと予測し、「ほら、神父が聖杯を保管しておく箱のこと」と付け加えた。

彼が何を言わんとしているのか、しっかりとは理解していなかったものの、僕のインディ・ジョーンズ気分はすっかり満たされていた。

「誰かに連絡すべき？」と、ボブに聞いた。

「誰かって誰に？」とボブは尋ねた。

「わかんない」と僕は言った。「こんな場合は、考古学者が大勢集まるんじゃないかなって思っただけだよ。僕にとってこれは、恐竜の骨を見つけたようなものなんだからさ！」

ボブは呆れ顔で僕を見ると、もう一度箱に集中した。

それはとても大きくて、重厚なダークウッドでできていて、教会の窓のようなアーチ型の複雑な模様が彫刻されていた。色褪せた金箔がところどころに残っていた。埃と蜘蛛の巣とカビで全体が覆われていたとしても、箱には明らかな教会的雰囲気が漂っていた。宝物が中に入っていたわけではないけれど、僕としては、箱自体が宝物だった。

誰かに確認してもらう必要があるのはわかっていた。そしてありがたいことに、その仕事にぴったりの人物を知っていた。以前、競売会社クリスティーズの鑑定士をしていたヘンリエッタ・グレアムだ。彼女とはヒストリック・ハウスのパーティーで僕にキャジーとテディを紹介してくれたラルフ・アシュトンを介して知り合っていた。聖櫃を発見した数日後、僕はボブの車を借りて、近隣にあるアンティーク家具の倉庫にヘンリエッタに会うために向かった。車の後部座席には毛布にくるんだ聖櫃を積みこんでいた。しっかりと包まれた「赤ちゃん」を抱えるようにして、大きな積み下ろし用ドアから入り、部屋の中心にある、パッドが敷かれた頑丈な観察テーブルの上に置いた。

以前から『お宝鑑定！アンティークロードショー』に出演したいと密かに考えていた。家族のお宝を持ち込んで、鑑定してもらう番組だ。番組のゲストは、想像もつかなかったような家族のお宝に、驚いているように見えた。そんな気持ちになれたら最高だろうなと考えていた——ということで、この経験はまさにそんなものだった。

ヘンリエッタは眼鏡の位置を直しながら、身を乗り出して聖櫃を観察した。

「十七世紀のもののようですね」と彼女は言い、箱の横に彫られたゴシックスタイルのアーチと、箱の上のギザギザの装飾を見た。「間違いなく、教会で使用されていたものです」

箱の片側に残る金箔を見れば、箱は元々はとても派手で、そして美しい装飾を施されていたのだろうと説明した。

ボブと同じように、宗教的な道具を入れていた箱だろうとヘンリエッタも言った。オークションでは五千ポンド（八千ドル）程度の値が付くだろうが、磨きをかけて家のなかで飾るほうが、よっぽどいいと彼女は言った。僕もそれに賛成だった。

「鑑定をはじめて三十年経ちますが、このような物は見たことがありません。とても興味深い逸品だと思います」と彼女は言った。

僕は再び毛布で聖櫃を包んでホールに持ち帰り、ボブにニュースを伝えようとワクワクしていた。彼も同じく、僕に会うのを楽しみにしていた。僕が鑑定に行っているあいだに、神父の穴の入り口を探し当てていたようだった。二階の廊下にあるイングルヌックの真上だった。詳しく中を見るため僕らは二階へと向かった。ボブは食器棚の後ろに隠されていたであろう、四角い穴を見せてくれた。

僕はその隙間に入り込んで、埃や蜘蛛の巣を手で押し退《の》けながら、ここに隠れている時の気分を味わおうとした。中は、煉瓦とカビだらけだった。湿った匂いがして、とても寒かった。天井からは蜘蛛の巣が垂れ下がっていた。こんな場所に閉じ込められたら、一分で閉所恐怖症になってしまうだろう。

ガイ・フォークスの時代を想像した――カトリック教徒がプロテスタントとして迫害されていた時代で、ホップウッド・ホールは熱心なカトリック支持者によって地図上でバツ印をつけられていた。プロテスタントの自警団員らが、この場所に身を潜めたカトリックの異教徒である僕の祖先を探しにやってきた様子を想像した。息を殺し、音を立てずにいなければ、捕まり、投獄される――いや、処刑されていたかもしれないのだ！　十七世紀に先祖がここを離れ、何が起きるかわからない大西洋を渡る旅をしてまでアメリカにやってきたのは、それが理由だったのかもしれない。彼らは命がけで逃げていたのでは……。

僕は改めて、先祖が乗り越えてきた苦難に思いを馳せた。戦争、飢饉、迫害、そしてホップウッド夫人のケースでは産業革命の最中に、工場が原因となる環境汚染を食い止める戦いもしていた。この家のあらゆる場所に、霊というか、魂のようなものが住み着いているのではないかと考え始めていた。少なくともあと一世代先までホップウッド・ホールが存在できるように、彼らに味方になってもらい、応援してもらう必要があると思った。

神父の穴と聖櫃を発見して間もなく、ボブはまったく歓迎されないものも見つけた。

「乾腐［乾燥した泥や木材］だ！」と、彼はケータイの向こう側から報告した。

僕はがっかりしてしまった。溜まってしまった乾腐の処理がどれだけやっかいかを、前回の経験で知っていたからだ。湿度が原因で、菌はあっという間に繁殖し、木材を腐食し、塵へと変えてしまう。

「今度はどのあたり？」と僕は聞いた。

「廊下の東側の床板に沿って広がっているよ」と、彼はため息をついた。

ギャラリーとしても知られるこの場所は、ホップウッド夫人によって一八〇〇年代に建設され、イングルヌックとバイロン卿の暖炉へとつながっている。ジェフが最も美しかった頃の写真を見せてくれたことがあったので、自分たちの目指している状態と、そうなるまでにどれぐらいの作業が必要なのかは理解していた。

家のほとんどの場所と同じように、ギャラリーは良い状態とは言えなかったが、床板の状態は良いように見えていたので、すべての床板を剝がす必要はないのではないかと思っていた。

しかし、腐敗が進むのを食い止めて、他の場所に被害が及ばないようにしなければならないと、ボブは譲らなかった。修復プロジェクトにとって、乾腐は隠れたガンのようなものだ。僕らは膝をついて、バールを使って床板を剝がすことにした。問題のある床板を剝がせば、そこから風を通すことができる。使える板は元に戻して、後で資金を調達したところで代わりの板と入れ替えることにした。

「この辺りからはじめよう。理由はともあれ、過去に誰かが板を剝がした跡があるから」とボブは言った。

「宝物が隠してあったりして！」

神父の穴のイラスト。普通の食器棚のように見える。イラスト:アラン・フィー

食器棚の裏側が開くようになっている。イラスト:アラン・フィー

ボブは呆れたように目を回して、ゆっくりと床板を剝がし、ライトを照らして下を覗き見た。数秒後、彼は動きを止めた。彼は青ざめた顔を曇らせた。

「ダメだ」と彼は言って、床板を戻して、ゆっくりと立ち上がった。「乾腐があるだけじゃなくて、アスベストを巻かれたパイプがあるように見えるんだ」

「アスベストのパイプ⁈」と、僕は信じられない思いで聞き返した。「そんなものが、どうして一八〇〇年代の床下にあるんだい？」

「その年代じゃない」と、彼は口の端から言葉を発した。「この辺りを誰かが剝がしたというのは、そういう意味だ。一九五〇年代に設置されたミニバーとシンクがこの壁の向こう側にある。修道士たちが依頼した建設業者がやったに違いない」

僕は奇妙な夢のなかにいるような気分になった。乾腐？　修道士のミニバー？　アスベスト？

「僕たち、病院に行かなくちゃいけないのかな？」と僕は聞いた。

「いや、触っていないから大丈夫だ。空気中に拡散されて、それを吸い込んだら危険だけど。しかし吸い込んでしまったとしても、何かできることがあるわけではない。数年後に、辛くて緩慢な死を迎えるってだけで」

ボブは手を払うと、出口に向かって歩いていった。

「今日はこれで終わりだ。専門家の助けがいる」

区議会が早速アスベストの専門家を派遣してくれ、数日後、安全を確認されたホールに僕とボブは戻ることができた。アスベストに関しては「安全」であって、崩れかけている天井や不安定な階段といった、その他の潜在的な死の罠は安全というわけではないのだけれど。

角を曲がって、プラスチック製のシートをめくると廊下が現れ、僕は驚きのあまり口を開けた。あまりにも様変わりしてしまっていたからだ。床板が全て撤去され、床から一メートル下は、ただ、土があるだけだった。

廊下の中間あたりにボブが何かを見つけたようだ。彼はすぐにそこまで移動して、確認した——ボブの新たな発見である。

「見てみろ」と彼は言った。床板が撤去され、その下にあった石畳の道が廊下の端まで続いているのが見えた。僕らはその道を辿り、同じく廊下の下に隠されていた煉瓦作りの大きな四角い穴を見つけた。

「それは何？　墓？」と僕は聞いた。

「たぶん、古い炉のようなものじゃないか。深いから、豚を焼いたのかもしれない」

僕はケータイのライトを照らして、何か印のようなものがないか探した。

「もしかしたら、石畳は使用人たちが外の炉まで食料を運ぶ一輪車用に敷かれたのかもしれないな。どれだけ古いものなのか、さっぱりわからない」とボブは首をひねった。

彼は窓まで歩き、まるで探偵が手がかりを探すように中庭を眺めた。

「石畳はギャラリーに敷かれる前は、中庭に敷かれていたはずだ」とボブは熟考している様子だった。「ただし、ホップウッド夫人がギャラリーを建設したときに埋められたはずだから、炉には無関係なのか、それとも数百年単位で時代が違う時期に作られたものなのか。もしかしたら、石畳と炉はつながっていて、一輪車の道は水を運ぶために使われていたのかもしれないな」

僕がこの家を愛する理由はこれだ。歴史の層を一枚めくってみると――今回のケースでは、一八〇〇年代の床板だった――その下には別の層がある。今回は石作りの道と炉だった。一五〇〇年代初頭に使われていた可能性がある。僕が好きになれなかったのは、今となっては床板が撤去されてしまい、僕らが作業を開始した時よりもギャラリーの見た目が悪くなってしまったことだった。かつてそこには床があったというのに、今となっては泥と古い床の根太《ねだ》［床を固定するための木材］だけだ。

僕が不満を漏らすと、「良くなるためには、一旦、悪くなる必要があるのさ」とボブは澄ました顔で言った。彼が正しいことを願った。

第22章

レディ・T

四月が近づいてくると、ホール周辺の景色はがらりと変わった。葉を落としていた木々が突然、青々と葉を繁らせた。足元では、以前は凍てついていた地面の至るところから水仙が顔を出し、黄色い花を咲かせていた。やらなければならないことが多すぎて頭が混乱してしまうときは、外に散歩に出て考えをまとめようとした。問題は、長い時間を敷地内で過ごすと、今度はそこでやらなければならないことの多さにめまいがしてきて、結局また室内に戻らねばならなくなることだった。

　この敷地内の庭が、かつて素晴らしい状態だったことは知っていた。第一次世界大戦以前、ここには多くの庭師が働いていて、その時代の写真を見れば、完璧な芝と咲き誇る薔薇と、手入れの行き届いた小道を確認できる。庭師たちが野菜やフルーツ、そしてハーブを一族のために育てた菜園もあっただろう。ジェフはホールの庭の写真が使われたポストカードをコレクションの一枚として持っていて、それを見れば、花が咲き乱れる草本のボーダー［多年生の草花を密集させて植える場所］、広大な岩石庭園、そして幾何学模様に整えられた花壇と、生け垣で作られた「部屋」のある「イタリアン・ガーデン」があった。イタリアン・ガーデンのなかには、ローマ神の像を中央に配置した、噴水付きの睡蓮の池があった。

しかし、庭のトリビアで僕のお気に入りは、「ハハ」だ。ジェフによると、「ハハ」は、一七〇〇年代あたりからイギリス式庭園の特徴となったようだ。基本的には、庭の端に掘られた溝で、家畜が庭に入るのを防ぎ、同時に溝の向こうの景色を遮ることなく見せるための工夫だったそうだ。庭の端に来るまで「ハハ」を見ることはできないため、その溝に落ちることがある――そのため、「ハハ」［笑い声］と名付けられたのだ。庭園の設計に組み込まれたジョークだったというわけ。気に入った。

しかしそれは百年前の話。何十年も放置されていて、ホールの小道はすっかり荒れ果てて、薔薇は咲かなくなって長い年月が経過し、「ハハ」は完全に姿を消していた。一方で、草本のボーダーは雑草に占拠され、ジェフがタデという名前を教えてくれた植物が伸び放題になっていた。

キャジーとケータイで話していたときのこと、彼女はノーズリーが春を迎えるにあたって、庭師が庭を整えてくれているのだと言った。

「あなたは庭をどうするの？」とキャジーは好奇心たっぷりの様子で聞いた。

「庭、ですか？」と僕は笑った。どう答えていいかわからなかった。さっぱり。僕自身の経験的には、ロスの家にあった鉢植えのサボテンを枯らさないだけで精一杯で、苦労していたレベルだ。

「伸び放題になった草を庭とでも考えない限り、庭というものは残っていない状態ですね」と僕は説明した。「それから、タデとかいう奇妙な植物だらけなんですよ。いやあ本当に、たくましいやつらですよ。タデだけはたくさんあります！」

「あのね、ホップウッド。タデというのは侵略的外来種なんですよ」とキャジーは心配そうに言った。「すぐに専門家を呼んで対策しないと、将来もっと深刻な問題が出てしまうわ」

あーあ。僕は状況の深刻さに気づいていなかった。しかし、ヒストリック・ハウスのメンバーのみなさんと会話をしていて僕が学んだことがあり、それは庭というのは家そのものと同じぐらい大事だってこと。アメリカでは、庭の手入れが好きな人も中にはいるが、イギリスでは、庭の手入れは生まれながらに備わった能力のようなもの。屋外の仕事にも取りかからねばならないことはわかっていたけれど、生まれつきシャベルを手にしているイギリス人の友人たちとは違い、僕にはなんの知識もなかった。

キャジーは宣言した。僕は、ザァさんと話をしなくてはならない。ザァとは、アレクサンダー・トレマッチェを短くした呼称で、サーフォーク州にあるヘルミンガム・ホールのトレマッチェ夫人としても知られている。

「ザァはとても有名な庭園デザイナーよ」とキャジーは説明してくれた。「心配しないで。紹介するから。あなたには彼女の助けが必要よ」

あっという間に、僕にはザァへの同報メールが送られ、ザァは直後に僕をロンドンで行われるチェルシー・フラワーショーのプライベート・ツアーに招待してくれた。キャジーが丁寧に説明してくれた。毎年、世界中からチェルシーに庭園デザイナーがやってきて、素晴らしい庭園を造り、ディスプレイするらしい。その制作費は平均で二十五万ポンド（三十万ドル以上）だそうだ。中には小さなコテージとミニサイズの城、水音を立てる小川、そして滝を作るデザイナーもいる。チェルシー・フラワー・ショーで金メダルを獲得することでデザイナーのキャリアは変わるため、真剣勝負だ。イギリスの社交行事のなかでもメインイベントだし、主催する王立園芸協会の後援者である女王も定期的に参加している。

ザァはチェルシー・フラワーショーの優勝者で、現在は審査員として活躍している。一緒にショーを見学したいのであれば、前夜に電車でロンドンに来ておくこと、そうすれば翌朝六時のオープンに間に合うと教えてくれた。これは絶好のチャンスだし、僕は参加したいとすぐに申し出た。

「これってフォーマルなイベントなのでしょうか？」と、もう一度タキシードを借りる必要がないことを祈りながら聞いた。

「いいえ、みなさん、カジュアルな装いでおいでになりますわよ」と彼女は答えた。

というわけで、僕は前日に電車でロンドンに行き、チェルシー・フラワーショーが開催されるチェルシー王立病院近くのホテルにチェックインした。その日の夜、寝坊してしまうことを恐れて、ケータイのアラームだけではなく、メアリーのおまじないを試すことにした。体内アラームをセットするために、頭を枕に叩きつけるというトリックだ。僕は眠りにつきながらクスクス笑ってしまったが、本当に驚いたことに、アラームが鳴る寸前に自分で起きることができた。おまじないは効いたのだ！

　フラワーショーの外で、ザァに会った。彼女は威厳ある堂々とした姿で僕のところまでやってきた。明るい茶色の髪は、美しくセットされていた。完璧に仕立てられたスカートスーツをエレガントに着こなしていた。アメリカ人女性だったら結婚式に着ていくタイプのスーツだ。一方で僕はTシャツにジーンズ姿でスウェットシャツを手にしていた。僕の「カジュアル」という言葉の理解がイギリス版というよりはロサンゼルス・インスパイア版だったということは明らかだ。

「さあ、一緒に行きましょう！」と彼女は誘ってくれ、ありがたいことに僕の服装をとがめることもせず、セキュリティーチェックでは誘導してくれ、チェルシー王立病院内の巨大で豪華なテントへ案内してくれた。ザァによると、ここは病院というよりは、英国軍に従軍していた高齢の市民のための施設なのだそうだ。一七〇〇年に創設され、広大で美しい赤煉瓦の建物は、六十六エーカーの敷地内にある。ガーデニングのショーには完璧な場所だ。

　あっという間に、僕は大勢の人々がいるテントの中に立っていた。女性たちは皆、ザァと同じく美しく、多くの男性はネクタイにジャケットを着用していた。僕はスウェットシャツを着込んで、自分の無事を祈った。

　僕のことを庭師だと勘違いした人たちとお喋りをしていたら、すぐにザァを見失ってしまった。

「あ！　バージットがいる！」と、僕の横に立っていた男性がうれしそうに言った。そして僕は、女王の従姉妹であり、王室の一員として公務に従事するクロスター公爵夫人バージット妃に紹介されるという栄誉に浴したのである。ジーンズ姿で。ネクタイなしで。

「公爵夫人はケンジントン宮殿にお住まいなんですよ」と男性は言った。「とても素晴らしい庭園があって」

僕はひたすら笑顔で、世界一オドオドした中途半端なお辞儀をした。

とうとうザァを見つけて、それから数時間を彼女と過ごし、朝食を食べてショーを見学した。庭園は見事だった。王立病院のありとあらゆる場所が花と枝葉の展示で埋め尽くされていた。バラ園、熱帯植物園、野生の花々が咲く広場、優雅な装飾刈り込みがされた生け垣があった。僕の新しい友人は庭園デザイナーたちが力強い色と質感のコントラストを、まるで画家がパレットを使うように植物や花を使って表現しているのだと教えてくれた。

驚いたのはそれだけではなかった。チェルシー・フラワーショーの審査員たちがデザイナーに課す厳しいガイドラインだ。ザァの友人の審査員を紹介されたとき、彼は庭園に建てられたガーデン・カバナに注ぎ込まれた才能と技術を評価すると同時に、大工が材木を切るときにつけた鉛筆の跡が天井に残っていたので減点せざるを得なかったと語っていた。

あの日の朝に出会ったある庭園デザイナーの女性は、前の晩、手作りの小川の石を一つ一つ手洗いして緑藻が蓄積しないようにしたらしい。審査員に見苦しいと判断され、減点されることを心配したからだ。

わずか数時間で、庭園と庭師に対する考えが一変した。ガーデニングは真剣勝負なのだ。そして僕には真剣勝負は無理だ！

ツアーを終えると、ザァがショーのお決まりのドリンク、スライスしたキュウリ入りのピムス・カクテルを勧めてくれた。それは、実のところとても美味しくて爽やかな喉ごしだった――そして驚くべきことに、酔っ払うのだ。ピムスをごくりと飲みながら、彼女に彼女の自宅と庭のこと、そしてサフォーク州の荘厳なヘルミンガム・ホールについて尋ねた。

「邸宅は一五一〇年に建築されて以降、夫の一族によって守られてきました」と彼女は説明した。「実際のところ、建物自体は一四〇〇年代から存在していたかもしれません」

彼女はケータイに保存された写真を何枚か見せてくれた。見事な赤煉瓦の建物が、巨大な堀に囲まれている。豊かな果樹園と、バラ園、ノットガーデン［紐の編み目のように、正確に刈り込まれている生け垣］のあるセミフォーマル・ガーデンだった。

「ホップウッド・ホールにはノットガーデンはないけど、タデ《ノットウィード》はありますよ」と僕はジョークを言った。ザァはクスクス笑って話を続けた。

「入居した当初は、庭の手入れがかなり必要な状況でした。当時は子どもも小さかったし、外で庭師と一緒に多年生植物を植えている場所を手入れしていると、子どもたちが足にまとわりつくんですよ。何年もかけて、愛情をかけて作業しましたから、毎年何千人もの来場者が来てくれることは本当にありがたいことです」

訪問の最後に、ザァは僕のガーデニングの師匠になってくれると言った。そして、大切な人生のアドバイスまで与えてくれた。

「家と庭には子どもたちが必要なんです」と彼女は言った。「階段の手すりを滑り下りたり、壁に囲まれた庭でかくれんぼをしたり、生け垣の周りを走ったり、木登りをしたりして、愛着を持つんです。そうすれば、子どもが年を重ねたときに、家を維持するために一生懸命に努力してくれます。その情熱なしでは、庭はあっという間に荒れ果てて、家は崩壊してしまうんです」

その日の夜、キャッスルトンで赤ワインをグラスに注いだ僕は、ザァの言葉を、長い時間をかけて、一生懸命に考えていた。僕の心の深いところにまで響いた言葉だったのだ。いつかは子どもを持ちたいというのは偽らざる思いだ。時間が迫っていると感じていた。ジェッツンの成長を見守ること、伯父としての役割を果たすことで満足していた。妹は子どもを持とうと思わなかったタイプの人間で、それでも彼女は親としての役割を百パーセント受け入れ、望んだのだ。次のステップは、自分自身の子どもを持つことだと思った。でも、どうしたらいい？　僕は独身だ――それは完全に真実というわけではなかった。というのも、僕はホールと結婚しているから。これだけいろいろとやらなくちゃならない状況だっていうのに、どうしたら子どもを持つことができる？　それは、いつ？　誰と？　ホールで作業をする以外、社交的な生活を送る時間はなかった。なんとなく僕に関心を抱いてくれる人には出会っていたが、交際するだとか、一緒に家庭を築いてくれるような人を見つける時間は全くと言っていいほどなかった。数年前、子どもは欲しいがパートナーのいないロス在住の俳優が、代理母に依頼をして出産してもらったことがある。それも二度も。彼はその方法を熱く語っていた。五年後に彼は結婚したけれど、代理母に出産してもらったことを後悔したことは一度もなかったそうだ。というのも、子どもが成長したときに、なるべく若くありたいと願っていたからだ。

僕はワインを口にした。

ノートパソコンを引っ張り出して、グーグルの検索バーに「代理母を探す方法」と入力した。リターンキーを押す前に、僕は手を止めた。どうしたわけかその感覚が、ヒルズにあった自宅でホップウッドを探すイカれた旅をスタートしたときと、奇妙なまでに似ていたのだ。

僕はバタンとノートパソコンを閉じた。

「人生を賭けた冒険は、一度にひとつ」と自分に言い聞かせた。

僕は深呼吸して、ワインを飲み干した。そして頭を枕に六回叩きつけて、眠りについた。

第23章 一歩ずつ

「おめでとう、ホップウッド！」電話の向こうの声は区議会議長であるヴァーノン・ノリスだった。「ホップウッド・ホールが修復費用として二十五万ポンドの助成金を得ることができましたよ！」

自分の耳が信じられなかった。

「ヤッター！」と僕は叫んだ。そして突然、電話の向こうにとても丁寧で礼儀正しい区議会議長がいることに気がついた。「おっと、申し訳ありません」と僕は言い、慌てて謝罪した。「ちょっと驚いちゃって」

「いいですよ」とヴァーノンは答えた。「だって素晴らしいニュースですから。君ならできると思っていましたよ。努力、関わりの深さ、そして献身があってこそなんですから。誇りを持ってください」

ボブと一緒に過ごしてきたことで、イギリス人が褒めるのは本当に素晴らしいと思ったときだけと知っていたので、なんと言ったらいいのかわからなくなった。

「ありがとうございます」と精一杯つぶやいたが、心のなかでは大興奮していた。トンネルの先に光が見えた！　お金があればホップウッド・ホールの重要な構造部分の修復ができる。これで建物自体の安定性と防水性が保たれる。これは僕にとって大きな安心材料だった。この助成金があれば、ホップウッド・ホールの寿命は、ボブが最初に予想した五年から十年ではなくなる。もちろん、多くの作業が必要となるけれど、間一髪のところでこの助成金が与えられたことで、ホールに差し迫っている崩壊の危機は避けられるだろう。

ホールに住み着いたホップウッド夫人の幽霊が、運命の糸をたぐり寄せてくれたのかもしれないと考えずにはいられなかった。

「直接お会いして詳細をお伝えしたいのですが」とヴァーノンは続けた。「土曜日にサージェリーでいかがですか？」

僕は心のなかでニヤリと笑った。僕も本物のイギリス人になった気分だ。

「もちろんです」と、自信たっぷりに答えた。「ヴァーノン、サージェリーでお会いしましょう」

土曜日が待ち遠しかった。事前に、人工股関節置換手術とかパイプカット手術を目撃しなくていいと知っていたのもよかった。

助成されるお金は、屋根の修理のために優先的に使うことになる。三十年にわたって侵入者たちが屋根に登り、タイルの下にある鉛を盗んだ。金属の保護層がなくなってしまい、屋根はまるでザルみたいに水を漏らした。最悪なことに、家の排水口や雨樋は何十年にもわたって溜まった腐った葉で詰まってしまっていた。それは、巨大なプールみたいな量の水が下の部屋に流れ込むことを意味する――一四〇〇年代に使用された材木と一五〇〇年代に製作された彫刻が水浸しになってしまうということだ。ボブと僕はただ手をこまねいて見ているだけで、建物全体が崩れてしまう前にどうにかして屋根を修復できる方法を見つけることを祈ることしかできなかった。水漏れを止めることができるまで、僕らは風雨のなか水滴の下にバケツを並べてホールが崩壊するのを食い止めなければならないのだ。

区議会はあっというまに屋根の修理を請け負う業者を見つけてくれ、すぐにでも作業に取りかかることができるはずだった。一つの問題を除けば。

雨だ。

秋になってからというもの、十月、そして十一月と、まるでハリケーンのような雨が降り続いていた。決して晴れることのない雨雲の下で暮らしているようなものだった。天気が回復するまで作業を開始できるとは思えなかった。だから僕らは待った。待ちに待った。一方で、雨水は、建物の中で数少ない乾燥していたエリアであるバイロン卿の寝室に流れ込みはじめた。もう最悪だった。

ボブと僕は屋根の修理を始めるよりは、安全が確保できている場所に水道と電気を引くことに注力することにした。

しかし、十二月の暗い朝の七時頃、ボブから連絡が入った。声を聞くと、彼がパニックに陥っていることがわかった。

「ホップウッド、今すぐ来い！」と、彼は強い口調で言った。「電気会社の人たちが早めに到着してるんだ。今日から作業を始めたいらしい！」

そりゃいいねと、考えたのを記憶している。なんでボブは怒っているんだろう？

僕は起き上がり、シャワーを省略し、前日にも着用したほこりまみれの作業着を着て、ブーツを履いた。自分の姿をさっと鏡で見ると、自分かどうかもわからなかった。

すごい、まるで別人だねと僕は思った。日焼けはみるみるうちに薄くなっていた。ホップウッド夫人も僕を認めてくれただろう。ブロンドの髪はイギリス人風の茶色に近い色になっており、作業着は泥にまみれ、ツールを収めたベルトが腰に巻かれていた。ジェイが僕を見たら、親友でいてくれることには変わりはないだろうが、顧客としては僕を切り捨てるだろう。ジョニーはスパに連れて行きたがるだろうな。二日間ぐらい。ロスの友人には会いたかったけれど、僕がここのところイギリスで過ごしている日々をどうやって彼らに説明していいのかわからなかった。

最速で家を出た。数分後、ホールに到着した。

「信じられねえことが起きているぞ」とボブは、到着した僕に言った。「電気さえも引けないかもしれない。フィニース・シェルバーンが土地の下を掘ってケーブルを通す許可を出さねえんだ！」

落ち着いて座って、冷静な話し合いをすれば、きっとシェルバーンを納得させられると思うと僕はボブに言った。電気会社の人間が予定より早く来たことが気に入らなかっただけだろう。そう言いつつも、かなり望みが薄いことはわかっていた。

「時すでに遅しだ」とボブは言い、頭を振った。「作業者はもう帰っちまったよ。次の予約を取ろうと思ったら数ヶ月待ちだ」

この新しい展開はひどく腹立たしいものだった。アクセスが整備されていない状況がゆっくりと、何十年もかけてホップウッド・ホールを崩壊に導き、ホールを縛り付け、そして命を奪おうとしているのだ。助成金や支援や助けがあったとしても、隣人とのあいだに横たわるアクセス問題が解決しないことには意味がない。

僕はボブをその場に残して警備室の一角に置いたデスクに行き、区議会のベヴ・パーシヴァルにメールを書いた。彼女に現状を説明し、シェルバーンに少しでもプレッシャーをかけることができないか尋ねたのだ。

親愛なるベヴ

悪いニュースをお知らせしたくはないのですが、今朝、ホップウッド・ホールで最大の障害に向き合うことになりました……

考えがまとまり始めたところで、ボブがとんでもない勢いで部屋に入ってきた。その瞬間、僕は椅子の上に載せた足の上でノートパソコンを使っていた。

「ちょっと来てくれ」とボブは大声で言った。「一体なにをしてるんだ?」

「仕事だよ」と僕は返した。

ボブは混乱したような目で僕を見ると、片足を空中に上げて、壁に寄りかかって、まるでプールで浮かんでいるような真似をして見せた。そして両手を前に出すと、タイピングしているかのように指を動かした。

「これがハリウッドの連中の仕事か?!」

「工具を手にしていないからって、何もしていないわけじゃないよ!」と僕は怒鳴り返した。「区議会との調整だってあるし、助成金のことだってあるし、地域の人とのコミュニケーションもある。それに、ホップウッド・ホールの救済ってのは、ある意味、映画の製作とも似てるんだ。ちなみに、かなりしんどいワークだけどね!」

「フン。俺にはまるで定年後の仕事みたいに聞こえるがね」とボブが返した。「はしごを運ぶ手伝いが必要だから待ってるんだ。俺には手伝ってくれる人間が必要なんだよ。本物の手伝いがね!あんたの『ワァァァァク』じゃなくて、本物のやつが!」

ボブはドカドカと足音を立てて出ていき、僕は机の前に座って怒りに身を震わせてしまい、書くはずだったメールに集中できなくなっていた。落ち着くまでに数分の時間が必要だった。

彼の暴言に腹が立ったのと同じぐらい、彼の苛立ちが理解できた。必死に動いているのに、ホールはいつだって僕らよりも一歩先を行き、僕らが救うより前に朽ちていた。いいことがあれば、必ずその後には悪いことが起きた。連日、何かがダメになり、壊れた。それはまるでキャジーが言ったように、貴重な美術品のある博物館の館長になるようなものだったけれど、ホールは、天井の至るところに穴があき、屋根に関する技術を持ち合わせていない僕にとっては、嵐の最中にどうやって屋根を雨漏りさせないようにするか、腐らないようにするか、時間と闘いながら考えるような状況だった。雨が降る度に夜中に目を覚まし、天井が陥没しないように祈ることになるのは無理もなかった。

冷静になるには少し時間が必要だと思い、宴会場の暖炉まで行き、ホップウッド家の家訓を見ることにした。暖炉は僕のお気に入りの場所になっていた。ホールの修復があまりにも大変で挫けそうになると、答えを求めてやって来るようになっていたのだ。

そびえ立つような石灰岩の暖炉はホップウッド・ホールのシンボルであり、馬車で到着し、体が冷えていたであろう家族や友人たちを何世紀にもわたって歓迎し、温めてきた。何百年にもわたり、職人の手によって積み上げられたこの石は、様々な人びとの会話をすべて聞き続けてきた。良い時代も、そうでない時代も、議論や笑いやロマンチックなお喋りも、囁き声も、すべて。

僕の身長は一八八センチで、炉棚は僕よりも背が高く、ホップウッドの家紋、ホップウッド家の紋章にも登場する雄ジカ、そして四つ角には家訓が彫り込まれていた。それは「一歩ずつ《バイ・ディグリーズ》」だ。

ジェフによれば、そのフレーズの解釈には数通りあるという。一つは、僕の古い祖先たちでミドルトンの射手兵による「的に当たるか外れるかの誤差は『少し』だ」という意味。そしてもう一つはより基本的な考え方で、すべての進歩はステップ・バイ・ステップであり、一度には起きないという意味。僕としては、「一歩ずつ《バイ・ディグリーズ》」は家訓というよりは、自分に対して毎日言い聞かせ続けるマントラのようなものになっていた。何十年にも、何世紀にもわたってここで生きてきた僕の祖先たちが、この言葉に慰めのようなものを見いだしてきたことを想像した。ホップウッド家の人々だって、時には、ボブと僕のような気持ちを抱くこともあっただろう。あまりのことに圧倒され、絶望的になってしまったことも。でも、この家訓を見ることで、ゆっくりと、一歩一歩、僕らはほんの少しだけ歩みを進めていくんだ。暖炉の前に立ちながら、ボブの期待にもっと応えて、自分の修復技術を磨く努力をしていこうと心に誓った。

長く、寒い一日だった。とても疲れていた。ボブは帰り支度をしていたので、今日のところは作業を終えようと決めた。僕は腹を立てたことを詫び、ボブは自分が苛ついたことを詫びた――いつもの僕らだったらあまりないことだ――そして僕らは仲直りの握手をしたのだった。

キャッスルトンまで戻った僕がやらなければならないことは決まっていた。ホールとその将来に力を注いでいるのもそうだけれど、時はすでにクリスマスに近づいていた。シェルバーンの許可なしで、ホールでパーティーを開くことは不可能だった。屋根の修復作業を開始することもできず、どの部屋にも電気を引くことがかなわない状況だったため、休暇を取ることにした。僕はノートパソコンを開いて、ミシガンへのフライトを予約した。家族に会いに行くのだ。新年には元気になってホップウッド・ホールに戻り、仕事を再開しようと考えた。

第24章 ディスコ修道士

新しい一年が始まり、自分の人生にとって大きな一歩を踏み出したことに気づいた。僕はもう、今より大きなDIYプロジェクトに直面したとしても、ホームセンターの駐車場でイライラして泣き始めるような男ではないということだ。鏡に映った自分の姿を見るだけで、心の底からそう感じられる。もちろん僕は専門家ではないし、この先も学ぶことは多いけれど、修復作業がそれほどまでに大きな試練だと思わなくなったのだ。

それに加えて、年始から一週間のあいだに、区議会のメンバーとメールを数時間にわたって交わしてボブの契約の更新にこぎ着けてから、彼は僕のノートパソコンを駆使した『ワァァァク』についてジョークを言わなくなったのだ。そこからの一ヶ月は、屋根と大修復と電気工事が始まるのを待ちながら、二人で共同で作業を進めていた。

一方で、ジェフは地域の人たちにリクエストされて時折開催している歴史の勉強会に僕を招待してくれた。今回講演をジェフに依頼したのは、ミドルトン考古学協会だった。講演会が開催されるのは、オールド・ボアーズ・ヘッド・パブのイベント・ルーム――そのうえ、勉強会で語られるのはすべて、ホップウッド・ホールに関する話なのだ。ホールが地域で愛されていることはもちろん知っていたけれど、ダークウッドのパネルが印象的な、趣のあるイベント・ルームに大勢の人が来ている様子を見て驚いてしまった。十六世紀には裁判所だった場所で、魔女裁判が行われていたなんて想像もできなかった。唯一のアメリカ人として、聴衆が突然僕に有罪を宣告しないよう祈るしかなかった！

「金曜の夜にこれだけ多くの人がホールについて知りたいと思って集まるなんて、信じられないよ」と僕はジェフに言った。ジェフは聴衆を見回して、幸せそうに微笑んだ。

「君と同じくらい、ここに来ている人たちはホールと深いつながりを持っているんですよ、ホップウッド」とジェフは指摘した。「君と同じで、ここにいる人たちは子どもの頃から、両親や祖父母からホールの物語や伝説を聞かされて育つんです。昔は、森を抜けてホップウッド・ホールに辿りつくことは、オズの魔法使いを探すようなことでした。ホールと、その歴史とつながりを持つことは、私たち全員よりも大きな何かの一部となるということなんです」

ジェフは正しかった。ホップウッド・ホールに強い影響を受けたという両親や祖父母のことを話してくれる人たちは多くいた。庭で遊んだ思い出だとか、小川に沿って走ったとか、建物のなかはどうなっているのかと窓越しに覗いたなんていう、思い出を教えてくれたのだ。

講演が終了すると、建物の修復費用を集めるためのオークションがはじまった。ミドルトン在住のアーティストがホップウッド・ホールの水彩画を寄贈してくれ、オークションにかけられることになった。画家は最低入札額を十五ポンドとした。驚くことに、協力的な聴衆が次々と入札して値段が上がり、最終的に水彩画は百六十ポンドで落札された。最高入札者はイアンという名の男性だった。

部屋から聴衆が出ていくと、イアンが水彩画を受け取りにやってきた。イアンは背の高いがっしりとした体格の男性で、黒髪には白いものが混じっていた。目元が笑っていた。強い北部訛りで自己紹介しつつ、両腕を広げた。

「ホールの修復で僕に何かできることがあれば、一声かけてくれ」と言った。

イアンの母が幼少期、この地域に住んでいて様々な思い出があったこと、もしイアンが修復を手助けすることができれば、それを誇りに思うと彼女が言っていたことを教えてくれた。

オールド・ボアーズ・ヘッドでの夜は僕に仕事の大切さを再認識させ、そして新たな目的意識を持たせてくれた。馬車の入り口左側に位置するホップウッド・ファミリー・チャペルの修復に取りかかろうとボブが決めた時には、完璧なプロジェクトになると感じた。

ファミリー・チャペルは、一六九〇年代に、当時の地主だったジョン・ホップウッドが自分が安全に祈るための場所が欲しいと考えて、部屋のなかに建設した。大きなドアには手作りの鋲と蝶番がついていて、入り口の上部には牡鹿の家紋が彫刻されている。内部はシンプルで、礼拝堂をイメージする装飾は一切ないが、ボブによれば、当時のプライベートな礼拝堂ではこれが一般的だったそうだ。

ビクトリア朝時代に、この部屋はビリヤード室として使用されていた――ディナーを終えた紳士たちが集まり、ゲームをした。しかし一九六〇年代に修道士らがホールに移り住むと、彼らはこの部屋を日々の儀式を行うための礼拝堂として再び使用しはじめた。問題は、修道士らが元々の壁にセメントを塗りたくったことだった。

「当時、自分たちが塗りたくったセメントの下にある煉瓦が窒息しちまうことなんて知らなかったんだ」とボブは言い、頭を掻いた。「礼拝堂をどうにかしたかったら、このセメントを少しずつ剝がして、下の古い煉瓦を露出させないといけない」

ボブはハンマーを手にして、壁をコツンコツンと叩き始めた。

「強く叩いてしまうと、下にあるものが壊

地元の芸術家スティーブン・ウィスワースによるホップウッド・ホールの水彩画。

れちまう」とボブは言い、セメントを注意深く剝がしていく方法を見せてくれた。

五センチ程度の小さな欠片を丁寧に剝がしていくのは、相当骨が折れるだろう。僕は深呼吸をして、そのプロセスを面白がってやろうと思った。

ある日、ランチを終えて礼拝堂に戻ってきたときのことだった。煉瓦の壁に古ぼけた大きな木材がしっかりと打ち付けられている場所が見えた。

「この下に何があるんだい、ボブ？」と聞いた。

「知らん。クローゼットじゃないか。見たことがないんだ」と彼はつぶやいた。「やることが多すぎてね！」

「え、見たことないの?!」と、僕は信じられない気持ちで聞いた。

「ホップウッド、あんたは本当にガキみたいだな。気づいてたか？」と彼はイライラして言った。「すべてが秘密の部屋だとか、隠された廊下ってわけじゃねえんだよ！」

彼のそんな言葉にもかかわらず、僕はワクワクして笑顔を隠すことができなかった。ボブと自分が何かを発見しそうになる瞬間が、楽しくて仕方がなかったのだ。

「バールを持ってこようか？」と、彼はため息をつきながら言った。

壁から板を剝がしていくと、バリバリという音がして、その向こうには出入り口があった。ボブは眉を上げながら僕の顔を見た。

「うーん……クローゼットじゃないか」と彼は言った。

出入り口には急場しのぎのドアがつけられていて、堅く閉じられているにもかかわらず、内側に開くようだった。二人で力一杯押してみたけれど、びくともしなかった。

「あんた、俺より若いんだからさ」とボブは言った。「蹴っちまえよ！」

そう言われたらやるしかない。僕は思い切り勢いをつけて、ドカンと前蹴りをお見舞いしてやった。するとドアは勢いよく開いた。

真っ暗な空洞が広がっているのを見て、僕はびびってしまった。

「なんだい、これは?!」と思わずボブに聞いた。

「部屋みたいだな」と、彼は淡々とした口調で言った。

僕らは注意深く中に入り、ケータイのライトで内部を照らした。ボブは空間を横切るようにして進み、内部の壁に別の板が打ち付けられているのを見つけ、それを引き剥がした。そこには窓があり、日が差し込んだ。

部屋を調べながら、僕は「ワオ」と言った。その部屋には簡易キッチンと、キッチン横のスペースにはシャワーがあった。まさに『ライオンと魔女』〔C・S・ルイス『ナルニア国物語』七部作のなかの一作〕の瞬間だ。半分人間で半分ヤギのタムナスさんが壁の穴から突然飛び出さないといいけどね。

「タムナスさんにちょっと似てるよね」とボブに言ってみた。「ほら、ヒゲが似てるよ。ヤギの足はないけど」

ボブは横目で僕を睨んだ。ジョークが通じなかった。

一方で僕は、恍惚としていた。オフィスとか、僕が数年であれ一時的に住める場所がホールの中にあったらいいなぁなんて話をしていたのだ。そんな場所があれば、修復が行われている期間中、ホールを見守ることができる。ここはまるで小さなアパートみたいだ。

「ここに住んでいた修道士の部屋だったんだろう」と、ボブは少しニヤニヤしながら言った。「あんたのパソコン部屋に最適だ」

「もちろんだよ、ボブ。完璧だよ、まさに」

しかし今のところは、礼拝室の壁のセメントを剝がして、元々の煉瓦に呼吸をさせなければならない。ボブはこの時代の礼拝堂の壁には馬の尿がニスとして利用されていたと説明してくれた。尿をたっぷり含んだ木材を支えていた煉瓦を露出させる作業を始めながらも、尿のことは考え過ぎないようにした。

ここのところ、僕とボブの息はぴったりと合っていた。以前は僕に腹を立てて苛立っていたボブは、僕に仕事を任せてくれるようになっていた。そうしてくれることで、僕は自信を持つことができたし、一気に大きな塊を取り除くのではなくて、ボブが教えてくれたように、セメントの壁をコツコツと剝がすようになっていた。

「なかなかやるじゃないか、ヤンキー・ボーイ」ボブはそう言ってくれた。僕は大いに褒められたと感じた。

やるべきことがあまりに膨大なため、ボブは地元に住む兄に助けを求めた。進行中の仕事を手伝ってもらうためだ。

「ホップウッド、これを見てみろ！」と、ボブが兄と一緒になって叫んだ。僕はセメントの瓦礫を外の大型ゴミ箱に捨てているところだった。

礼拝堂のなかに、修道士たちが熱を逃がさないようにするために取り付けたと見られる石膏の天井が一部剝がされ、天井を横切るようにして延びる太い木の梁が見えていた。

僕は首をねじるようにして見上げた。

「元からあった梁ってこと？」と僕は聞いた。

「その通り」とボブは言った。「一六九〇年代といったところだろう。細くて白い線が入っているのが見えるか？　そこに羽目板が取り付けられて、そのうえから漆喰が塗られていたはずだ。人間の目に触れるのは久しぶりのことだろう」

天井のすべてが剝がされると、礼拝堂は別の顔を見せはじめた。一九六〇年代のつり天井が、この礼拝堂を狭く見せていたのだ。窓の上に数メートルの空間ができたことで、部屋の雰囲気ががらりと変わった。

「ジョン・ホップウッドが建設した当時は、このような部屋だったというわけだ」と、ボブが苦労して手にした成果を喜び、笑顔を見せながら言った。

礼拝堂の壁からゆっくりとセメントが剝がされ、僕らは再び重要な発見をすることになった。

一四〇〇年代、あるいはそれより以前にホールが最初に建設された時に基礎の一部となっていた石の柱礎だった。

「泥を手で塗った岩を構造の下に並べたんだ」とボブは説明した。「地面から六十センチぐらいの高さまで大まかに岩を積み上げていき、岩の層の上に水平面を作り、そこに木造建築物を載せることで、地面から来る湿度が原因の腐食を防いだ」

礼拝堂で作業をしていたある日、僕のケータイが突然鳴った。それはロスのジェイからだった。「なんで折り返してくれないんだ?」と怒っていた。その日、彼からの通話を二度取り損ねていた。電波が届かなかったことが原因だとは思うけれど、とにかく仕事に没頭しすぎるあまりメッセージが届いたことも確認していなかった。

「ごめん」僕は心からそう言った。「毎日学ぶことばかりでさ。夢中になっちゃってね。十五世紀の人って、馬の尿で木のパネルをコーティングしてたって、知ってた?!」

僕のこの質問に静寂が返ってきたのも無理はない。そして自分がビバリー・ヒルズと話をしていることに気がついた。ジェイのアシスタントもたぶん聞いていて、メモを取っていただろう。ロスではそれがビジネスの基本だ。

僕は笑った。

「まだ聞いてる?」

「ああ、うん。ええと、ちょっと声が聞こえにくいみたいだ。まあとにかく、オスカーのパーティーがあるからロスに戻ってきたらいいんじゃないかなって思ってさ。ホップウッド・ホールのことで忙しいとは思うけど、地球から消え失せてはいないって周囲に知らせるのもいいんじゃないか」

僕は立ち止まって考えた。ホールでやっているすべてのことを放り出して、僕は本当にロスまで飛行機で戻ってパーティーに参加したいのだろうか？

ジェイは電話を切った。僕が迷ったことで腹を立てたのだろう。

きっとそうだと僕は考えた。数分後、ケータイが再び震え、今度も彼だった。同じようなことが何度も起きたのは、僕がホールにいて電波の状態が悪かったからだ。いつものように雨だったから、建物の外に出ようとも思わなかったのだ。

電話は何度も切れ、僕にはイライラが募った。そして十五世紀に並べられた岩を見て、突然笑い出した。先祖が六百年前に建てた建物の壁を突き抜けることができないケータイの電波に腹を立てている。イギリスから瞬く間に宇宙まで飛び、そしてビバリー・ヒルズにある僕のマネージャーのオフィスまで電波が届けば、僕がオスカーのパーティーに行くことの「重要性」を語り続けることができるのに！　切断し続ける電波とオスカーのパーティー。なんだかバカらしくなってきた。「この壁が話せたら……」なんて表現があるけれど、ここにある壁が笑うことができるとしたら、きっと僕を笑うだろう。

ホールで次々に動き出す物事を見ていると、ハリウッドでの生活が遠くに消えていくように思えた。ロスに住み続けてキャリアを追い求めている友人と話すうちに、僕は映画の主役ではなく、エキストラになった気分だった。そして生涯で初めて、戦線離脱したっていいじゃないかと思えた。むしろ、そのほうがいいのだと考えた。

第25章 ライトアップ

春が夏となり、ホールの修復状況が突然光の速さで進み出した。もちろん、歴史的建造物に関係するものが光の速さで進むわけがない。でも実は大きな進展があった。七月初旬、区議会のベヴ・パーシヴァルからメールを受け取ったのだ。

親愛なるホップウッド様

区議会法務部が、隣人であるフィニース・シェルバーン氏がホップウッド・ホールへの電気の引き込みの許可を出さない件について、抜け道となる条項を見つけたことをご報告します。シェルバーン氏には直接連絡を入れ、物事の進展を促す大きな一歩を踏み出しました。これ以上遅延することなく、電気工事が行われることを彼も理解しました。残念ながら、当初工事を依頼していた電気会社が、現在別の大がかりな案件があるため、このような複雑な工事が可能になるのは、早くても来春になると連絡がありました。何かございましたら、遠慮なくお知らせください。工事は来年三月に行われるよう手配いたします。

ベヴ

これは大きな進展だ。三十年以上も電気が通っていなかったホップウッド・ホールなのだ！　僕はすぐにボブとジェフに連絡を入れ、ホップウッド・パブで祝杯をあげつつ、相談することにした。ホールにとって、厳しい冬が来る前に電気を引くことができれば願ったり叶ったりで、新しい命をホールに吹き込むことができるし、僕の痛む足の指を温めることだってできる。

「問題は、地域にこのタイプの工事ができる、技術のある電気工の数が足りないということなんだ」とボブは言った。「探すのは喜んで手伝うけれど、たぶん三月までは無理だろう」

彼が僕らの計画についてケチをつけるつもりではないことはわかっていた。彼はただ、現実的に考えていただけなのだ。彼はこのステップが重要だということを理解していたから、態度は少し穏やかだった。もしボブに優しい面があるとしたら、このあたりだ。

僕はビールをじっと見て、一生懸命考えた。ジェフが突然咳払いをした。

「ホップウッド・ホールの水彩画を買ったイアンは？　誰だったか、イアンは電気工だって言っていたと思いますよ」と、ジェフは言った。

まさに、電球がピカッと光ったようだった。

僕はすぐにイアンにメールを送り、確かに彼が電気工なのか、そして今でも僕らに協力してくれる気があるか確認してみた。数分後、彼は返信を送ってきて、メールを受信したことに感謝していた。

彼の母親が重病を患っていて、人生の最期の時を過ごしていることがわかった。ホールの修復活動に参加すると伝えることができたら、ママは喜んでくれるだろうとのことだった。

僕が次に書いたメールはベヴ・パーシヴァル宛ての一通だった。区議会からイアンに電気工事の依頼をするための許可を取り付けると、彼はすぐに電気工事を始めてくれた。彼の本業の仕事を終えたあと、ホールに連日午後二時にやってきて作業をしてくれた。イアンはとんでもない仕事を任された。まずは主電源を設置し、そのうえ数百メートルものケーブルを、区議会が定める歴史的建造物のガイドラインに沿って、狭くてアクセスしにくい場所に通さなければならなかった。簡単な仕事ではない。

プロジェクトに対するイアンの情熱はすぐにわかった。僕がそうだったように、彼のホールでの仕事はほとんどセラピーのようなもので、苦しい時期に彼に使命を与えるようなものだった。数週間後に母親が息を引きとってからも、彼はホールに通い続けた。

「ママが喜ぶだろうから」と彼は声を震わせた。「ケーブルを引くための費用を少し残してくれたんだよ。この壁に、自分の思い出と魂を残したかったんだ」

こらえ切れずに、ちょっと泣いた。そしてすごく、すごく責任を感じた。この修復は絶対に実現させなくては。イアンと仲良くなるにつれ、彼が質素な生活を送っていることを知った。ホールを助けるために彼の母が残してくれたお金と、彼が水彩画のために支払った百六十ポンドは、二人にとっては少なくない金額だった。これは愛の労働で、世界の別の地域から来た者同士ではあったけれど、僕らは互いを結びつける共通のゴールを持っている。

しかしすべてが美しく、明るいものではなかった。イアンが仕事を得たということは、ボブが僕を常にからかう相棒を得たという意味でもあった。突然、一人ではなく、二人が僕を笑いものにするようになったのだ。僕は何をしても、ダメなヤンキーだった。カリフォルニアから来たブロンドのアホで、いつもぼんやりしていて、歯を漂白していて、顔に日焼けスプレーを吹き付けている男なのだ。建設現場で働くタフなやつらからしたら、称賛に値するような人物ではない。

「ホップウッド、なんで歯磨き粉のコマーシャルを作らないんだ」とボブが大笑いし、イアンも手伝いに来ていた男たちも涙を流すほど笑い転げた。

そして僕が「DIY」と表現する仕事をすると、彼らはクスクス笑いながら「それは鈍臭くて、いかにも素人な、ヤンキー野郎の略か？」と聞くのだった。

受け入れるには、一緒になって笑うことだと僕にはわかっていた。

そのうえ、ボブのマンチェスター流毒舌が僕に影響を与え始めたようだった。

ある日、ボブが僕についてオフィスの仕事が得意だから（言い換えると、「誰の邪魔にもならない」）、イアンが大至急必要としている電気部品をネットで注文してくれと言い出した。注文してくれれば、後日設置ができる。遅れることがないように、キャッスルトン宛てに発送してもらうよう手配した。

オンラインでは配送済みになっているというのに、二日後になっても荷物は届かなかった。ということで、僕は配送会社に電話をしてみた。とても丁寧なイギリス訛りの男性が答えた。

「確かに、配送済みでございます」と彼は伝えた。「しかし、不在でいらしたため、箱はリサイクル用ゴミ箱の中に入れたとあります」

僕は混乱した。

「リサイクル用ゴミ箱って言った？」と僕は聞いた。「捨てる物を入れる箱の話？」

「さようでございます」と、あっけらかんと男は答えた。

イギリスでは、荷物が雨に濡れたり盗まれたりしないように、このようにするのが一般的らしい。暗黙のルールであり、すべてのイギリス人が、荷物が消えたらリサイクル用ゴミ箱の中をチェックすることを知っているようだ。

僕はゴミ捨て場に走っていき、僕宛ての荷物がご機嫌よくゴミ箱のなかで僕を待っているか見てみた。残念なことに、通りの近くに置いてあるリサイクル用ゴミ箱は、その日の朝に空にされたようだった。

「リサイクル用ゴミは回収されたみたいで、荷物を受け取ることができなかった」と僕は言った。「ということで、別のを早急に送ってくれないかね？　すごく大事なものなんだ」

「申し訳ございません、配送は確かに完了となっておりますので」

僕は困惑を隠すことができなかった。そのうえ、ボブとイアンが僕のこの完全なる失態を笑いものにする姿を想像せずにはいられなかった。

「でも、俺宛てには送ってないじゃねえか！」と僕は吠えた。「あんたが荷物を届けたのは、リサイクル用ゴミ箱宛てだ。必要ないものや、ゴミを入れる場所だろ？　それになあ、俺のゴミ箱は、定期的に回収にやってきて、トラックの後ろにゴミを突っ込んで、それからどこかに運ぶっていう使命を背負った誰かに管理されてんだぜ？　なんでゴミ箱なんぞに荷物を届けるんだ?!」

静寂が流れた。

一瞬あとになって、「安全を確保するためでございます」と彼は答えた。

「とりあえず、話をまとめさせてくれ。安全を確保するために、あんたは荷物を捨てるっつーのか？　次は何をやらかすつもりだ？『申し訳ございません、ディプリー様、車が盗難されませんように、あなた様の車を鉱山のトンネルに突っ込んでおきました』とでも言うんか？」

まるでボブが僕の体に乗り移り、僕の口からすらすらと言葉を発しているようだった。しかし痛快だったのは、この作戦が功を奏したことだ。担当者はとうとう荷物を再送することを約束した。これで大丈夫だ。僕はこれをやり遂げた自分を誇りに思った。もう黙ってなんかいないぞ。そして重要なのは、僕はボブのテストに合格したのだ。

夏の終わり頃、イアンはとうとう作業が完了したと宣言した。電気がホールにやってきたのだ。僕らは大いに喜んだ。電気の奇跡をこれほどまでにありがたいと感じたことはなかったと思う。まるで電気が発明されたばかりで、トーマス・エジソンの電球が一八八〇年代にこの地にやってきたときに、先祖が感じた思いを共有しているようだった。ホールに新たに電気が引かれたことで、防犯ライトとカメラの設置が可能となり、侵入者からホールを守ることができる。冬に寒さでちぎれそうになる指を守るべく、必要な部屋にヒーターを設置することができる。電気が引かれて数週間後、イアンはなんとWi-Fiも設置してくれた。ホップウッド・ホールの六百年の歴史のなかで、初めてのインターネット接続だ。お祝いするため、僕はインターネットでボブとイアンと作業員たちのためにピザを注文した。

もちろん、彼らは僕に一枚も残すことなくピザを平らげた。

秋になり、ホールにはトイレとシンクが設置された。幸運なことに、もう一軒の修復途中のウェントワース・ウッドハウスを訪れることができていた。個人の邸宅では、イギリス国内最大だ。邸宅は改修作業の真っ只中だったが、邸宅を管理する団体が、いらなくなったヴィンテージもののシンクを大量に提供してくれた。ボブと僕はバンにシンクを詰め込んで、ホップウッド・ホールに持ち帰った。今となっては、手を洗えるだけではなく、トイレを流すこともできるようになったけれど、電気とWi-FiまであることでNetflixも見ることができちゃうのだ！　僕らはホールに二十一世紀を引っ張り込んだ。

次に僕らが取り組んだのは、最も野心的なプロジェクト。屋根の修復だ。ヒストリック・ハウスと区議会から得た助成金で、とうとう着手する運びとなったのだ。屋根の修復は広範囲に及ぶもので、天候と運が僕らの味方になってくれれば、作業が完了するまで九ヶ月程度かかると見積もった。

屋根を塞ぐまで、僕らがホール内のどの部屋を修復しようとも、雨が一度でも漏れてしまえば台無しになるから、意味がないのだ。屋根の修復が終われば、その下で僕らが行った修復作業も保護されることになる。

修復作業を開始して以来初めて、連日、すべての作業員がホールで作業をし、現場監督が作業の一切を取りしきる態勢となった。ボブも僕ももちろん作業には関わっていたが、現場で大勢の人と一緒に働くのは気分がよかった。最初のステップは家の片側に足場を組むことだった。そうすることで作業チームが屋根に上り、そして下りることができるようになる。材木で作った台に鉄製の階段を固定するのに数日かかったが、その作業が完了したとき、屋根に上って様子を見てみることにした。

自信たっぷりにはしごを登り、穴をくぐって台に到着すると、別のはしごが登場し、そしてもう一つはしごが登場した。六年前、ホップウッド・ホールに初めて来た日だったら、こんなことはできなかっただろう——当時は、安心して上ることができたのはロスの自宅にあったらせん階段だけだったから。しかし最近では、足場を歩いたり、はしごを登ったり、穴に潜ったり、数メートルの高さにある台に立っても何も怖くなくなった。

屋根の上で、胸一杯に空気を吸い込み、景色を眺めた。屋根からは何十もの煉瓦造りの煙突が延びていて、それは初めてパソコンで見た古い白黒写真にも写っていた煙突だった。僕の周りの現実世界に煙突はしっかりと立っていた。遠くに見える平原は鮮やかな緑と茶色で、木の枝にはまだ葉が茂っておらず、真冬の灰色の空に広がっていた。かつて、家を囲むようにして存在していた農地はすべてホップウッド家の敷地内にあった。今はそうではなくなったが、それでも家と大地には深く古いつながりがあるように思えた。高い場所からこのエリアを見たことがなかった僕は、改めてホールが文字通り僕を変えてくれたことに感謝の気持ちを抱いた。

想像通りだったが、屋根はボロボロだった。鉛を覆っていた部分は泥棒が持ち去ったために穴が空き、瓦は壊れ、嵐で外れ、屋根の中央部分にはボートでも浮かべられそうなほど水が溜まっていた。まずは瓦をすべて外し、隙間を埋めているはずの鉛の状態を確認する必要があることは明らかだった。試しに、外れていた瓦を持ち上げて重さを確認してみた。ギャッ。すごく重い。これを持ち上げなくていいんだから、僕とボブはラッキーだ。いやボブだったら、「俺一人でやらなくていいからラッキーだ」とでも言うだろう。

数日が過ぎ、数週間が過ぎ、ボブと僕はホールに連日通い続け、作業員たちは足場を上って屋根に行き、瓦を剝がしてひょいと肩に載せ、バランスを取りながら軽快に足場を下って台のところに戻った。台では瓦に番号が振られ、屋根のどの部分で使われていたのかがわかるようにして積み重ねられた。ボブは最も修復が必要なセクションには、三十トンもの瓦があると見積もった。天気の良い日、僕が作業員を手伝うために屋根に上ることをボブが許可してくれた。重くて歴史ある瓦を担ぎながら苔の生えた瓦屋根の上を歩くことは、素人の僕には無理とすぐに気づいたので、専門家に任せることにした。瓦が安全に積み上げられたら、次のステップは屋根を修復して補強することだった。そしてそのあとには、瓦が元の場所に戻される。

作業は翌年までかかると思うが、それでも僕らは素晴らしいスタートを切っていた。主に観察していただけだけど、あえて「僕ら」と言いたい。応援しているチームが優勝したら、「僕らのチームが勝った」と言うはずだから、そうであれば屋根の修理に関しても「僕ら」と言っていいはずだ。

理由をそう説明したら、ボブは笑った。「あんたの理屈じゃ、映画のプロデュースをしたら、ライトを設置したのもカメラを回したのも『僕ら』ってことになるだろ?」

もちろん、違います。でも、ボブがぐるりと一周回って、映画を例に出して僕らの素晴らしいチームワークについて言及したことに驚いたのだった。

「ねえ、ボブ。この修復作業に僕が参加したことって、一応、意味があった?」と、僕はニッコニコの笑顔で聞いた。もちろん、彼が絶対に認めないと知っていた。

「屋根から下りろ!」と、彼は唸るように言い、笑顔をすっかり消して、はしごを登っていった。

休暇の時期が近づいてくると、僕はまたもやホールでのクリスマスパーティーを夢見るようになっていた。ここまで辿りつくために、多くの人が一生懸命に働いてくれた。もちろん僕の隣人のフィニース・シェルバーンは、大学が休みになってキャンパスを経由してホールに人々が来ることができなくなったら、彼の土地を経由してのホールへのアクセスを許可してくれるはずだ。電気を引くために区議会が彼に働きかけてくれたことを考え、もしかしたら今の状況に対する気持ちを変えてくれたのではと、新たな希望を持った。前回シェルバーンに同じ質問をしたのは、二年前のパブでのことだった。ここのところはいろいろと問題ばかりで、彼にもう一度頼みこもうと考えたこともなかった。でも今年は、修復作業が順調に進んでいるのだから、パーティーを開かないなんてほとんど犯罪だ。

過去にシェルバーンの説得に失敗した僕は、新たな戦略を練る必要があると考えていた。僕が子どもの頃、母はいつも、誰かの心を動かしたいのなら、直筆の手紙を書きなさいと僕に教えてくれた。ということで、僕はペンと便箋を準備して、彼に一筆したためることにした。

シェルバーン様

ご無沙汰しております。どうにかお助けいただけないかと考え、筆を執《と》りました。

私とあなたの先祖は、どちらもミドルトンの生まれです。数世紀にわたって、両家には考え方の相違があったことは承知しております。でも、私たちに共通していることが一つあると考えております。それは、地元愛です。

この数年で、地域で暮らすあらゆる年齢層の人々がホップウッド・ホールとして知られる町の遺産を救うために立ち上がりました。この敷地で、彼らの祖先の多くが暮らし、働いてきたのです。それは誰にとっても大切な歴史なのです。私たちは努力を重ね、この建物をなんとかして維持しようと、電気と水道の引き込みも行いました。

もうすぐクリスマスがやってきます。この場所でクリスマス・パーティーを開催するのが私の夢です。数百年ぶりに開催されるホップウッド・ホールでのクリスマス・パーティーです。待望のパーティーなのです。もし開催することが叶いましたら、あなたも招待したいと考えています。是非足をお運びください。

クリスマス・パーティーの開催は、あなたのご判断にかかっています。

シェルバーンさん、心からのお願いです。あなたの所有されている土地を横切る形で、ホールにアクセスすることを許可していただけないでしょうか。よろしくお願いいたします。

ホップウッド・ディプリー

僕は封筒に便箋を入れて、切手を貼り、ポストに投函した。

第26章 クリスマスのサプライズ

ケータイの画面にフィニース・シェルバーンと表示されていた。彼からの着信だった。手紙を送って一週間ぐらい経過した日のことだった。

「これは取らなくちゃ！」と、僕はホップウッド・ガスステーションの店主に説明し、豆の缶とパンが入った袋をカウンターに置いた。

僕は大急ぎで店から出て静かな場所を探し、そして通話を開始した。

「ディプリーか？」と、聞き覚えのある不機嫌そうな声がした。

「シェルバーンさんですか？」と、怯えていることを悟られないように気をつけながら僕は返した。

「いいか、単刀直入に言う」と彼は言った。「はっきり言ってあんたは悩みの種だった。でも、あんたとあんたの仲間たちが土地を横切ることを許可する」

「ということは、あなたの土地に入ってホップウッド・ホールに出入りしてもいいってことですか？」と、僕は念のために確認した。彼の態度の変化に衝撃を受けていた。

「パーティーに参加するために、という意味だ。長期的には、話し合いが必要だと考えている。あんたのホールを救うという使命は支持していないわけじゃないが、それが俺にどのような影響を与えるのか、しっかりと理解したいと考えている。今後、とくと話し合いをしたい」

隣人との関係をスムーズにするためにやるべきことはまだあるが、それでも明らかに、重要な最初の一歩だ。

「ああ、本当にありがとうございます」と僕は答えた。信じられない気持ちだった。「感謝しています。パーティーには参加してくださいますか?」

「考えておくよ」と彼は返した。「何かを祝うなんて、とうの昔に卒業したような気持ちでいたが、私たちの祖先がパーティー好きだったことは知っているからね」

「もしよかったら、是非お越しください」僕はそう言いながらも、どうして、そしてなぜシェルバーンが気持ちを変えてくれたのか理解しようと必死だった。

「あんたの友だちのメアリーが口添えしてくれたんだぞ」と彼は言った。「あの人は頑固だからなあ」

なんとなんと、六十年前にメアリーがこの地にアイルランドから越してきた直後、子どもだったフィニース・シェルバーンの子守をして生活費を稼いでいたそうだ。それからずっと二人は友人で、用品店でばったり出会ったときに、メアリーが彼に、僕をよく知っている、ホップウッド・ホールに対する僕の気持ちは称賛に値すると言ってくれたそうだ。

「メアリーと話すまで、あんたのことは、ホップウッドの若造だと思っていた。どうせすぐにアメリカに逃げ帰るだろうって思ってた。でも、あんたがこの地域を愛していて、ここで暮らすつもりがあることがわかったんだ。それが大きかった。過去のことは、水に流そうじゃないか」

心の底から、これ以上最高の承諾はないと考えていた。ミドルトンの住民が僕の悪口を言っているとしたら、それは最悪のことだけれど、僕の味方をしてくれているんだったら、きっと大丈夫。

フィニース・シェルバーンからの一時的な許可が確実となったことで、とうとうクリスマス・パーティーをホップウッド・ホールで開催することが可能となった。振り返ってみれば、長い時間がかかってしまったのは辛かったけれど、待ってよかったのだと思う。今は電気だってある。防犯ライトもカメラもある。トイレだってちゃんと使えるようになっている。パーティーの準備がスタートした！　エドワードとロバート・ホップウッドが第一次世界大戦で命を落として以来初めて、ホップウッド・ホールで地域住民を招いたクリスマス・パーティーが開催されるのだ。そして僕の父が亡くなってから初めて、僕が休暇のお祝いを計画したのだ。僕の準備は万端といったところだった。

ベヴ・パーシヴァルが構造エンジニアを派遣してホールの調査をするよう区議会に働きかけ、警備室と宴会場は完全に安定した状態で、その二箇所でパーティーを開催することが可能だと確認した。さらに素晴らしいことに、その二部屋に招待するゲストに対して、ハードハットや作業用ジャケットの着用をお願いしなくていいということ。クリスマス・セーターを着てくれればいいのだ！

（ジャンパーって言うんだったっけ？）

それから数週間、常連のボランティアの人たちが瓦礫を拾い、ほうきをかけてくれた。新しく引いた電気のおかげで、業務用の掃除機の使用が可能になり、何十年にもわたって積もりに積もったほこりを片づけることができた。仕事を終えたボランティアたちが、毎晩ホールにやってきて掃除をしてくれた。いらなくなったクリスマスのデコレーション、ライトやテーブルクロス、それからパンチボウルなどを寄付してくれた。僕は電池式のキャンドルを注文した――ホールのような歴史的建造物では防火法規があり、僕は危険を冒したくはなかった――そしてそれを暖炉の中に設置して、火が灯る雰囲気を演出した。イアンがすべての照明を設置してくれた。マーケティングのマジシャンであるゼナが再び新聞社に対して広報活動をしてくれた。地元の花屋が花を寄付してくれた。近くの学校に通う子どもたちがツリーのオーナメントを手作りしてくれた。地元の人たちがYouTubeを参考にして、ホップウッドの森にある松の木の枝、リボンとベリーを使ってクリスマスリースの作り方を学んだ。

さあ、必要なのはツリーだ！　あっという間にツリーを一本ならず二本も積んだトラックが登場した。地元の農家からの寄付だった。僕らはきらきら光るクリスマス・ライトを建物の外に飾り付け、赤いリボンを結んだ大きなリースを暖炉の上に置いた。

イアンがチカチカと点灯するクリスマス・ライトをホールの馬車の入り口に飾り付けているのを手伝っている時だった。彼にとっては、母を失ってから初めてのクリスマスになるのだ。親を失ってから経験する休日の気持ちを僕も理解しているつもりだ。

「君のお母さんもパーティーに来ることができたらよかったのに、残念だよ」とイアンに言った。彼はすこし黙り込み、そしてはしごを下りてきた。

「母の友人を招待してもいいかな？」と彼は聞いた。「百歳ぐらいの女性なんだ。第二次世界大戦中、ホールが軍の拠点となっていた一九四〇年代に、ここで働いていたんだよ。それ以来、ホールには足を踏み入れていないんだ」

それ以上最高なことってあるだろうか。

パーティーが開催された夜、僕はキャッスルトンに急いで戻って着替えをして、クリスマス・セーターを着て、サンタの帽子をかぶって気分を盛り上げた。ドアを出る前に鏡に映る自分の姿を確認したとき、父だったら今の僕を認めてくれるだろうと思った。クリスマスの魔法が僕の魂に戻った。父がすぐ側にいてくれるような気持ちだった。

念のため、区議会は安全上の理由で招待客は六十名に限定することを決定しており、僕がホールに戻った時には招待した人たちのほぼ全員が揃っていたように見えた。馬車の入り口に人々が並び、玄関アプローチを下って歩いている姿はまるで、百年前の光景のようだった。寒い十二月の一日で、招待客たちがお喋りしたり、笑いあったりしながら、パーティーが始まることで興奮している声が聞こえてきた。僕らが大きな扉を開けると、人々がぞろぞろと入ってきた。七年前、僕が初めてここに来たときと同じだ。伝統に則って、僕は招待客たちに新しいゲストブックに署名してくれるよう頼んだ。この先何年も署名が書き込まれていって何冊何十冊と増えていくゲストブックの最初の一冊になることを願って。宴会場のなかでは、ろうそくの光がきらきらと輝いていた。イアンの妻がホットワインと手作りのミンスパイを振る舞っていた。

数分で宴会場は人でいっぱいになった。新しい友人たちと、僕らを助けてくれた地元の人々が来てくれていた。様々な人生を歩む、広い年齢層の人たちだ。イアンの母の友だちのように、多くの高齢者がホールが荒廃していない頃の姿を記憶していた。

市長と区議会議員。ヴァーノン・ノリス。ヒストリック・ハウス、ナショナル・ロタリー、建築遺産ファンドなど、助成金を提供してくれた財団のトップも来てくれていた。ボブと家族、メアリーを含むキャッスルトンの同居人たち、そしてもちろん、ジェフと妻のリンも来てくれた。誰もが何年も、ホールの再生を夢見てきた。とうとう、こんな日が来るなんて。ジェイさえロスからやってきた。仕事でロンドンに来るついでに、立ち寄ってくれたのだ。

先約があったテディ、キャジー、ロルフ博士は、翌年の参加を楽しみに、お祝いの手紙を送ってくれた。僕の家族は、今回の長旅は諦めることを決めたが、心はホールにあると伝えてくれた。

姿が見当たらないのは、フィニース・シェルバーンだった。パーティーが始まって三十分ほど経過したところで、とうとう彼は約束通り現れた。片手に杖を持ち、もう一方の手でむんずとマルド・ワインのグラスを摑んでいた。

シェルバーンがようやく到着したということで、乾杯の音頭を取ることにした。僕はみんなの前に立ち、ゴホンと咳払いをした。

「えーと、みなさん。みなさんにお礼を申し上げたいと思います。まずはボランティアのみなさん、そして地元のみなさん、このようなパーティーを開催することができて感謝しています。みなさんのお力添えがなければ、このような場を設けることはできませんでした。それからお隣のシェルバーンさん。彼がこのパーティーを実現させてくれたのです」

シェルバーンは杖を高く持ち上げ、振った。会場は大歓声に包まれた。

「ある女性が一八九〇年代にここで開催されたパーティーについて書いた一節を紹介したいと思います。『ホップウッド・ホールでのクリスマスの準備は、数週間かけて行われる。住み込みのスタッフは応接室のほこりよけを外し、部屋を掃除し、磨き上げる。寝室は真っ白なリネンで整えられる。暖炉に火が灯され、すべての部屋が暖かく、居心地がよくなるように準備される。イングルヌックで燃える丸太。背の高い木がティンセルと銀で煌めいている。贈り物が積み上げられ、戸口には合唱団がやってくる。ホールが家材や家族の幸せで満ちていた時代を思い出せる人であれば、想像できるだろう』。ということで、みなさんの家族の幸せと、みなさんの幸せを祈ります。ホップウッド・ホールに伝統が戻りました。メリークリスマス！　乾杯！」

僕の乾杯の音頭のあと、人々がグラスを合わせた。そして僕はイアンの母の友人のブレンダに、前に来て、何か話してくれないかと頼んだ。ブレンダは白髪のおばあちゃんで、笑顔が素敵で、お祝いにふさわしく、赤いセーターを着ていた。彼女はイアンの腕に頼りながら、ゆっくりと前に出てきた。僕は彼女に、ホールの思い出を聞かせてほしいと頼んだ。

「一九四四年の戦争中に、ここに働きに来たんです。十四歳でした」と彼女は説明した。「母と一緒に初めてこの家に入ってきたときのことを記憶しています。煙突がこんなにたくさんある家は初めてで、信じられなかったわ！」ブレンダは第二次世界大戦中に地元に移転してきたランカシャー・コットン・コーポレーションで職を得た。秘書として働き、軍隊のために軍服を作る事業を手助けした。

「『戦争が終わったぞ！　終わったんだ！』って叫びながら、誰かがここに入ってきたとき、私は、まさにこの場所にいたんです」

この物語を彼女が話しているとき、誰もが静かに聴いていた。僕ら全員が、寒気を感じていたのだと思う。寒さからではない。十代のブレンダと一緒に、僕ら全員が七十五年前のこの部屋にいるようだった。

彼女が話し終えると、誰もが拍手をし、僕は彼女のところまで歩みよって拍手をした。そして彼女が来てくれて本当にうれしいこと、話をしてくれて感謝していることを伝えた。

イアンは誇らしげに笑顔を見せていた。そして素晴らしい夜を祝福してくれた。振り返ると、真後ろにフィニース・シェルバーンが立っていた。僕らは握手をして、この夜を実現させてくれた彼に、もう一度感謝を述べた。僕はボブと肩を突《つ》き合った。自分にとってボブがどれだけ大切な人なのかを伝えた。ハグや偽りのない言葉をかけたとしても、ジョークにされちゃうだけなんだけど。

「よくやったわ、ホップウッド」とリンが言ってくれた。「ここに立っているだなんて、本当に信じられない」

古くからの友人のジェイは「ようやくわかったよ。お前がなぜこんなことをしているかってね。大切なことだ。やり続けろよ」と言ってくれた。

ヒストリック・ハウスの代表者が、次のクリスマス・パーティーでは暖炉に火が灯ることを楽しみにしていること、また、そのために、そしてその他の重要な修復作業のために、資金提供をするだろうと言ってくれた。

不思議なことに、彼がそう言い終わるやいなや、ＬＥＤのろうそくを含め、すべての照明が一斉にパチッと音を立てて点滅した。僕らは話をやめて、周囲を見回した。

「おかしいなあ」と僕は笑った。

ひょっとして、ホップウッド夫人とホップウッドの先祖からの、応援しているというサインなのかもしれないなあ。

ヒストリック・ハウスの理事がコートを着ているとき、僕らは修復作業の次のフェーズについて話をまとめていた。理事はホールを救おうとする僕の努力を褒め称えてくれた。たぶん、七歳若かった以前の僕だったら、こういった種類の称賛を喜んでいただろう。でも大人になった僕は、別の感情を抱いていた。もちろん、そう言ってもらえてうれしかったけれど、同時に、僕だけの力では到底ここまでたどり着けなかったことを理解していた。これは地域全体が、生きている人たちと死者とが協力してくれたからこそ迎えられた日なのだ。

すべての招待客が去ったあとの数分間、ホールで一人になった。大きな暖炉の横の椅子に座って辺りを見回した。いつもは広大で隙間風がすごい宴会場が、この日は確かに温かくて、居心地がよかったのだ。

背の高いクリスマス・ツリーのライトとろうそくが部屋全体を明るくし、数百年物の古い煉瓦と石細工を照らしていた。僕は深く息を吸い込んだ。ホップウッド家のクリスマスを、百年ぶりにホールに甦らせた。何世紀にもわたって続けられていた伝統は、第一次世界大戦でエドワードとロバートが命を落としたことで途絶えていたが、再び鎖はつながった。そして父が亡くなってから初めて、僕はクリスマスを祝い、実際にそれを楽しむことができた。僕は大きな幸せと、成し遂げたことへの小さなプライドが混じり合った気持ちを抱いていた。一八九〇年のビクトリア朝のクリスマスではなかったかもしれない。だって僕らはジーンズにセーター姿で、正装なんてしていなかったから。それでも、すべてが元通りになったような気持ちがしていたのだ。数百年前のクリスマスに、僕の先輩たちが座っていた場所に、僕自身も座ることができた。彼らも同じような気分だったのだろうか。ワインを飲んだあとだったけれど、めまいなんてしていなかった！　その代わり、頭のなかはクリアで、本当に久しぶりに、自分自身がとても安定し、強く、満足し、快適な気分だった。

二月の五十歳の誕生日は目前に迫っていたが、年を取ることが怖くなくなった。実際のところ、僕はそれを歓迎したのだ。だって、人生の目標を見つけたから。七年前に初めてここに来たときにボブは、ホップウッド・ホールを維持するために何もしなければ、五年から十年で崩壊するだろうと予測していた。その最初の日、僕の頭のなかにこんな考えが浮かんでいた。生きているあいだにホールを崩壊させたホップウッドとして、歴史に名を刻むなんて嫌だ。何らかの理由でホール全体を守るための手段を講じられなかったとしても、僕らの作業で少なくとも、ホールの重要な場所は一世代から二世代は維持できるだろう。それらはすべて、「一歩ずつ」行われたのだ。

いつか、僕にもホプ太郎とかホプ子ができて、ホールのなかを駆け回り、階段の手すりを滑り下りるようになるかもしれない。もしかしたら、彼らが次の世代にこの家を継承してくれるかもしれない。

もちろん、遠い道のりだということはわかっていた。でも、何があっても、僕はホールに感謝している。その長く、深い歴史に。おかげで、僕は新しい視野を持つことができた。一週間だとか、一ヶ月とか、そのような単位で時間を考えないようになった。何十年だって、僕は気にならない。今となっては、僕が数えるのは「世紀」だけ。ホップウッド・ホールの物語は、僕よりも、ずっとずっと壮大だとはわかっていた。未来のいつか、歴史家がこの場所について記すことになったとしたら、僕らの努力についても言及してくれるだろう。僕の人生は、きっと一行で語られる。

「そして二十一世紀になって、ホップウッド・ディプリーがホールを救済するためにハリウッドからやってきて、地域住民の力を借りて、ホールが永遠に失われるのを防ごうとした」

せっかく僕の生涯を語ってくれるなら、もう少しだけ追記してくれないかな。

「そして彼らはやり遂げた」ってね。
ただ、僕らが住むのはミドルトンだ。ということで、
最後の言葉はミドルトン流でこうなるだろう。
「すべて大丈夫だ！」

2019年12月　ホップウッド・ホール

エピローグ

「今年は最高の一年になりそうだ！」と、僕は高らかに宣言した。それは二〇二〇年一月初旬のことで、マンチェスター空港の到着ロビーに立ち、ミシガンから飛行機でやってきた姉のドリを出迎えていた。

新しい年は、僕らに新しい気運をもたらしていた。文化遺産団体が助成金の提供を申し出てくれ、地元のコミュニティや区議会が支えになってくれ、誰もが僕たちの成功を望んでいた。ドリは僕を助けるために荷物をまとめてイギリスに引っ越し、ホップウッド・ホール救済作戦を次のレベルまで引っぱり上げる決意までしていた。

「やってやろうじゃないの！」と彼女は叫び、僕を強く抱きしめてくれた。

僕たちは知らなかった。世界規模のパンディミックが数ヶ月後に世界中を混乱に陥れることを。僕らのプロジェクトもそれに巻き込まれていった。

姉が労使関係論の修士号を持っていたことは、僕にとって幸運だった。労使関係論とは、おおまかに言うと、企業や組織におけるマネジメントや経営にとって適切な戦略の構築を支援する学問だ。

その通り、ちょっとお堅い仕事に聞こえるから、パーティーなどで姉は自分の職業を人に言ったりはしない。彼女はそのキャリアのなかで、ものすごい数の助成金の申請を行い、多額の資金を獲得してきた。実際のところ、僕が今まで出会った人のなかで、申請書の記入に姉ほど情熱を燃やす人はいないない。そのプロセスには通常、数ヶ月、時には数年の時間がかかり、僕が知る限り、あまりにも面倒な仕事だから、イギリスでは入手困難な睡眠薬の代わりになるほどだ。

ドリが来てくれたことで、助成金の申請に弾みがつくし、ありがたいことに、僕が申請の陣頭指揮を執る必要がなくなるのだ。それに、家族がアメリカでの暮らしを半年にわたって中断し、このどうかしてるイギリスでの探求に参加してくれるのは、とても心強かった。

空港で姉を出迎えた直後から、僕らはさっそく動き出した。ドリはヒストリック・ハウスや他の助成金支給団体とのミーティングに参加し、僕たちの将来的な計画であるチャリティー・ベンチャーについて話し合った。ミーティングを重ねるにつれ、僕らは作家、俳優、音楽家、画家、料理家、環境保護活動家、テックイノベーターらが集い、学び、教え、インスパイアできる場所を提供するという夢に近づくことができた。僕の一番の望みは、ホールが集う人たちの人生の目標を見つけるきっかけになることだった。僕にとってホールはそのような場所だったからだ。

このようなベンチャーの維持と人件費には、一年で五十万ポンド程度必要だと見積もっていた。そのすべての費用を助成金で賄《まかな》うことは不可能なので、ホールを結婚式やその他イベントのために貸し出して、必要な資金を得るという目算だった。新しい友人デス・スタイルズのおかげで、将来的に投資してくれる可能性のある投資家たちとの関係を築きはじめていた。本当に偶然のことだったのだが、叔母が大西洋を横断する飛行機で、ミドルトンから車で二十五分ほどの場所に住む金融コンサルタントの隣に座り、ホールの一部始終を語ったことからご縁が始まった。デスは六十代前半の男性で、ごま塩頭で、豪快に笑う人物だ。ホールと僕らの「芸術家のための静養所」計画について聞きつけると、すぐに詳細を知りたいと連絡をくれた。彼は僕らのビジョンに惚れ込んで、プロジェクトに参加してくれるかもしれない金融界の人たちを紹介してくれた。ワインをたっぷり飲みながらの深夜にまで及ぶディナーの席で、僕らはアイデアを売り込みまくった。

チームの新しいメンバーは、ドリとデスだけではなかった。二〇一九年の終わりに向けて、僕はホールの隣にあるマンチェスター・ゴルフ・クラブのマネージャーをしていたジェラルディンという名のアシスタントを雇った。ゲリー（彼女はそう呼ばれる方がいいそうだ）は五十代の明るいブロンドのビジネス・パーソンで、組織力に才能があるだけではなく、ホールと僕らの使命に対する溢れんばかりの情熱があった。

二月の終わりまでには、それまでにないほど楽観的な気分になっていた。すべてが順調だった。何も僕らを邪魔してないぞ！　今の調子で物事が進んだら、春先にはホールに引っ越すことができるだろうと考えた――少なくとも、ホールの一角には。そうなればフルタイムで建物の保護とプロジェクトの進捗を監督することができるようになる。三月が始まると、「新型コロナウイルス」の文字がニュースの見出しに躍り始めたが、なるべく意識しないようにした。スーパーの棚からトイレットペーパーが次々と消えたときも、心配しすぎないようにした。

三月中旬になると、ロスはすでに封鎖されていた。すぐにニューヨークも封鎖された。イギリスの首相ボリス・ジョンソンがテレビで「不必要な接触と移動」を控えるよう国民に訴えた。もちろん事態は深刻なものだとわかっていたが、ある時期まで、それでもパンデミックは遠い世界の出来事だった。どこか別の場所で起きていることで、ミドルトンのような小さな町で問題になるようなことではないと思っていたのだ。パブもレストランも営業していたし、誰もマスクを着用していなかった。

しかし、二〇二〇年三月二十三日、イギリスが都市封鎖《ロックダウン》となった。

「ホールも封鎖しなくてはならない」と、電話の向こうのボブが狼狽えた様子で言った。

僕も現地に行き、封鎖を手伝った。なぜこんなことに？ 工事チームがツールを置いて、現場を去って帰宅するのを見守りながらそう思ったことを記憶している。しかしCOVID-19は生死に関わることで、致死的なウイルスから人々を安全に守るには封鎖が唯一の方法だということは明らかだった。

チームの車やトラックのテールライトが灰色の霧の中に消えていくのを見守った。ホールは突然、今まで以上に、とても静かになった。作業員やボランティアが賑やかに動きまわることに慣れていたのだと気づいた。門の鍵を閉めたときには、胃が重くなった。もちろん、屋根の修復はかなり進んでいたけれど、それでも先は長かった。ホールが勢いを維持し、しっかりと存在し続けるまで、重要な作業は残っている。数週間で、もしかしたら一ヶ月程度はかかるかもしれないけれど、仕事に戻ることができればいいなと考えた。

「ねえ、どうしたらいいの？」と、ソファに座るドリが、とても心配そうに聞いてきた。背後にあるテレビ画面にはＢＢＣのニュースが流れていた。すべてが、一瞬のうちに、止まってしまったかのようだった。

僕と彼女は新しい友人のデスと一緒にマンチェスター南部に避難していた。彼が僕らを招き入れた家には寝室が五部屋あり、安全を保つために十分なスペースと部屋があった。家にはポップ・スターである息子のハリー・スタイルズの写真を含む、家族写真がところどころに飾られていた。誰もがそうだったように、ドリ、デス、そして僕はニュース・チャンネルを見て、料理して、寝て、そして未来を予測しようと努力しながら酒を飲んだ。

一週間の完全封鎖のあと、ケータイが鳴った。ボブからだった。

「区議会がホールに戻って作業を続けていいと言っている」それは良いニュースだった。悪いニュースは、必要不可欠な職人に限って戻ってよいということで、ボブの声のトーンから、彼は僕を「必要不可欠」だと考えていないことがわかった。ほうきだけしか与えられなかった時期に比べれば、もちろん多くを学んだし、自信を持って手助けしようと考えてはいたが、仕事を進めるために現場には先鋭部隊だけが必要ということならば、僕はそのなかの一人にはならないだろう。悲しかったけれど、納得だった。結局のところ、世界中の多くの場所と同じように、僕の仕事はパジャマ姿でコンピューターの前に座れば、リモートでもできた。

ジェフは「歴史は繰り返すということですよ」と、デスの広い芝生の庭を行ったり来たりしながら電話をしている僕に言った。「恐ろしいのはわかっていますが、忘れないことです。これは初めてのことではありません。戦争でホップウッドの息子たちが命を落として間もなくの一九一八年には、インフルエンザのパンデミックが国内で発生しました。フランス北部の戦線からイギリスに戻ってきた部隊が、さらに感染を拡大させました。そしてもっと過去を遡れば、十四世紀、ホールが狩猟用のロッジだった時期には、黒死病が何百万人もの人々の命を奪いました。それから後は、三世紀にもわたって、数年周期で伝染病が流行っています。ホップウッド・ホールにとって、これは初めてのことではないんです」

ジェフは、僕の先祖も、大きな困難や未知の時代のなかでホールを守り、生き残るための方法を見いだしたに違いないことを僕に思い出させてくれた。少なくとも、僕だって同じようにやってみようと考えさせてくれたのだ。

悲しいことに、数日後になって、ヒストリック・ハウスを含む主要な助成金提供者から、事態がより明白になるまで、すべての助成金の支給を中断するとの連絡が入った。もちろん、春先に行う計画だった作業の資金調達で、ヒストリック・ハウスは極めて重要な役割を果たしていた。ボブと兄のフィルを週に数日雇う資金は確保できていたけれど、大規模な作業にかかる新たな資金確保については、すべて保留にせざるを得なかった。

一方で、ドリと僕は、飛行機が一切飛ばなくなる前に、アメリカへの帰国を検討するようになっていた。

アメリカ政府で仕事をしている家族の友人が「二人とも、いますぐ帰国すべきだ」ときつく言った。「次に何が起きるか誰にもわからないから」

ドリと僕はそのアドバイスを受け入れ、飛行機のチケットを予約し、マンチェスターで他に十人くらいしか搭乗客のいない国際ジェット機に乗った。あまりにも搭乗客が少ないため、フライト・アテンダントは食事を運ぶことと、スナックを運ぶこと、スナックを勧めてくれる以外あまりやることがないようだった。九時間のフライトで、ドリと僕は計画を練った。パンデミックだからって、僕らの使命を完全に台無しにすることはできないはずだ。友人たちと一緒に現場には立てなくても、プロジェクトを生かし続けるための他の方法を模索するブレイン・ストーミングはできるだろう。プロモーションを続け、他の方法での努力だって続けることができる。自宅で過ごす予定の一ヶ月程度を利用して、ホールを支援するためのチャリティーを立ち上げ、助成金の支給が再開したら申請に使うことのできる提案の作成を行うのだ。

パンデミックが過ぎ去るまで、それから丸一年、家族とともにミシガンで過ごすことになるとは、その時点で僕らは想像もできずにいた。数ヶ月が一年になったとき、全体を見渡してみれば、数百年の歴史のあるホールにとっては、これもほんの一瞬の出来事だと自分に言い聞かせた。ボブとジェフ、そして地元の支援者たちに任せていれば、プロジェクトは安泰だし、屋根の修復具合を考えれば、次の一年の天候によって内部がボロボロになることはないだろうと考えた。

そしてこの時期、僕はホップウッド・ホールを救うための冒険について、本の執筆をスタートさせていた。

「本を書くのはいいアイデアだと思うよ」と、ジェイはロスのオフィスからの電話でそう言った。「刑務所に行くハメになったクライアントに対してエージェントが言うのが、まさにそれだよ。まあ、俺たちも今、刑務所にいるようなもんだから、書いちゃえよ！」

ジェイのアドバイスに従って、僕は自分の時間を使って本を書き、何千キロも離れた場所にいるとはいえ、心は常にミドルトンに寄り添っていた。そして二〇二〇年に誰もが発見したように、zoom があればなんでもできた。

「あんたの顔をしばらく見なくてもいいかと思ってたのに」と、ボブは初めての zoom ミーティングで言った。「リビング・ルームにいる俺をあんたがこうやってじっと見つめてくるんだが、どう受け取っていいのかわからん」

ありがたいことに、それから数週間経過した時点で、ボブとイアンが基本的な修復作業を継続することができるようになった。地元に住むゲリーが僕の代理を務めてくれた。彼女は素晴らしい能力があり、ボランティアのグループを結成し、庭の掃除をし、三十年分の茨や伸びきった雑草を抜いてくれた。鉛の枠の窓の作り方を教えるコースをボブが開講するための財政的支援を確保し、イアンと彼の妻、そしてその他数人が申し込みをしてくれた。コースを受講したあとには、誰もが安全に、そして一人で、小さくて四角い窓の修復を行い、ボブがそれらをはめ込んでいった。

ジェフとリン、そしてホップウッド・ホール・エステート友の会委員会とともにzoomで計画を話しあった。次に何をすべきか、どこへ向かって行くべきかを考え続けた。ヒストリック・ハウスのグループともzoomで定期的に顔を合わせた。

歴史的建造物のオーナーの多くは、結婚式のキャンセルや、ツアー客の突然の減少で収入が大幅に下がったことに悩まされていた。建物の維持のためには重要なことだったからだ。僕たちは誰もが同じ問題の、別の側面を経験していたから一種の互助会のようになった。病気や命が失われている状況では、こうした問題はあまり重要とは言えないが、ストレスが溜まることは間違いないと頷きあった。

二〇二一年四月、ドリとイギリス在住のソリシターこと弁護士による膨大な作業のおかげで、ホールがイングランドおよびウェールズ慈善委員会によって慈善資産としての認定を受けた。文化遺産、芸術、教育、インスピレーションのためのホップウッド財団と呼ばれるこの非営利団体の使命は、人々に教育と他者とのつながりの機会をもうけることだ。理事には、ザァ、デス、才能あるマンチェスター在住の建築家、そしてBBCイングランドの最高執行責任者が加わった。誰もがホップウッド・ホールの修復を次のレベルへと引き上げ、何世代にもわたって存続できるよう、情熱を注いでいた。

二〇二一年五月初旬、僕はようやくイギリスに戻るためのチケットを予約することができた。新型コロナウイルスの感染者数は減少しはじめ、それに伴い、イギリス政府が定めた隔離期間も短縮された。イギリス人の大半がワクチン接種を済ませており、ビジネスも完全復活に向けて準備をはじめていた。時は来たのだ。無事、健康でいられたことに感謝した。秋にはドリも合流すると約束してくれた。

マンチェスター空港に飛行機が着陸すると、二〇一三年三月に初めてホールを訪れてから、八年あまりが経過したことに気づいた。当時は、飛行機の窓から外を見て、そして眼下に広がる緑のイギリスの風景を見たときの興奮は、まったく知らない土地を訪れるときのものだった。今回は、滑走路へと下降する飛行機の中にいた僕は、今ではよく知っていて、故郷だと感じている場所に向かうときの興奮を感じていた。

旅行者に対する五日間の隔離期間をデスの家で過ごした僕は、二〇二一年五月十三日にホップウッド・ホールに戻ったのだった。偶然だったけれど、ジェフとボブと初めてホールをツアーした日から、ちょうど八年目の日だった。ゲリーと彼女が結成した「庭グループ」と呼ばれるボランティアの人たちが、アメリカとイギリスの国旗をオフィスに掲げ、ドアには「お帰りなさいホップウッド」と書かれた札がかけられていた。美味しそうなチョコレート、スコーン、そして紅茶がテーブルにセットされ、僕の到着を待っていた。誰もが庭の手入れをしてくれていた。

音が聞こえ、振り向くとそこにはボブがいた。

「ヤンキー、よく戻ったな」と、ボブは相変わらずの調子で言った。「ティーパーティーが終わったら、すぐに来い。仕事はたっぷりあるんだ。仕事ができるヤツを知ってたら、寄越してくれ」

僕は笑った。なんにも変わってないや。ボブが僕を褒めてくれる日は来るのだろうか。

「それからな、スコーンを持ってくるなら、俺の家に届けろとゲリーに伝えてくれ。ここに持って来たらねずみを喜ばせるだけだ」と、ボブは半笑いで言うと、ヘルメットをかぶった。

数分後、スコーンをかじっていると門から音がした。見てみると、ジェフだった。彼と再会できることに大喜びした。マスクを着用していても、彼がにっこりと笑っていることがわかった。

彼に辺りを見てもらうために門を開けることになるとは、不思議な展開だった。僕らは一緒に一時間ほどホールを歩き、ボブと合流して敷地内を歩き、ボブと地域のボランティアが一年かけてやり遂げた作業を確認していった。ボブは礼拝堂の割れたガラスが、美しい鉛ガラスに入れ替えられたのも見せてくれた。窓は地域の人たちによって手作りされ、ホールを厳しい天候から守ってくれている。庭はきれいに片づけられていた。ザァも喜んでくれるだろう。

僕がいても、いなくても、何が起きたとしても、何世紀もかけて経験してきた良いことも悪いこともすべて乗り越えたこの家の修復プロジェクトは、前に進み続け、発展していくだろう。そんな深い安堵を覚えずにはいられなかった。

そんな光景を眺めながら、涙がにじんできた。ジェフを見ると、頷いてくれた。ボブは肩に手を置いてくれた。

「一杯やるか？」と彼が聞いた。

僕は笑った。

「もちろんだ。本物のイギリス式の紅茶を飲むのは久しぶりだ。すごく懐かしいよ」僕ら三人はホールに向かって歩いていった。未来に何が起きようとも、僕らは大丈夫だ。

訳者あとがき

二〇一三年、ロサンゼルスのハリウッド・ヒルにある自宅で、大好きな赤ワイン片手に家系図サイトを見ていたのが、本書の主人公で俳優兼プロデューサーのホップウッド・ディプリーだ。今まで一度も聞いたことも、見たこともない親戚を家系図サイト上で捜し当て、古ぼけた写真を見ると、ワクワクしてあっという間に数時間が経過する。そんないつものほろ酔い気分の楽しみが、この夜に限って、自分を六百年前にイギリス北西部に建築された邸宅に導くとは、彼自身もまったく予想していなかっただろう。祖父や両親から、先祖がかつてイギリスに大きな城を持っていたことは何度も聞かされていたが、幼い彼にとって興味もない話だった。むしろ、自分の「ホップウッド」という珍しい名前がとても嫌いで、それを隠すことに必死な日々だった。しかしこの日の、この発見を機に、ホップウッドの人生は大きく変わっていくこととなるのだ。

城をひと目見たいという情熱だけで、右も左もわからない状況で向かったイギリス北西部グレーターマンチェスターのロッチデール自治区ミドルトン。ホップウッドはここで、自分の先祖が建てたという、今や歴史的建造物となったホップウッド・ホールに初めて対面する。立派だが、ボロボロの城。案内してくれたのは、この建物の存続のため、長年にわたり尽力してきた歴史家であり地元ミドルトンで長きにわたって葬儀屋を営んできたジェフと、ぶっきらぼうな職人ボブだった。二人の情熱と城の美しさにすっかり心を打たれたホップウッドは、子孫として、城の修復に参加したいと申し出る。しかし、それは決して簡単なことではなかった。

歴史的建造物の修復には特別な知識と技術が必要だ。しかし、明るくて性格はいいが、とても不器用なアメリカ人であるホップウッドには、ほとんど何もできない。城の修復に関して現場監督という重要な役割を果たしてきた職人ボブは、気難しく、何かにつけてホップウッドに嫌味を言う。明るいキャラだけは素晴らしいホップウッドの作業が遅いと、率直にそう指摘する難しい相手だ。一方、ジェフは礼儀正しく心優しい紳士で、荒くれ者のボブとホップウッドの仲を取り持ちつつ、ホップウッドに城の歴史を伝える役割を担う。わからないながらも努力を重ねるホップウッドの人間性に惹かれたミドルトンの人々が、徐々に城の修復に協力してくれるようになる。ハリウッドで鍛えた交渉能力と抜群の社交性で、ホップウッドは複数の歴史的建造物の保護を行う財団から助成金を得ることにも成功した。

先祖の残した素晴らしい城を修復するため、とうとうホップウッドはアメリカを離れイギリスに移住する。時には冗談好きのイギリス人に散々からかわれ、悲しい気持ちにもなったし、イギリスの歴史に暗い自分を恥じて、悔し涙を流しながらも諦めなかった。元来のプラス思考を発揮して、彼は地元住民だけではなく、区議会の信頼を得ることにまで成功する。

ホップウッド・ホールの現在の持ち主である区議会から正式にホップウッド・ホールの修復作業

を行うことを許可された彼は、自分が愛する家族、先祖、そして住民やボランティアのため、精一杯の努力を重ねて地域の宝である城の修復を続けることになった……はずだった！　本書の最後では、城の修復の未来には明るい兆ししかなかったのだが！

異変が起きたのは二〇二四年十一月十一日のことだ。ちょうど、私が本書の翻訳を終えた時期でもある。ホップウッド本人のXのアカウントに「ロッチデール区議会がホップウッド・ホールへの出入りを禁止した。信じられる？」という本人のメッセージとともに、一枚の写真がアップロードされた。そこに写された紙はホップウッド・ホールを囲む鉄製の防犯ゲートの支柱に貼り付けられていたように見えた。拡大して読んでみると、それは確かにロッチデール区議会からの通達で、「通達事項。本日、区議会はホップウッド・ホールの敷地に立ち入り、本物件を閉鎖した。区議会の許可なく、本物件に立ち入ることを禁じる。区議会の許可なく本物件に立ち入ることは刑事犯罪に値し、起訴される可能性がある」とあるではないか！

しかし、きな臭い動きはこの日の前からあった。ホップウッドのXアカウントによれば、十一月二日の時点で、ロッチデール区議会のメンバー数名がホップウッドの活動に異議を唱えているらしいという情報が、地元紙の記者から寄せられていたそうなのだ。彼らからすると、ホップウッドの活動が十分でないうえに、ホップウッドが掲げる「芸術家のための保養所」という計画そのものに懐疑的な意見があるということだった。このような動きを知りつつもホップウッドは講演会や修復作業を続けていたが、結局、十一月十一日以降、ホップウッドだけではなく、区議会の人間を除く誰ひとりとして、ホップウッド・ホールに入ることができていない。修復作業は止まったままである。

地元ミドルトンのボランティアの人々はタウンホール・ミーティングを開催して、区議会のこの強引とも言えるやり方に異議を唱えた。なかには涙を流すボランティアもいて、彼らがこの何年もの間、ホップウッドと共に一生懸命、修復に時間をかけてきたことは明らかだ。いつもポジティブなホップウッドは、このタウンホール・ミーティングでも、笑顔を見せながらボランティアを励ましていたが、アメリカの自宅を売却し、イギリスに移住したうえ、少なからず私財を投じてホップウッド・ホールに力を注いできた彼にとっても、現状は辛いものだろう。

十一月以降も、ホップウッドは時折SNSを通じて現状を報告しているが、状況は好転しているようには見えない。ホップウッドと彼の弁護士チームが区議会に情報の公開を求めているが、区議会がそれに応じる様子はない。タウンホール・ミーティングの動画にはジェフの姿があったが、ボブの姿は確認できなかった。もしかしたらプロジェクトを離れたのかもしれないと、ボブのXアカウントを確認してみると、淡々と「断熱住宅で深刻な問題発見」とか、「ギャングがグレートマンチェスターの古い教会から石を盗んでいるらしい」といった、ボブらしい投稿を続けていた。本当にボブらしい。きっと心配はしていると思う。

本書の訳者として彼の文章に初めて触れたときには、その軽快さと明るさに、リズムの良さとジョークに、大いに好印象を抱いた。初対面では軽率な印象を抱かれかねないホップウッドだけれど（なにせ元ハリウッドの映画監督兼俳優だ）、ひとたび彼と話をすれば、誰もがその誠実さと明るい性格に惚れ込んでしまう。恥ずかしがり屋のイギリス人も、彼とビールを飲めば、あっという間に親友だ。ホップウッドは、いわゆる「人たらし」なのだと思う。そして、見事な語り手だ。彼なりのユニークな解釈を織り交ぜながら、歴史的建造物を修復するという作業の大切さを読者に自然に共有してみせる。彼は読者と同じように、古い城のすべてに感嘆し、そして圧倒されていく。その彼の新鮮で純粋な喜びが、ひしひしと伝わる文章だった。彼は決して軽率な考えでイギリスに移住したわけではなく、本気で先祖が残した遺産を継承するつもりだった。生涯をかけて。それだけに、ホップウッドが希望を失わないように、それだけを願っている。

ホップウッドは苦労人だと思う。アメリカを離れてまで城を守ると決意したというのに、区議会に見事にはしごを外された形となってしまった。ホップウッド家の子孫であるという切り札も効力を失った状態だ。幸いなのは、地元住民が彼の側に立ってくれていること。確かに、イギリス人の目から見れば、ホップウッドはあまりにあっけらかんとして、何も考えていないような（失礼）、いかにもアメリカの軽率なキャラクターに見えるかもしれないけれど、彼が先祖のため、地元ミドルトンのために費やしてきた十年あまりの日々が、どうか区議会にも理解されるようにと祈ることしかできない。彼のウェブサイトから、最新情報を知ることができるので、彼とホップウッド・ホールを応援したいと思われた読者の皆さんは、是非閲覧してみてほしい。

https://hopwoodxiv.com/

村井理子

著者 ホップウッド・ディプリー HOPWOOD DEPREE

1970年生まれ。ミシガン州ホランドで育つ。近所の人の一人には、「あまりいい子ではなかった」と評される。若い頃、ロサンゼルスの華やかな世界を目指して故郷を飛び出し、レストランの前で「踊るチキン」のアルバイトに就くが翌日、「熱意が足りない」とクビに。

南カリフォルニア大学をなんとか卒業し、俳優・インディペンデント映画製作者としてのキャリアをスタート。最初の作品はコメディ・ドキュメンタリー『Rhinoskin』で、エンターテインメント業界に入り込もうとする自身の奮闘を追ったものだった。制作費としてクレジットカードで2万ドルを使い果たし、成功を祈るしかなかったが、幸運にも映画祭で批評的な成功を収め、その後は独立系・スタジオ系を問わず、映画やテレビ番組の脚本・制作・出演に携わる。驚くべきことに、エミー賞やアカデミー賞の受賞者・ノミネート者と仕事をする機会にも恵まれる。ロサンゼルスやイギリスの有名な会場でスタンダップ・コメディを披露し、世界最大の芸術祭エディンバラ・フェスティバル・フリンジにも出演。途中で席を立つ観客もいたが、後に食中毒だったと釈明している。

現在も執筆や映像制作を続けており、自身が進める「ホップウッド・ホール・エステート」の修復プロジェクトの模様をYouTubeやPatreonほか各種SNSで記録、発信している。(ヒント:もし興味があれば、ぜひフォローしてください。これは遠回しで露骨な宣伝です!)

訳者 村井理子 むらい・りこ

翻訳家・エッセイスト。静岡県生まれ。滋賀県在住。訳書に『ヘンテコピープルUSA』(中央公論新社)、『ゼロからトースターを作ってみた結果』『人間をお休みしてヤギになってみた結果』『「ダメ女」たちの人生を変えた奇跡の料理教室』(以上、新潮文庫)、『黄金州の殺人鬼』(亜紀書房)、『エデュケーション』(早川書房)、『PARIS The Memoir』(太田出版)など。

著書に『ブッシュ妄言録』(二見文庫)、『家族』、『犬《きみ》がいるから』『犬ニモマケズ』『ハリー、大きな幸せ』(以上、亜紀書房)、『全員悪人』『兄の終い』『いらねえけどありがとう』(以上、CCCメディアハウス)、『村井さんちの生活』(新潮社)、『更年期障害だと思ってたら重病だった話』(中央公論新社)、『本を読んだら散歩に行こう』(集英社)など多数。

亜紀書房翻訳ノンフィクション・シリーズ V-3
ハリウッドのプロデューサー、英国《えいこく》の城《しろ》をセルフリノベする

2025年4月6日　初版第1刷発行

著者　ホップウッド・ディプリー
訳者　村井理子
発行者　株式会社亜紀書房
〒101-0051　東京都千代田区神田神保町1-32
電話(03)5280-0261
振替00100-9-144037
https://www.akishobo.com

装丁　鳴田小夜子(KOGUMA OFFICE)
DTP　コトモモ社
装画・挿絵　ナミサトリ

印刷・製本　株式会社トライ　https://www.try-sky.com

Printed in Japan　ISBN978-4-7505-1870-1　C0095

村井理子の翻訳

ラストコールの殺人鬼

亜紀書房翻訳ノンフィクション・シリーズⅣ-15

イーロン・グリーン著

ニューヨーク、1990年代、深夜のゲイバー。バラバラ死体となって相次ぎ発見された男性4人。家族や友人たちから愛された彼らは、どんな人生を送り、殺人鬼といつどこで出会い、そしてなぜ殺されなければならなかったのか。丹念な取材に基づき、残忍な犯行への怒りと被害者たちへの共感を込めて書かれた、エドガー賞受賞クライムノンフィクション。

四六判／384ページ／2970円（税込）

捕食者

――全米を震撼させた、待ち伏せする連続殺人鬼

亜紀書房翻訳ノンフィクション・シリーズⅣ

モーリーン・キャラハン著

はじまりは、極寒のアラスカ。コーヒースタンドでアルバイトをしていた高校生サマンサ・コーニグが姿を消したのは2012年2月2日のことだった。警察は最初、彼女が家出したものと考えた。だが、防犯ビデオの映像には、背の高い男が彼女を店内から誘拐する姿がはっきりと映っていた……。全米各地に隠された謎の「殺人キット」、犯された数々の誘拐・強盗・暴行殺人、そして独房に残された12個の頭蓋骨の絵。2012年に逮捕され、唐突に獄中死した今世紀最大のシリアルキラーの実態に迫る。

四六判／432ページ／2420円（税込）

亜紀書房翻訳ノンフィクション・シリーズIII

黄金州の殺人鬼
――凶悪犯を追いつめた執念の捜査録

ミシェル・マクナマラ著
序文　ギリアン・フリン
（『ゴーン・ガール』著者）

「ニューヨーク・タイムズ」ベストセラー1位！
1970～80年代に米国・カリフォルニア州を震撼させた連続殺人・強姦事件。30年以上も未解決だった一連の事件の犯人「黄金州の殺人鬼」（ゴールデン・ステート・キラー）。強盗、強姦、殺人を10年以上にわたって繰り返し、DNA鑑定の網をくぐって闇に消えていた犯人を、作家である著者が独自の捜査で追いつめていく手に汗握るノンフィクション。
「ジャンルの垣根を超えた傑作。ページをめくる手が止まらない」――スティーヴン・キング

四六判／460ページ／2750円（税込）

亜紀書房翻訳ノンフィクション・シリーズIV-8

消えた冒険家

ローマン・ダイアル著

雪山登山から氷河、ジャングルまで数々の冒険を共にし、興奮と喜びを味わってきた一家。だが、単身向かったコスタリカで息子は消息を絶ってしまう。無事を信じる父親による、命をかけた執念の捜索が幕を開ける。冒険旅行の魅惑と、親子の深い愛情を描くノンフィクション。

四六判／488ページ／2750円（税込）

家族とのつながり、記憶

村井理子の本

家族

何度も手痛く裏切られたけれど、それでも愛していた。舞台は昭和40年代、港町にある、小さな古いアパート。幸せに暮らせるはずの4人家族だったが、父は長男を、そして母を遠ざけるようになる。

一体何が起きたのか？　家族は、どうして「壊れて」しまったのか？

ただ独り残された「私」による、秘められた過去への旅が始まる。謎を解き明かし、失われた家族をもう一度取り戻すために。

『兄の終い』の著者が綴る、胸を打つ実話。


四六判／192ページ／1540円（税込）

ハリー、大きな幸せ

村井理子さんの相棒は、黒ラブラドール・レトリバーの「ハリー」くん。

やんちゃだった彼もすっかり落ち着いて、成犬としての貫禄が出てきた。黒々とした毛並みと隆々とした筋肉をたたえて眠るその姿は、なんというか、まるで近江牛⁉

一方、ハリーとも大の仲良しの双子たちは、中学生になって思春期真っ盛り。難しいお年頃の彼らに手を焼くことも多いが、わが家にはハリーがいるから、大丈夫。


四六判／152ページ／1540円（税込）